suhrkamp taschenbuch
wissenschaft 470

Lucien Goldmanns Konzeption von Literatursoziologie zeichnet sich dadurch aus, daß sie, in der Perspektive eines »genetischen Strukturalismus«, die literarischen Werken und sozialen Gruppen gemeinsamen geistigen Strukturen zu erkennen versucht – anstatt kurzschlüssige Vermittlungen zwischen Werk und gesellschaftlicher Realität über bloße Inhaltsentsprechungen oder die Biographie des Autors herzustellen.

Lucien Goldmann – * 1913 in Bukarest, † 1970 in Paris – studierte Jurisprudenz, Philosophie und Soziologie in Bukarest, Prag und Zürich. Neben seiner Lehrtätigkeit an der École Pratique des Hautes Études in Paris und im Centre de Recherche de Sociologie de la Littérature in Brüssel hatte er zahlreiche Gastprofessuren in verschiedenen Ländern inne.

Weitere in deutscher Sprache vorliegende Schriften: *Der verborgene Gott. Studie über die tragische Weltanschauung in den »Pensées« von Pascal und im Theater Racines*, 1973; *Dialektische Untersuchungen*, 1966; *Weltflucht und Politik*, 1967; *Der christliche Bürger und die Aufklärung*, 1968; *Gesellschaftswissenschaften und Philosophie*, 1971.

Lucien Goldmann
Soziologie des Romans

Übersetzt von Lucien Goldmann
und Ingeborg Fleischhauer

Suhrkamp

Titel der Originalausgabe:
Pour une sociologie du roman

CIP-Kurztitelaufnahme der Deutschen Bibliothek
Goldmann, Lucien:
Soziologie des Romans / Lucien Goldmann. Übers. von Lucien Goldmann u. Ingeborg Fleischhauer. - 1. Aufl. - Frankfurt am Main : Suhrkamp, 1984.
(Suhrkamp-Taschenbuch Wissenschaft; 470)
Einheitssacht.: Pour une sociologie du roman ⟨dt.⟩
ISBN 3-518-28070-8
NE: GT

suhrkamp taschenbuch wissenschaft 470
Erste Auflage 1984

Druck: Nomos Verlagsgesellschaft, Baden-Baden
Printed in Germany
Umschlag nach Entwürfen von Willy Fleckhaus und Rolf Staudt

1 2 3 4 5 6 – 89 88 87 86 85 84

Inhalt

Pour Annie

Vorwort

Die ersten drei Kapitel dieses Buches sind erstmalig 1963 in der No. 2 der *Revue de L'Institut de Sociologie de Bruxelles*, die den Problemen einer Soziologie des Romans gewidmet ist, erschienen. Das dritte Kapitel mit dem Titel *Nouveau roman und soziale Wirklichkeit* besteht hauptsächlich aus dem Text eines Beitrages anläßlich eines Round-table-Gesprächs, an dem Alain Robbe-Grillet und Nathalie Sarraute teilgenommen hatten, dem ich einige Ausführungen über das Werk Robbe-Grillets hinzugefügt habe. Das Ganze bildet die Zusammenfassung der Ergebnisse einer zweijährigen Forschungsarbeit im »Zentrum für Literatursoziologie« am Soziologischen Institut der Universität Brüssel.

Das vierte Kapitel wurde für die amerikanische Zeitschrift *Modern Language Notes* verfaßt.

In dieser Einleitung möchte ich vor allem einem eventuellen Einwand vorgreifen, der sich auf das unterschiedliche Abstraktionsniveau der drei ersten Kapitel beziehen könnte, von denen das erste eine ganz allgemeine Hypothese über die Verbindung zwischen der Entwicklung des Romans und der des Wirtschaftslebens in den westlichen Gesellschaften aufstellt, während das zweite, das in seinem soziologischen Teil sehr beschränkt ist, selten über eine immanente Strukturanalyse der Romane Malraux' hinausgeht und das dritte auf einem mittleren Niveau zwischen der Allgemeinheit des ersten und der immanenten Textanalyse des zweiten verbleibt.

Diese Unterschiede ergeben sich aus der Tatsache, daß es sich nicht um endgültige Resultate, sondern um vorläufige Teilergebnisse einer im Gang befindlichen Untersuchung handelt.

Die Probleme einer Soziologie des Romans sind interessant, vielversprechend, aber auch äußerst komplex; sie eröffnen die Aussicht auf eine Erneuerung sowohl der Kultursoziologie als auch der Literaturkritik, setzen aber die Erforschung eines besonders ausgedehnten Tatsachengebiets voraus. Es kann daher nicht die Rede davon sein, diese Untersuchung allein oder auch mit der kleinen Anzahl von Forschern, die mit mir arbeiten, zu Ende zu führen.

Wir werden natürlich sowohl an der École Pratique des Hautes Etudes in Paris als auch im Zentrum für Literatursoziologie in Brüssel unsere Arbeit fortsetzen, sind uns aber bewußt, daß wir im Laufe der nächsten Jahre nur einen kleinen Teil des zu erforschenden Materials analysieren können und daß wirkliche und wesentliche Fortschritte erst dann erreicht werden können, wenn die Literatursoziologie zu einer allgemein anerkannten Wissenschaft geworden ist, auf deren Gebiet eine gewisse Anzahl von Forschungszentren und Instituten in verschiedenen Ländern arbeiten.

Aus dieser Perspektive, und weil die schon erreichten Ergebnisse mir auf die Fragen des Romans ein neues Licht zu werfen scheinen, habe ich mich dazu entschlossen, diese Texte – so fragmentarisch und vorläufig sie auch sein mögen – zu veröffentlichen, in der Hoffnung, daß sie in andere laufende Forschungen eingegliedert oder von denen, die solche Forschungen betreiben, zur Kenntnis genommen und kritisiert werden, vielleicht auch hier oder da Anstoß zu ähnlich gerichteten, wenn auch weitergehenden Untersuchungen geben, wobei wir natürlich unsererseits hoffen, daß künftige soziologische Veröffentlichungen über die Probleme des Romans uns bei unserer eigenen Arbeit behilflich sein werden.

Ehe ich diese Vorbemerkung abschließe, möchte ich noch erwähnen, in welch hohem Maße die neuen Methoden der Literaturforschung – genetischer Strukturalismus, Psychoanalyse oder sogar statischer, von der Linguistik inspirierter Strukturalismus, dessen wissenschaftlicher Wert mir höchst zweifelhaft erscheint, der aber nichtsdestoweniger einige nicht zu bestreitende Teilergebnisse erreicht hat – die Frage einer positiven, ernsten und strengen Wissenschaft des geistigen Lebens im allgemeinen und des kulturellen Schaffens im besonderen auf die Tagesordnung gesetzt haben.

Natürlich steckt diese Wissenschaft noch in den Kinderschuhen. Wir besitzen daher nur eine ganz kleine Anzahl konkreter Untersuchungen, während die herkömmlich empiristischen, positivistischen und psychologischen Arbeiten in der Universitätsforschung bei weitem vorherrschen. Fügen wir noch hinzu, daß die wenigen existierenden wissenschaftlichen Analysen für den Leser im allgemeinen und sogar für die Studenten schwer zugänglich sind, da sie einer ganzen Reihe festgefahrener Denkgewohnheiten widersprechen, während die traditionellen Arbeiten von diesen Denkgewohnheiten begünstigt werden. Die wissenschaftliche Erforschung des kulturellen Lebens setzt eine ebenso *radikale* Umwälzung der Denkgewohnheiten voraus wie seinerzeit die Konstituierung der positiven Naturwissenschaften. Was konnte in der Tat sinnloser erscheinen und der sinnlichen Evidenz wie dem gesunden Menschenverstand mehr widersprechen als die Behauptung von der Bewegung der Erde oder dem Trägheitsprinzip, konnte doch jeder durch eigene, unbestreitbare Erfahrung feststellen, daß die Erde stillsteht und ein geschleuderter Stein sich nicht ins Unendliche fortbewegt? Was scheint heute absurder als die Behauptung, daß die wahren Subjekte des kulturellen Schaffens die sozialen Gruppen und nicht die Individuen sind, wo sich doch jeder durch eigene, unmittelbare und scheinbar unbestreitbare Erfahrung davon überzeugen kann, daß jedes literarische, künstlerische oder philosophische Werk von einem Einzelindividuum geschaffen wird.

Die Wissenschaft hat sich jedoch seit jeher trotz der »unmittelbaren Einsicht« und gegen den »gesunden Menschenverstand« entwickelt, und ihre Fortschritte haben sich immer gegen dieselben Schwierigkeiten und Widerstände, gegen dieselben Einwände durchgesetzt.

Dies ist eine normale und letzten Endes ermutigende Feststellung. Denn sie beweist, daß die Wissenschaft trotz der Widerstände und Hindernisse, entgegen allem Konformismus und gegen jede intellektuelle Bequemlichkeit, langsam, schwierig, aber nichtsdestoweniger unaufhaltsam ihren Weg fortsetzt.

Paris, Juni 1964

Ich habe dieser Neuauflage drei Fußnoten und einen Aufsatz (den ich zusammen mit Annie Goldmann verfaßt habe) hinzugefügt.

Die Behauptung, daß »die sozialen Gruppen und nicht die isolierten Individuen das wahre Subjekt des kulturellen Schaffens sind», hat, wie erwartet, viel Widerspruch hervorgerufen; ich kann heute zugeben, daß die vielleicht allzu elliptische Form, als Herausforderung geschrieben und zur Diskussion gestellt, Mißverständnisse begünstigt hat.

Ich hatte allerdings in früheren Veröffentlichungen meinen Standpunkt ausführlich auseinandergesetzt. Ebenso im letzten Kapitel dieses Buches. Nach wie vor halte ich die sozialen Gruppen, und nicht die einzelnen Individuen, im Sinne der Hegelschen Behauptung »das Wahre ist das Ganze«, für die wirklichen Subjekte der Kulturschöpfung. Das schöpferische Individuum ist jedoch oft durch Geburt oder sozialen Status, immer durch den objektiven Sinn seines Werkes, wenn dieses ästhetisch oder kulturell von Bedeutung ist, ein, wenn auch nicht entscheidender, so doch bevorzugter Teil der sozialen Gruppe.

Daher kann vor allem in dem Maße, wie die Tendenz zur Kohärenz, die einen wesentlichen Teil des Werkes bildet, ihren Ursprung nicht erst beim schöpferischen Individuum, sondern schon in der Gruppe hat, die Perspektive, die in dieser das wahre Subjekt der schöpferischen Tätigkeit sieht, die Rolle des Schriftstellers in die Analyse einbeziehen und dadurch verstehen und erklären, während das Umgekehrte mir nicht möglich erscheint.

Paris, August 1968

Einführung in die Probleme einer Soziologie des Romans

Als uns das Soziologische Institut der Freien Universität Brüssel im Januar 1961 vorschlug, die Leitung einer Forschungsgruppe für Literatursoziologie zu übernehmen und unsere ersten Arbeiten dem Studium der Romane von André Malraux zu widmen, haben wir diese Vorschläge nicht ohne ein gewisses Zögern angenommen. Unsere früheren Arbeiten über die Soziologie der tragischen Literatur und Philosophie im 17. Jahrhundert erlaubten uns keineswegs, irgend etwas über Möglichkeiten und Aussichten einer Soziologie der Romanform und noch weniger über die Möglichkeit eines soziologischen Zugangs zum Studium der zeitgenössischen Romane eines noch lebenden Schriftstellers auszusagen. Als wir dann den Vorschlag annahmen, haben wir im ersten Jahr eine Reihe vorbereitender Untersuchungen über die Probleme der Romanform im allgemeinen unternommen, bei denen wir von dem beinahe schon klassisch gewordenen Werk Georg Lukács' *Die Theorie des Romans* und von dem damals soeben erschienenen Buch von René Girard *Mensonge romantique et verité romanesque* (Romantische Lüge und romanhafte Wahrheit) ausgegangen sind, in welchem der Verfasser eine Analyse, die derjenigen von Georg Lukács eng verwandt ist, entwickelt, ohne das Buch von Lukács zu erwähnen – und, wie er uns später sagte, auch ohne es gekannt zu haben –, wobei er jedoch in einigen speziellen, wenn auch nicht unwichtigen Punkten von der Lukácsschen Analyse abweicht.

Das Studium dieser beiden Arbeiten hat uns dazu geführt, einige soziologische Hypothesen aufzustellen, die uns interessant erscheinen und aus denen sich unsere späteren Untersuchungen über die Romane von Malraux entwickelt haben. Diese Hypothesen betreffen einerseits die Existenz einer Homologie zwischen der klassischen Romanstruktur und der Struktur des Tausches in der liberalen Wirtschaft und andererseits das Bestehen gewisser Parallelen zwischen der späteren Entwicklung dieser beiden Strukturen.

Beginnen wir damit, die großen Linien der von Lukács herausgearbeiteten Struktur zu beschreiben, die zwar nicht, wie er denkt, die Romanform im allgemeinen, aber wenigstens eine ihrer Hauptformen charakterisiert (die wahrscheinlich auch genetisch den Ausgangspunkt der Romanform im allgemeinen darstellt). Das Spezifische der von Lukács beschriebenen Romanform ist die Existenz einer individuellen Gestalt im Zentrum des Romans, die Lukács äußerst glücklich als *problematischen Helden* definiert[1].

Der Roman ist die Geschichte eines *degradierten* Suchens (Lukács nennt es »dämonisch«) nach authentischen Werten innerhalb einer Welt, die ebenfalls, aber in viel größerem Maße und auf ganz andere Weise, degradiert ist.

Unter authentischen Werten muß man natürlich nicht Werte verstehen, die der Kritiker oder der Leser für authentisch hält, sondern diejenigen, die, ohne im Roman manifest gegenwärtig zu sein, die Romanwelt *implizit* gestalten. Es versteht sich von selbst, daß diese Werte für jeden Roman spezifisch und von Roman zu Roman verschieden sind.

Der Roman ist die epische Gattung, die im Gegensatz zur Epopöe und zum Märchen durch den unüberwindlichen Bruch zwischen Held und Umwelt charakterisiert ist.

Lukács analysiert den jeweiligen Gehalt der beiden Degradierungen (derjenigen des Helden und derjenigen der Welt), welche gleichzeitig den *konstitutiven Gegensatz*, auf dem dieser Bruch gegründet ist, und die *Gemeinsamkeit, die hinreicht*, um die Existenz einer epischen Form zu ermöglichen, erzeugen.

Ein radikaler Bruch ohne jedwede Gemeinschaft hätte in der Tat zur Tragödie oder zur lyrischen Dichtung geführt. Das Nichtexistieren des Bruches oder die Existenz eines nur zufälligen Bruches hätte die Epopöe oder das Märchen ergeben.

Zwischen diesen beiden Extremen ist die Romanform dialektischer Natur in dem Maße, als sie einerseits eine grundlegende Gemeinschaft des Helden und seiner Umwelt impliziert, die die

1 Indessen müssen wir hier noch anmerken, daß, unserer Meinung nach, das Gültigkeitsfeld dieser Hypothese geringer ist, als Lukács annimmt. Es scheint uns, daß sie zwar auf so wichtige Werke der Literaturgeschichte wie z. B. *Don Quijote*, *Le Rouge et le Noir* von Stendhal, *Madame Bovary* und *L'Education Sentimentale* von Flaubert anwendbar ist, daß sie sich aber schon auf die *Chartreuse de Parme* nur teilweise anwenden läßt und bei der Analyse des Werkes von Balzac, das einen äußerst wichtigen Platz in der Geschichte des westlichen Romans einnimmt. kaum benutzt werden kann. Trotz dieser Einschränkungen erlauben jedoch die Lukácsschen Analysen eine ernsthafte soziologische Untersuchung der Romanform.

Voraussetzung jeder epischen Form bildet, andererseits aber auch einen unüberwindlichen Bruch zwischen ihnen; die Gemeinschaft ist in der Tatsache begründet, daß sowohl Held wie Umwelt, im Vergleich zu den authentischen Werten, welche die Romanwelt gestalten, degradiert sind, ihr Gegensatz in der Wesensverschiedenheit der beiden Degradierungen.

Der dämonische Romanheld ist ein Wahnsinniger oder ein Verbrecher, auf jeden Fall, wie wir schon gesagt haben, eine problematische Gestalt, deren degradiertes und dadurch nicht-authentisches Suchen nach authentischen Werten innerhalb einer konformistisch-konventionellen Umwelt den Inhalt dieser neuen Literaturgattung bildet, die die Schriftsteller in der individualistischen Gesellschaft geschaffen haben und die man »Roman« genannt hat.

Von dieser Analyse ausgehend, arbeitet Lukács eine Typologie aus, welche auf die Natur der Beziehungen zwischen Held und Umwelt aufgebaut ist; er unterscheidet dabei drei Typen des westlichen Romans im 19. Jahrhundert und fügt ihnen einen vierten Typus hinzu, der schon einen Übergang von der traditionellen Romanform zu neuen Modalitäten darstellt, die eine besondere Analyse erfordern würden. Diese vierte Möglichkeit scheint ihm im Jahre 1920 in den Romanen von Tolstoi verkörpert, die sich der Epopöe nähern. Was die drei konstitutiven eigentlichen Romantypen betrifft, so sind es:

a) der Roman des »abstrakten Idealismus«, welcher durch die Aktivität des Helden und sein, gemessen an der Komplexität der Umwelt, zu enges Bewußtsein charakterisiert ist *(Don Quijote, Le Rouge et le Noir)*,

b) der psychologische Roman, auf die Analyse des Innenlebens des Helden konzentriert und durch die Tatsache charakterisiert, daß dessen Bewußtsein zu umfassend ist, um sich mit dem zu begnügen, was ihm die Gebilde der konventionellen Umwelt bieten können (zu diesem Typus würden *Oblomow* und *L'Education Sentimentale* gehören), und endlich

c) der Erziehungsroman, der mit der *Selbstbeschränkung* des Helden abschließt, die zwar ein Verzicht auf die weitere problematische Suche, aber weder eine Anerkennung und Annahme der konventionellen Umwelt noch ein Aufgeben der impliziten, nicht bewußten Werthierarchie ist, eine Selbstbeschränkung, die Lukács als »gereifte Männlichkeit« bezeichnet. Zu diesem Typus gehören Goethes *Wilhelm Meister* und Gottfried Kellers *Grüner Heinrich*.

Vierzig Jahre später kommt René Girard in seinen Analysen zu ganz ähnlichen Ergebnissen. Der Roman ist auch für ihn ein degradiertes Suchen (er nennt es »götzenhaft«) von authentischen Werten durch einen problematischen Helden innerhalb einer ebenfalls degradierten Welt. Seine Terminologie ist zwar Heideggerschen Ursprungs, doch deckt sie bei ihm wesentlich andere Inhalte. Ohne auf diese Frage näher einzugehen, begnügen wir uns damit, festzustellen, daß anstelle der Heideggerschen Dualität des Ontologischen und Ontischen Girard die im Wesen verwandte Dualität des Ontologischen und des Metaphysischen benutzt, die bei ihm dem Eigentlichen und Uneigentlichen entspricht. Während jedoch Heidegger die Kategorien des Fortschritts oder Rückschritts total ablehnt, gibt Girard seiner Dualität des Ontologischen und des Metaphysischen einen Inhalt, der dem Denken von Lukács viel näher verwandt ist als demjenigen von Heidegger, indem er zwischen den beiden Extremen eine von den Kategorien des Fortschritts und des Rückschritts beherrschte Beziehung annimmt[2].

Girards Romantypologie basiert auf der Idee, daß die Degradierung der Welt des Romans das Ergebnis eines mehr oder weniger fortgeschrittenen ontologischen Übels ist (ein »mehr oder weniger«, das dem Heideggerschen Denken radikal entgegen-

2 Im Denken von Heidegger, wie übrigens auch im Denken von Lukács (welches, das muß man unterstreichen, dem Denken Heideggers vorausgeht), gibt es einen radikalen Bruch zwischen dem Sein (bei Lukács der Totalität) und alldem, wovon man im Indikativ (Tatsachenurteil) oder im Imperativ (Werturteil) sprechen kann.
Diesen Unterschied bezeichnet Heidegger als denjenigen zwischen Ontologischem und Ontischem. In dieser Perspektive bleibt die Metaphysik, welche eine der höchsten und allgemeinsten Formen des Denkens im Indikativ ist, letzten Endes im Bereich des Ontischen.
Übereinstimmend in der Erkenntnis der Notwendigkeit einer Unterscheidung zwischen Ontologischem und Ontischem, zwischen Totalität einerseits und theoretischem, moralischem, metaphysischem Denken andererseits, sind die Positionen von Heidegger und Lukács doch in der Art, deren Beziehung aufzufassen, wesentlich entgegengesetzt. Im Zentrum des geschichtsphilosophischen Denkens von Lukács steht die Idee des Werdens des Bewußtseins, der Hoffnung auf den Fortschritt und der Gefahr des Rückschritts. Auf philosophischem und wissenschaftlichem Gebiet

gesetzt ist), dem ein entsprechendes Wachsen des metaphysischen, d. h. degradierten Verlangens entspricht.

Sie ist also genau wie die Lukácssche zentral auf die Idee der Degradierung gegründet. Girard fügt dem jedoch eine Feststellung hinzu, die uns besonders wichtig erscheint. Nach ihm äußern sich in der Tat die Degradierung der Romanwelt, der Fortschritt des ontologischen Übels und die Intensivierung des metaphysischen Verlangens durch eine mehr oder weniger starke Vermittlung, welche die Distanz zwischen dem metaphysischen Verlangen und dem authentischen Suchen, d. h. dem Suchen nach vertikaler Transzendenz dauernd vergrößert. Man findet bei Girard zahlreiche Beispiele solcher Vermittlungen, von den Ritterromanen, die sich zwischen Don Quijote und die wirklichen Werte des Rittertums stellen, bis zum Liebhaber, der sich in Dostojewskis *Der ewige Gatte* zwischen den Gatten und dessen Verlangen nach seiner Frau schiebt. Fügen wir allerdings hinzu, daß uns Girards Beispiele nicht immer gleich glücklich gewählt scheinen. Wir sind auch nicht davon überzeugt, daß die Vermittlung eine so allgemeine Kategorie der Romanwelt darstellt, wie er es annimmt. Der Begriff der Degradierung scheint uns dem Problem besser zu entsprechen, unter der Bedingung natürlich, daß man bei jeder konkreten Analyse die spezifische Natur der jeweiligen Degradierung genau angibt.

Nichtsdestoweniger scheint uns, daß Girard, indem er seine Analysen auf die Kategorie der Vermittlung gegründet und die Bedeutung dieser Kategorie sogar übertrieben hat, die Untersuchung

bedeutet für ihn Fortschritt eine Annäherung des positiven Denkens an die Kategorie der Totalität, Rückschritt eine Entfernung dieser beiden letzten Endes voneinander untrennbaren Elemente, wobei die Aufgabe der Philosophie gerade darin besteht, die Kategorie der Totalität zur Grundlage aller Teilforschungen und alles positiven Denkens zu machen.

Im Gegensatz dazu besteht bei Heidegger eine radikale (und gerade dadurch abstrakte und begriffliche) Trennung zwischen dem Sein und dem empirisch unmittelbar Gegebenen, zwischen dem Ontologischen und dem Ontischen, zwischen der Philosophie und der positiven Wissenschaft, welche jede Fortschritts- oder Rückschrittsidee ausschließt. Er gelangt zwar auch zu einer Geschichtsphilosophie, die jedoch nur zwei Dimensionen kennt: das Eigentliche und das Uneigentliche, die Seinsöffnung und die Seinsvergessenheit (und daher abstrakt bleibt).

Man sieht, daß, wenn auch die Terminologie bei Girard Heideggerschen Ursprungs ist, die Einführung der Fortschritts- und Rückschrittskategorien ihn doch ganz nahe an die Position von Lukács heranbringt.

einer Struktur präzisiert hat, in deren Zentrum nicht nur die wichtigste aller Degradierungsformen steht, welche die Romanwelt charakterisieren, sondern wahrscheinlich auch jene Form der Degradierung, die genetisch allen anderen vorangegangen ist und die literarische Gattung des Romans hervorgebracht hat. Aus ihr haben sich wahrscheinlich allmählich die anderen Formen der Degradierung, welche die verschiedenen Romanwelten charakterisieren, entwickelt. Von dieser allgemeinen Analyse ausgehend, unterscheidet Girard in seiner Typologie zwei Formen der Vermittlung, die äußere und die innere: die erste, durch die Tatsache charakterisiert, daß der Vermittler der Welt, in der sich die Suche des Romanhelden abspielt, äußerlich ist (z. B. die Ritterromane im *Don Quijote*), die zweite durch die Tatsache, daß der Vermittler zu dieser Umwelt gehört (der Liebhaber in *Der ewige Gatte*).

Innerhalb dieser beiden großen, qualitativ verschiedenen Formen der Vermittlung vermutet Girard einen Fortschritt der Degradierung, der sich in der wachsenden Annäherung zwischen Romanheld und Vermittler und der entsprechend immer größeren Ferne zwischen Held und *vertikaler Transzendenz* ausdrückt. Bei diesen Vergleichen der Arbeiten von Lukács und Girard ist es jedoch wichtig, einen wesentlichen Punkt hervorzuheben, in welchem ihre Analysen radikal auseinandergehen. Als Geschichte eines degradierten Suchens nach authentischen Werten innerhalb einer degradierten Welt wird der klassische Roman notwendigerweise gleichzeitig zu einer Biographie und einer Gesellschaftschronik, wobei zu beachten ist, daß sich die Beziehung zwischen Schriftsteller und Roman wesentlich unterscheidet von der Beziehung zwischen Schriftsteller und Werk bei jeder anderen Literaturgattung. Girard nennt diese besondere, dem Roman eigentümliche Beziehung Humor, Lukács Ironie. Beide sind sich darüber einig, daß das Bewußtsein des Romanschriftstellers über dasjenige seiner Helden hinausgehen muß und daß dieses Hinausgehen (Humor oder Ironie) für die Gattung des Romans ästhetisch konstitutiv ist. Die beiden Analysen trennen sich jedoch, wenn es darum geht, die Natur dieses Hinausgehens zu bestimmen, und in diesem Punkte scheint uns Lukács gegen Girard recht zu behalten.

Girard nimmt an, daß der Schriftsteller in dem Augenblick, da er sein Werk schreibt, die degradierte Welt verlassen und die Authentizität der vertikalen Transzendenz wiedergefunden hat und daß daher die meisten großen Romane durch eine Konversion des Helden zu dieser vertikalen Transzendenz enden. Der abstrakte Charakter der meisten Romanschlüsse *(Don Quijote, Le Rouge et le Noir*, man könnte auch die *Princesse de Clèves* anführen) ist in dieser Perspektive entweder auf eine Illusion des Lesers oder aber auf die Existenz von Überbleibseln der Vergangenheit im Bewußtsein des Schriftstellers zurückzuführen. Eine solche Behauptung ist nicht nur der Romananalyse, sondern auch der gesamten Ästhetik von Lukács radikal entgegengesetzt, für den jede *literarische Form* (und jede große Kunstform überhaupt) dem Bedürfnis entspringt, einem *wesentlichen* Inhalt Ausdruck zu geben. Wäre die dem Roman eigentümliche Degradierung im Bewußtsein des Schriftstellers und sogar, durch die abschließende Konversion, im Bewußtsein einer bestimmten Anzahl seiner Helden überwunden, so wäre die Geschichte dieser Degradierung, obwohl die Ironie des Schriftstellers, seine Autonomie in bezug auf seine Gestalten und die abschließende Konversion des Romanhelden zweifellos wichtige konstitutive Elemente des Romans als literarischer Gattung bilden, nur mehr die Geschichte einer Reihe vergangener, jetzt unwichtig gewordener Ereignisse, und ihre schriftstellerische Gestaltung könnte höchstens den Charakter einer mehr oder weniger unterhaltenden Erzählung haben.

Lukács glaubt jedoch, daß gerade in dem Maße, wie der Roman der literarische Ausdruck der *universellen* Degradierung ist, auch die den Roman abschließende Konversion des Helden nur einen degradierten, abstrakten, begrifflichen Charakter haben und nicht als konkrete Wirklichkeit erlebt werden kann.

Die Ironie des Romanschriftstellers betrifft nach Lukács nicht nur seinen Helden, dessen dämonischen Charakter er kennt und richtig einschätzt, sondern auch den abstrakten und dadurch ungenügenden und degradierten Charakter seines eigenen Bewußtseins. Deswegen bleibt die Erzählung des degradierten, dämonischen oder götzenhaften Suchens die einzige Möglichkeit, das Wesentliche, das er zum Ausdruck bringen will, zu gestalten.

Die Konversion Don Quijotes oder Julien Sorels am Schluß der entsprechenden Romane ist nicht, wie Girard meint, ein Zugang zum Eigentlichen, zur vertikalen Transzendenz, sondern das Bewußtwerden der Eitelkeit des degradierten Charakters nicht nur alles früheren Suchens, sondern auch aller Hoffnung und alles künftig möglichen Strebens. Daher ist sie auch ein Abschluß und kein neuer Anfang.

Die Existenz der Ironie (die immer auch eine Selbstironie des Verfassers ist) erlaubt Lukács zwei miteinander verwandte und, wie uns scheinen will, äußerst glückliche Definitionen dieser Romanform zu geben: *Begonnen ist der Weg, beendet ist die Reise* und *Der Roman ist die Form der gereiften Männlichkeit.* Diese letzte Formel ist vor allem auf den Erziehungsroman vom Typ *Wilhelm Meister* anwendbar, der mit einer Selbstbeschränkung des Helden endet, die zwar ein Aufgeben der problematischen Suche, aber weder eine Anerkennung der konventionellen Umwelt noch ein Aufgeben der impliziten Werthierarchie ist.

Die von Lukács und Girard beschriebene Romanform erscheint so als eine literarische Gattung, in welcher die authentischen Werte, die doch im Zentrum des Werkes stehen, weder im Bewußtsein der im Roman auftretenden Gestalten noch in irgendeiner anderen Weise in der Romanwelt unmittelbar gegenwärtig sind. Diese Werte existieren nur abstrakt und begrifflich im Bewußtsein des Schriftstellers und haben daher einen *ethischen* Charakter. Abstrakte Ideen haben aber keinen Platz in einem literarischen Werk, in welchem sie ein fremdes, heterogenes Element bilden würden.

Das künstlerische Problem des Romans besteht darin, das, was im Bewußtsein des Schriftstellers einen *abstrakten und ethischen* Charakter hat, zum wesentlichen Element eines Werkes zu machen, in dem es nur in der Art und Weise einer nicht ausdrücklich ausgesprochenen (Girard würde sagen: einer durch Vermittlung erzeugten) Abwesenheit oder, was dasselbe ist, in derjenigen einer degradierten Unmittelbarkeit existieren kann. Wie es Lukács einmal ausdrückte, ist der Roman die einzige literarische Gattung, in der *die Ethik des Schriftstellers zum ästhetischen Problem des Werkes wird.*

Die Literatursoziologen haben sich nun seit langem mit dem

Problem der Möglichkeit einer Soziologie des Romans beschäftigt, ohne daß es ihnen jedoch gelungen wäre, einen entscheidenden Schritt zu seiner Erhellung zu tun.

Da der Roman in der ganzen ersten Phase seiner Geschichte gleichzeitig eine Biographie des Helden und eine soziale Chronik der Umwelt war, innerhalb deren sich sein Suchen abspielt, konnte man zwar immer aufzeigen, daß diese soziale Chronik die Gesellschaft der Zeit mehr oder weniger getreu abbildet. Für diese Feststellung braucht man aber wahrhaftig kein Soziologe zu sein. Andererseits hat man häufig die Veränderung der Romanform seit Kafka mit dem von Marx und den marxistischen Theoretikern analysierten Phänomen der Verdinglichung in Beziehung gebracht. Aber auch hier muß man sagen, daß eine ernsthafte soziologische Analyse darin eher ein Problem als eine Erklärung hätte sehen müssen. Wenn es auch unbestreitbar ist, daß die absurde Welt Kafkas, des *Étranger* von Camus oder die beinahe ausschließlich aus unbelebten Gegenständen gebildete Welt der Romane von Robbe-Grillet dem von Marx und den späteren Marxisten analysierten Phänomen der Verdinglichung entspricht, so taucht doch die Frage auf, warum eine Erscheinung, deren Analyse schon in der zweiten Hälfte des 19. Jahrhunderts ausgearbeitet wurde und die sich in der wirklichen sozialen Welt schon viel früher entwickelt hatte, ihren Ausdruck im Roman erst nach dem Ende des ersten Weltkrieges gefunden hat.

Kurz, alle diese Analysen handelten von der Beziehung zwischen bestimmten *inhaltlichen* Elementen der Romanliteratur und einer jeweiligen sozialen Wirklichkeit, die die Romane untransponiert oder mit einer ganz durchsichtigen Transposition widerspiegelten.

Die erste Frage, die sich jedoch einer Soziologie des Romans hätte stellen müssen, scheint uns die nach der Beziehung zwischen der *Form des Romans* als solcher und der *Struktur* der Gesellschaft zu sein, in der sich diese Form entwickelt hat, d. h. die Frage der Beziehung zwischen dem Roman als literarischer Gattung und der modernen individualistischen Gesellschaft.

Strukturell gesehen ist die von Lukács und Girard beschriebene Romanform die einer Welt, die von Werten regiert ist, welche von der gesellschaftlichen Umwelt des Helden ignoriert werden und die der Held selber auf nichtauthentische, degradierte und vermittelte Weise sucht. Das Wesen dieser Welt besteht darin, daß in ihr die authentischen Werte auf das Niveau des Impliziten zurückgedrängt und als unmittelbar wahrnehmbare Gegebenheiten oder Äußerungen verschwunden sind; es kann also in der Welt dieser Romane keinen positiven Helden geben, da sich ein solcher gerade durch das klare und eindeutige Bewußtsein der Werte, die seine Existenz beherrschen, definiert.

Wir haben es hier mit einer besonders komplexen Weltstruktur zu tun, von der man schwer annehmen kann, daß sie eines Tages als rein individuelle Schöpfung, ohne irgendwie im sozialen Leben begründet zu sein, von einem Schriftsteller erfunden wurde.

Total unvorstellbar wäre jedoch, daß sich eine literarische Form von derartig dialektischer Komplexität durch Jahrhunderte hindurch bei den Schriftstellern verschiedener Länder wiederfindet, daß sie zur Form par excellence wird, in der sich auf literarischem Gebiet der Inhalt einer jahrhundertelangen Epoche ausdrückt, ohne daß zwischen dieser Form und den wesentlichsten Strukturelementen des sozialen Lebens eine Homologie oder eine sinnhafte und verstehbare Beziehung bestünde.

In Wirklichkeit besteht *zwischen der Struktur der Romanform, die wir soeben beschrieben haben, und der Struktur des Warentausches in der liberalen Marktwirtschaft, so wie sie von den klassischen Nationalökonomen beschrieben wurde, eine strenge Homologie.*

Die natürliche Beziehung zwischen Menschen und Gütern ist in der Tat diejenige, in welcher die Produktion vom zukünftigen Verbrauch, d. h. von den konkreten qualitativen Eigenschaften der Güter, von ihrem *Gebrauchswert*, bestimmt wird.

Was jedoch die Marktproduktion charakterisiert, ist gerade das Verschwinden dieser Beziehung aus dem Bewußtsein der Menschen, ihre Reduktion auf das Implizite durch die Vermittlung einer neuen, von der Marktproduktion erst geschaffenen ökonomisch-sozialen Eigenschaft der Dinge: *des Tauschwerts.*

In allen früheren Gesellschaftsformen mußte der Mensch, wenn er ein Kleid oder ein Haus brauchte, es entweder selber erzeugen oder von einem anderen Menschen erhalten, der es produzieren konnte und der ihm die Erzeugnisse seiner Arbeit, sei es kraft gewisser Überlieferungen, sei es aus Gründen der Autorität, der Freundschaft etc., sei es als Gegenleistung für gewisse Produkte, geben mußte oder konnte[3].

Wenn heute jedoch ein Mensch ein Kleid oder ein Haus braucht, so muß er sich vor allem das zu seinem Erwerb nötige Geld verschaffen. Für die Menschen, die Kleider oder Häuser produzieren, ist der Gebrauchswert der von ihnen erzeugten Güter absolut gleichgültig. In den Augen des Unternehmers ist dieser Gebrauchswert nur ein notwendiges Übel, ein Mittel, um einen genügend großen Tauschwert zu erhalten, damit – was ihn allein interessiert – sein Unternehmen rentabel bleibt. In der Wirtschaft, welche den bei weitem überwiegenden Teil des modernen sozialen Lebens bildet, tendieren alle authentischen, auf die qualitativen Eigenschaften der Gegenstände und der Menschen gegründeten Beziehungen zwischen Menschen und Dingen oder zwischen Menschen untereinander dazu zu verschwinden, um durch eine Gruppe vermittelter und degradierter Beziehungen ersetzt zu werden: die rein quantitativen Beziehungen zu den Tauschwerten.

Natürlich existieren die Gebrauchswerte weiter und beherrschen sogar in letzter Instanz die gesamte wirtschaftliche Tätigkeit; ihre Aktion wird aber *implizit und spielt sich außerhalb des Bewußtseins ab, genauso wie diejenige der authentischen Werte in der Welt des Romans.*

Unmittelbar und bewußtseinsmäßig besteht das *ökonomische Leben* aus dem Verhalten von Menschen, deren Tätigkeit ausschließlich auf Tauschwerte, d. h. auf quantitative, degradierte Werte hin orientiert ist. Neben ihnen gibt es dann allerdings noch einige Individuen – die schöpferischen Menschen auf den verschiedensten Gebieten –, deren Bewußtsein wesentlich auf die Qualität ihrer Erzeugnisse, d. h. auf ihren Gebrauchswert hin

3 Solange der Tausch *sporadisch* bleibt, weil nur Überschüsse oder Gebrauchswerte ausgetauscht werden, welche die Individuen oder die Gruppen innerhalb der Naturalwirtschaft nicht selber produzieren können, entwickelt sich eine auf die Kategorie der Vermittlung aufgebaute Denkstruktur noch nicht, oder sie bleibt zumindest sekundär. Die entscheidende Veränderung in der Geschichte der Verdinglichung entsteht erst mit dem Aufkommen *der Produktion für den Markt.*

orientiert ist, und die gerade deswegen zu Außenseitern und Randgestalten des gesellschaftlichen Lebens werden, d. h. zu *problematischen Individuen*; und natürlich können auch sie sich, wenn sie nicht der romantischen Illusion (Girard würde sagen: der romantischen Lüge) eines radikalen Bruches zwischen Wesen und Erscheinung, zwischen Innenleben und äußerlichen gesellschaftlichen Gebilden verfallen, keiner Illusion über die Degradierung hingeben, die ihre schöpferische Tätigkeit innerhalb der marktproduzierenden Gesellschaft erleidet, sobald sie sich nach außen ausdrückt, sobald sie Buch, Bild, musikalische Komposition, Lehrtätigkeit etc. wird, sobald ihr ein bestimmtes Prestige anhaftet und sie dadurch einen bestimmten Preis, d. h. einen Tauschwert erhält. Dem muß hinzugefügt werden, daß sich in der marktproduzierenden Gesellschaft jedes Individuum als Endverbraucher eines Gutes mehrmals täglich in der Situation eines Menschen befindet, der einen bestimmten qualitativen Gebrauchswert anstrebt, ihn jedoch nur durch die Vermittlung der quantitativen Tauschwerte erreichen kann.

Von da aus erscheint die Entwicklung des Romans als literarische Form nicht mehr überraschend. Seine auf den ersten Blick scheinbar äußerst komplexe Struktur ist diejenige, die das Alltagsleben der Menschen in einer Gesellschaft annimmt, in welcher sie die Gebrauchswerte nur über die Vermittlung der Quantität, der Tauschwerte, und das heißt durch ein degradiertes Verhalten, erreichen können und in welcher jeder Versuch, sich *unmittelbar* auf die Gebrauchswerte hin zu orientieren, ebenfalls, wenn auch in anderer, nämlich in der Weise problematischer Individuen, degradierte Menschen erzeugen muß[4].

So ist die Homologie zwischen zwei Strukturen, derjenigen der wichtigsten Form des Romans und derjenigen des Tausches in der liberalen Gesellschaft, so streng, daß man von einer einzigen Struktur sprechen könnte, die sich auf zwei verschiedenen Ebenen

4 Für den gegenwärtigen westlichen Organisationskapitalismus muß man noch einen dritten Typus der äußerst fortgeschrittenen Degradierung hinzufügen, diejenige des Konsummenschen, dessen Bewußtsein nur auf den Konsum von Gebrauchswerten, die er nicht produziert hat, orientiert ist, während die produktive Tätigkeit für sein Bewußtsein immer mehr an Bedeutung verliert. Siehe zu diesem Thema auch die sehr schönen Arbeiten von Jürgen Habermas.

ausdrückt. Es kommt noch hinzu, daß, wie wir im folgenden zu zeigen versuchen werden, die Entwicklung der Romanform nur in dem Maße verstanden werden kann, in dem man sie mit der *homologen* Geschichte der Verdinglichungsstruktur in Verbindung bringt.

Bevor wir jedoch einige Bemerkungen über die Verwandtschaft dieser beiden Entwicklungen formulieren, müssen wir das für den Soziologen besonders wichtige Problem der Prozesse aufwerfen, durch welche die literarische Form des Romans vom ökonomischen Leben ausgehend entstehen konnte, und uns über die Modifikationen klarwerden, welche uns das Studium dieser Prozesse an der traditionellen Vorstellung von der soziologischen Bedingtheit der literarischen Schöpfung vorzunehmen zwingt.

Eines ist auffallend: die traditionellen Schemata der marxistischen oder nichtmarxistischen Literatursoziologen sind im konkreten Fall der von uns soeben aufgezeigten Strukturhomologie nicht anwendbar. Die meisten der vorliegenden literatursoziologischen Arbeiten fußen nämlich auf der Annahme einer Beziehung zwischen den wichtigsten literarischen Werken und dem kollektiven *Bewußtsein* der sozialen Gruppen, innerhalb deren diese Werke entstanden sind. In diesem Punkt unterschied sich der traditionelle marxistische Standpunkt nicht wesentlich von der Gesamtheit der nichtmarxistischen literatursoziologischen Arbeiten, im Vergleich zu denen er nur vier, allerdings sehr wichtige neue Ideen in die Forschung eingeführt hat, und zwar:

a) Das literarische Werk ist keine einfache Widerspiegelung eines gegebenen existierenden Kollektivbewußtseins, sondern der äußerst kohärente Ausdruck der dem Bewußtsein einer sozialen Gruppe eigentümlichen Tendenzen, die auf eine bestimmte inhaltlich spezifische Kohärenz gehen, ein Bewußtsein, das als ein dynamischer Prozeß aufgefaßt werden muß, der einem Gleichgewichtszustand zustrebt (welcher mit der erwähnten Kohärenz identisch wäre). Das, was hier, wie auch in den meisten anderen Gebieten, die marxistische Auffassung der Gesellschaft von den positivistischen, relativistischen oder eklektischen soziologischen Schulen unterscheidet, ist die Tatsache, daß sie den Schlüsselpunkt der soziologischen Forschung nicht im *wirklichen* Kollektivbewußtsein sieht, sondern im theoretischen, auf der Grundlage der wirklichen Sozialprozesse konstruierten Begriff des *zugerechneten Bewußtseins*[5], der allein das wirkliche Kollektivbewußtsein zu erfassen erlaubt.

b) Die Beziehung zwischen Kollektivbewußtsein und großen literarischen, theologischen, philosophischen und ähnlichen Schöpfungen besteht nicht in einer Inhaltsidentität, sondern in einer Strukturhomologie und in einer viel weiter fortgeschrittenen Kohärenz, die sich oft in *imaginären* Inhalten ausdrücken kann, die von den wirklichen Inhalten des Kollektivbewußtseins sehr verschieden sind.

c) Ein Werk, das der geistigen Struktur dieser oder jener Gruppe entspricht, kann in bestimmten, allerdings sehr seltenen Fällen auch von einem Verfasser geschrieben werden, der zu dieser Gruppe nur sehr wenige Beziehungen hat. Der *soziale* Charakter eines Werkes kommt vor allem in der Tatsache zum Ausdruck, daß ein Individuum nie aus eigenen Kräften eine kohärente Geistesstruktur (das, was wir in unseren Schriften eine »Weltanschauung« genannt haben) schaffen kann. Eine solche Struktur kann nur im alltäglichen Leben von allen zu einer bestimmten Gruppe gehörenden Menschen ausgearbeitet werden, wobei sie das schöpferische Individuum dann bis zu einer äußerst weit ausgearbeiteten Kohärenz treibt und auf dem Gebiet der schöpferischen Imagination oder des begrifflichen Denkens usw. ausdrückt.

d) Das Kollektivbewußtsein ist weder eine primäre noch eine selbständige Struktur. Es wird implizite im Zuge des Gesamtverhaltens der Individuen entwickelt, welche am sozialen, politischen, ökonomischen Leben teilnehmen.

Dies sind, wie man sieht, äußerst wichtige Thesen, die zweifellos einen wesentlichen Unterschied zwischen dem marxistischen Denken und allen anderen soziologischen Auffassungen ausmachen. Nichtsdestoweniger bleibt die Tatsache bestehen, daß die marxistischen Literaturtheoretiker genau wie die positivistischen oder relativistischen Literatursoziologen immer von der

5 Wir haben in französischer Sprache diesen Schlüsselbegriff des marxistischen theoretischen Denkens mit den Begriffen *conscience possible* und *maximum de conscience possible* übersetzt, welche den wesentlichen Unterschied, denjenigen des Wirklichen und des Möglichen, ausdrücken.

Voraussetzung ausgegangen sind, daß sich das soziale Leben auf literarischem, künstlerischem oder philosophischem Gebiet nur über das Zwischenglied des Kollektivbewußtseins ausdrücken kann.

Das auffallendste bei der von uns in diesem Aufsatz aufgezeigten Homologie ist jedoch die Tatsache, daß sie zwar zwischen den Strukturen des ökonomischen Lebens und denjenigen einer besonders wichtigen literarischen Ausdrucksform existiert, daß man aber keine andere diesen beiden Strukturen verwandte Struktur im *Kollektivbewußtsein* findet, welche bis jetzt als das unerläßliche Bindeglied jeder Homologie oder sinnvollen, verstehbaren Beziehung zwischen den verschiedenen Gebieten des sozialen Lebens angesehen wurde. Die von Lukács und Girard analysierte Romanform scheint also nicht die einbildungsmäßige Übertragung und Entfaltung *bewußter Strukturen* dieser oder jener sozialen Gruppe darzustellen, sondern vielmehr (und vielleicht ist dies der Fall auf einem viel größeren Sektor des modernen künstlerischen Schaffens) ein Suchen nach Werten auszudrücken, die keine einzige soziale Gruppe mehr tatsächlich verkörpert und vertritt und die das ökonomische Leben bei allen Mitgliedern der Gesellschaft auf das Implizite zu reduzieren strebt.

Die traditionelle marxistische These, welche im Proletariat, weil es in die verdinglichte bürgerliche Gesellschaft nicht integriert war und nicht integrierbar sein sollte, die einzige soziale Gruppe sah, welche eine neue Kultur schaffen konnte, ging von der allgemein angenommenen soziologischen Vorstellung aus, daß jede wichtige und authentische kulturelle Schöpfung nur in der grundsätzlichen Übereinstimmung zwischen der geistigen Struktur des individuellen Schriftstellers und derjenigen einer mehr oder weniger umfassenden, auf eine Gesamtordnung des sozialen Lebens hin orientierten gesellschaftlichen Gruppe begründet sein konnte. In Wirklichkeit hat sich diese marxistische Analyse, jedenfalls was die westliche Gesellschaft betrifft, als unzureichend erwiesen. Weit davon entfernt, der verdinglichten bürgerlichen Gesellschaft fremd zu bleiben und sich ihr als revolutionäre Kraft entgegenzustellen, hat sich das westeuropäische Proletariat in großem Maße in diese Gesellschaft integriert; anstatt die bürgerliche Gesellschaft umzustürzen und eine sozialistische Gesellschaftsordnung zu schaffen, haben ihm seine gewerkschaftlichen und politischen Kämpfe erlaubt, sich innerhalb der kapitalistischen Welt einen relativ besseren Platz zu sichern, als es die marxistischen Analysen vorauszusehen erlaubten.

Nichtsdestoweniger hat das Kulturschaffen nicht aufgehört, obwohl es in der verdinglichten Gesellschaft immer stärker bedroht ist. Sowohl die Romanliteratur als auch die moderne Dichtung und Malerei sind authentische Kulturschöpfungen, die man aber weder dem wirklichen noch dem möglichen Kollektivbewußtsein irgendeiner sozialen Gruppe zurechnen kann.

Bevor wir auf die Prozesse eingehen, welche diese *direkte* Übertragung des ökonomischen Verhaltens auf das literarische Schaffen ermöglicht und erzeugt haben, stellen wir jedoch fest, daß sie, wenn auch auf den ersten Blick in scheinbarem Widerspruch zu allen Traditionen der marxistischen Kulturanalyse, eine der wichtigsten marxistischen Analysen der Bewußtseinsprozesse in der bürgerlichen Gesellschaft, und zwar die Analyse des Warenfetischismus und der Verdinglichung, in ganz unerwarteter Weise bestätigt. Diese Theorie, die Marx zu seinen wichtigsten Entdeckungen zählte, stellt in der Tat die Behauptung auf, daß in den für den Markt produzierenden Gesellschaftsformen (d. h. in denjenigen Gesellschaftsformen, in denen die ökonomische Tätigkeit überwiegt) das Kollektivbewußtsein zunehmend jede aktive Rolle verliert und dazu tendiert, eine einfache Widerspiegelung des ökonomischen Lebens zu werden und im Grenzfall überhaupt zu verschwinden[6].

Es gab so zwischen der marxischen Theorie des Warenfetischismus und der allgemeinen Theorie des literarischen und philosophischen Schaffens bei den späteren Marxisten zwar nicht

6 Wir sprechen vom Widerspiegelungscharakter eines Bewußtseins, wenn sein Inhalt und die Beziehungen zwischen seinen konstitutiven Elementen (das, was wir sinnvolle und verstehbare Struktur nennen) von anderen Gebieten des sozialen Lebens beeinflußt werden, ohne ihrerseits auf dieselben irgendeine Wirkung auszuüben. Praktisch wurde dieser Zustand wahrscheinlich auch in der liberalen kapitalistischen Gesellschaft niemals erreicht. Es besteht jedoch in dieser Gesellschaftsform ohne Zweifel eine Tendenz zur fortschreitenden und immer rascher werdenden Abnahme der Einwirkung des Bewußtseins auf das ökonomische Leben und umgekehrt der ständigen Verstärkung der Aktion des ökonomischen Sektors des sozialen Lebens auf Struktur und Inhalt des Bewußtseins in allen anderen Sektoren.

einen Widerspruch, wohl aber eine Inkohärenz in dem Maße, wie die letzteren aus der Marxschen Behauptung, in der warenproduzierenden Gesellschaft trete eine radikale Veränderung des Status des individuellen und kollektiven Bewußtseins und daher der Beziehung zwischen Basis und Überbau auf, niemals die Konsequenzen für die Literatursoziologie gezogen haben. Die Analyse der Verdinglichung, welche zuerst Marx auf das alltägliche und insbesondere ökonomische Leben, später Lukács auf die Erforschung des philosophischen und wissenschaftlichen Denkens und der literarischen Schöpfung angewendet hatten, die von einer Anzahl anderer marxistischer Theoretiker später auf anderen Gebieten fortgeführt und ausgearbeitet wurde und der wir selbst einen größeren Aufsatz gewidmet haben, erscheint so durch die soziologische Analyse einer bestimmten Romanform auffallend bestätigt.

Es bleibt jedoch die Frage offen, wie dieser Übergang von den ökonomischen zu den literarischen Strukturen in einer Gesellschaft stattfindet, wo er sich *außerhalb des Kollektivbewußtseins* abspielt. Wir haben zu dieser Frage die vorläufige Hypothese der konvergierenden Einwirkung von vier verschiedenen Faktoren aufgestellt, und zwar:

a) die Entwicklung der *Kategorie der Vermittlung* zur grundlegenden und herrschenden Denkform im Bewußtsein der Menschen in der bürgerlichen Gesellschaft von ihrem Verhalten im ökonomischen Sektor und vom Bestehen des Tauschwertes aus mit einer starken impliziten Tendenz zum total falschen Bewußtsein, d. h. zu einem Bewußtsein, in welchem der vermittelnde Wert zum absoluten Wert erhoben wird, während der vermittelte gänzlich verschwindet; konkreter gesagt, mit einer Tendenz, das Geld und das soziale Prestige zu absoluten Werten zu machen und nicht mehr als Vermittlungen zu begreifen, welche den Zugang zu anderen, qualitativen Werten ermöglichen;

b) die Existenz einer Anzahl von Individuen innerhalb dieser Gesellschaft, die wesentlich *problematisch* sind, und zwar in dem Maße, wie ihr Denken und Verhalten vom Streben nach qualitativen Werten beherrscht ist, wobei sie sich jedoch nicht gänzlich der degradierenden Vermittlung, welche das gesamte gesellschaftliche Leben beherrscht, entziehen können.

Zu dieser Art Individuen gehören vor allem die schöpferischen, also Schriftsteller, Künstler, Philosophen, Theologen, Tatmenschen etc., deren Denken und Verhalten vor allem von der Qualität ihrer Werke bestimmt wird, ohne daß sie sich jedoch der Wirkung des Marktes in der verdinglichten Gesellschaft auf ihr Bewußtsein gänzlich entziehen können.

c) Da kein wichtiges Werk Ausdruck einer rein individuellen Erfahrung sein kann, scheint es uns wahrscheinlich, daß die literarische Gattung des Romans nur in dem Maße entstehen und sich entwickeln konnte, wie sich gleichzeitig eine gefühlsmäßige, *nicht begrifflich formulierte* Unzufriedenheit und ein ebenso nur gefühlsmäßiges Streben nach direkter Orientierung an qualitativen Werten entwickelt hat, sei es in der ganzen Gesellschaft, sei es, was für uns viel wahrscheinlicher ist, innerhalb der Mittelschichten, der die meisten Romanschriftsteller entstammen[7].

d) Endlich muß noch die Existenz einer Gruppe von Werten in der liberalen Marktwirtschaft erwähnt werden, die, ohne überindividuell zu sein, auf allgemeine Geltung hin orientiert und auch innerhalb dieser Gesellschaft allgemein gültig sind. Es sind dies die an die Existenz eines freien Marktes gebundenen Werte des liberalen Individualismus (Freiheit, Gleichheit und Eigentum

7 Hier taucht eine jetzt noch schwer zu beantwortende Frage auf, die man eines Tages durch konkrete soziologische Forschungen wird lösen müssen, diejenige nach dem kollektiven, gefühlsmäßigen, nicht begrifflichen »Resonanzboden«, der die Entwicklung des Romans als literarische Gattung ermöglicht hat.
Wir hatten zuerst angenommen, daß die Verdinglichung zwar die Tendenz hat, alle Zwischengruppen aufzulösen, in die Gesamtgesellschaft zu integrieren und ihnen dadurch bis zu einem gewissen Grade jeden spezifischen Charakter abzunehmen, daß sie jedoch der auf die qualitativen Eigenschaften der Umwelt orientierten biologischen und psychologischen Grundstruktur des Menschen derart entgegengesetzt ist, daß sie bei allen Individuen eine mehr oder weniger starke Auflehnungsreaktion (oder wenn die qualitative Degradierung sehr weit geht, eine romantische Fluchtreaktion) auslösen und so einen diffusen Widerstand gegen die verdinglichte Welt erzeugen muß, welche die soziale Grundlage der Entstehung des Romans bilden könnte.
Heute scheint es uns aber, daß diese Hypothese auf der unbegründeten apriorischen Annahme einer biologischen und psychologischen menschlichen Natur fußt, deren Äußerungsformen durch die gesellschaftliche Wirklichkeit nicht gänzlich umgeändert werden können.
Es ist aber ebensogut möglich, daß auch die gefühlsmäßigen, nicht bewußt gewordenen Widerstände gegen die Verdinglichung sich auf gewisse soziale Schichten beschränken, die die Forschung genau abgrenzen muß.

in Frankreich, Bildungsideal in Deutschland, mit den von ihnen abgeleiteten Werten der Toleranz, der Menschenrechte, der Entwicklung der Persönlichkeit etc.). Von diesem individualistischen Wertsystem aus entwickelt sich dann die Kategorie der *individuellen* Biographie, die ein konstitutives Element der klassischen Romanform geworden ist, und zwar als Biographie des *problematischen* Individuums

1. auf Grund der oben unter Punkt b erwähnten persönlichen Erfahrung der problematischen Individuen und

2. des inneren Widerspruchs zwischen dem Individualismus und der Persönlichkeitsentfaltung als allgemeinen, durch die liberale bürgerliche Gesellschaft entwickelten Wert einerseits und andererseits den starken Beschränkungen, die dieselbe Gesellschaft ihrer jeweiligen Verwirklichung entgegensetzt.

Dieses hypothetische Schema scheint u. a. durch die Tatsache bestätigt zu werden, daß wir, seit der Individualismus (das eine der vier genannten Elemente) durch die Veränderungen des ökonomischen Lebens, genauer durch den Übergang von der liberalen Konkurrenzwirtschaft zur Kartell- und Monopolwirtschaft (eine Veränderung, die am Ende des 19. Jahrhunderts beginnt, deren Wendepunkt jedoch von den meisten Ökonomen zwischen 1900 und 1910 situiert wird) untergraben wurde und jede praktische Wirklichkeit verlor, auch auf eine entsprechende Veränderung der Romanform stoßen, die sich in fortschreitender Auflösung und schließlich im Verschwinden des individuellen Helden ausdrückt. Der Prozeß dieser Veränderung scheint uns ganz schematisch durch die Existenz zweier aufeinanderfolgender Perioden beschrieben werden zu können:

a) eine erste Übergangsperiode, in welcher das Verschwinden der Bedeutung des Individuums zu Versuchen führt, die Biographie als Inhalt der Romanwelt durch andere, aus anderen ideologischen Perspektiven stammende Werte zu ersetzen. Denn wenn sich auch diese anderen nichtindividualistischen Ideologien als zu schwach erwiesen, um einen eigenen wichtigen literarischen Ausdruck zu schaffen, so konnten sie eventuell als Hilfskraft für eine schon existierende literarische Form wirken, die allmählich ihren traditionellen Inhalt verlor. Besonders wichtig sind in diesem Prozeß die Ideen der Gemeinschaft und der gesellschaftlichen

Gebilde und Prozesse (Institutionen, Familie, soziale Gruppe; Revolution etc.), welche die sozialistische Ideologie ins westliche Bewußtsein eingeführt hatte.

b) Die zweite Periode, die ungefähr mit Kafka beginnt, bis zum französischen Nouveau roman dauert und bei weitem noch nicht abgeschlossen ist, ist durch den Verzicht auf jeden Versuch, den problematischen Helden und die individuelle Biographie durch einen anderen Inhalt zu ersetzen und durch das Aufkommen des Romans, der die Abwesenheit jedes Subjektes und die Nichtexistenz jeder fortschreitenden Suche zum Inhalt hat, charakterisiert[8].

Selbstverständlich haben sich neben diesen Versuchen, die literarische Form des Romans zu retten, indem man ihr einen neuen Inhalt gab, der mit dem des traditionellen Romans verwandt (der Roman war immer die literarische Form der problematischen Suche und der Abwesenheit aller positiven Werte), aber nichtsdestoweniger auch von ihm verschieden war (es geht jetzt darum, zwei wesentliche konstitutive Elemente des traditionellen Romans, die Psychologie des problematischen Helden und die Geschichte seiner dämonischen Suche auszuschalten), auch andere parallele Versuche, dieselbe soziale Wirklichkeit auszudrücken, entwickelt. Von hier aus ergeben sich vielleicht Möglichkeiten einer soziologischen Analyse des Theaters der Abwesenheit (Beckett, Ionesco, Adamov während einer bestimmten Periode) und gewisser Aspekte der nichtfigurativen, abstrakten Malerei.

Erwähnen wir noch zum Schluß eine letzte Frage, die vielleicht zu weiteren Forschungen führen könnte. Die von uns bis jetzt besprochene Romanform ist in ihrem Wesen kritisch und oppositionell; sie ist eine Form des Widerstandes gegen die sich entwickelnde bürgerliche Gesellschaft, ein individueller Widerstand, der sich innerhalb der bestehenden gesellschaftlichen Grup-

8 Lukács beschrieb die Zeit des traditionellen Romans durch den Satz »Begonnen ist der Weg, beendet ist die Reise«. Man könnte die Zeit des nouveau roman durch die Abschaffung der ersten Hälfte dieses Satzes beschreiben. Sie könnte entweder durch den Satz »Das Bedürfnis ist noch da, die Reise ist jedoch beendet« (Kafka, N. Sarraute) oder einfach durch die Feststellung, daß die Reise schon beendet ist, bevor der Weg überhaupt begonnen hat (die ersten drei Romane von Robbe-Grillet), charakterisiert werden.

pen nur auf bestimmte gefühlsmäßige, nicht auf den Begriff gebrachte psychische Prozesse stützen konnte, gerade weil der bewußte Widerstand gegen diese Gesellschaft, der zur Ausarbeitung literarischer Ausdrucksformen, in denen ein positiver Held möglich gewesen wäre, hätte führen können (vor allem das von Marx erhoffte und vorausgesehene proletarische revolutionäre Bewußtsein), sich im Rahmen der westlichen Gesellschaften nicht entwickelt hat. Der Roman des problematischen Helden erscheint so im Gegensatz zur traditionellen Interpretation als eine literarische Gattung, die zwar mit der Bourgeoisie und ihrer Geschichte eng verbunden, aber kein Ausdruck des wirklichen oder möglichen Bewußtseins dieser Klasse ist.

Es stellt sich von da aus die Frage, ob sich nicht parallel zu dieser literarischen Ausdrucksform auch andere Ausdrucksformen entwickelt haben, die den bewußten, tatsächlichen Werten des Bürgertums entsprachen. In diesem Punkt erlauben wir uns, als ganz allgemeine und äußerst hypothetische Anregung die Eventualität zu formulieren, daß das Werk von Balzac, dessen Struktur man gerade von da aus analysieren müßte, der einzige große literarische Ausdruck einer von den bewußten Werten des Bürgertums (Individualismus, Machtdurst, Erotik, welche über die alten feudalen Werte des Altruismus, des Dienstes an den Schwachen und der Liebe triumphieren) strukturierten Welt darstellt.

Sollten sich diese Hypothesen durch weitere und eingehendere Untersuchungen bestätigen, so könnte man sie mit der Tatsache in Verbindung bringen, daß dieses Werk zu einer Zeit verfaßt wurde, wo der an sich unhistorische Individualismus das Bewußtsein eines Bürgertums strukturierte, das begann, eine neue Gesellschaft aufzubauen, und sich daher am höchsten und intensivsten Punkt seiner historisch wirksamen Praxis befand.

Man muß sich allerdings auch fragen, warum diese Form der Romanliteratur mit dieser einzigen Ausnahme in der Geschichte der westlichen Kultur nur eine nebensächliche Rolle gespielt hat, warum es dem wirklichen Bewußtsein des Bürgertums und seinen Idealen weder im 19. noch im 20. Jahrhundert gelungen ist, eine eigene literarische Ausdrucksform zu finden, die sich ebenbürtig neben andere große literarische Schöpfungen der Geschichte stellen könnte.

Auch in diesem Punkt möchten wir uns erlauben, einige allgemeine Hypothesen zu formulieren. Die von uns entwickelte Analyse erlaubt uns, eine der wichtigsten kultursoziologischen Behauptungen, die wir jetzt auf alle Formen des authentischen Kulturschaffens ausdehnen können, auch für diese Romanform als gültig anzusehen. Eine Behauptung, für die wir bis jetzt nur die einzige Ausnahme, das Balzacsche Werk, nennen[9], welches eine große, durch individualistische Werte strukturierte, literarische Welt geschaffen hat, in einem historischen Augenblick allerdings, als die von diesen unhistorischen individualistischen Werten beseelten Menschen dabei waren, eine riesige historische Umwälzung auszuführen (eine Umwälzung, die letzten Endes in Frankreich erst mit dem Ende der bürgerlichen Revolution im Jahre 1848 abgeschlossen wurde).

Mit dieser Ausnahme (der man allerdings vielleicht noch andere, die wir jetzt noch nicht sehen, wird hinzufügen müssen) gibt es, wie uns scheint, keine wirklich gültige künstlerische oder literarische Schöpfung, die nicht über das Individuum hinausstrebt und durch überindividuelle Werte strukturiert ist. »Der Mensch geht über den Menschen hinaus«, schrieben wir einmal, indem wir einen Pascalschen Satz zwar nur wenig, aber doch wesentlich veränderten[10]. Dies bedeutet, daß der Mensch nur insofern authentisch sein kann, als er sich als Teil einer im Werden befindlichen Totalität weiß und empfindet und sich dadurch in eine überindividuelle historische oder transzendente Dimension stellt. Das bürgerliche Bewußtsein jedoch, welches, wie die bürgerliche Gesellschaft selber, an die Existenz eines ökonomischen Sektors des menschlichen Verhaltens gebunden ist, ist gerade dadurch die erste gleichzeitig unhistorische und radikal

9 Als wir dasselbe Problem vor einem Jahr das erste Mal behandelten und die Existenz des Romans mit problematischen Helden und der halbliterarischen Romanform mit positiven Helden erwähnten, schrieben wir: »Wir schließen diesen Aufsatz mit einem großen Fragezeichen ab, welches die soziologische Betrachtung der Romane von Balzac betrifft. Diese scheinen uns in der Tat eine eigentümliche Romanstruktur darzustellen, welche wesentliche Elemente der beiden Romanformen integriert und wahrscheinlich die wichtigste Schöpfung in der Geschichte des Romans als literarischer Gattung darstellt.« Die im gegenwärtigen Artikel formulierten Bemerkungen sind ein erster schwacher Versuch in Richtung auf die Beantwortung dieser Frage.

10 Pascal hatte geschrieben: »Der Mensch geht unendlich über den Menschen hinaus.«

profane Denkstruktur in der Geschichte. Es ist ein Denken, das die Tendenz hat, die Existenz alles Heiligen zu bestreiten, ob es sich nun um das übernatürliche Heilige der transzendenten Religionen oder um das immanent Heilige der auf der Zukunft fundierten geschichtlichen Einstellung handelt. Dies ist auch u. a., wie es uns scheint, der Grund, warum die bürgerliche Gesellschaft die erste Form eines radikal nichtästhetischen Denkens entwickelt hat. Die wesentliche Form des klassischen bürgerlichen Denkens, der Rationalismus, ignoriert in der Tat, in seinen extremsten Formen, die Existenz der Kunst. Es gibt keine cartesianische oder spinozistische Ästhetik, und selbst für Baumgarten ist die Kunst nur eine niedrigere Erkenntnisform.

Es ist daher kein Zufall, wenn es mit Ausnahme weniger und besonderer Situationen, von denen wir eine in diesem Aufsatz erwähnt haben, keine großen literarischen Schöpfungen des bürgerlichen Bewußtseins gibt. In der marktproduzierenden Gesellschaft sind Schriftsteller und Künstler, wie schon gesagt, problematische und d. h. kritische, im Gegensatz zur Gesellschaft stehende Gestalten.

Nichtsdestoweniger impliziert das bürgerliche, verdinglichte Bewußtsein eine thematische Wertstruktur, die im Falle des Individualismus manchmal einen authentischen, manchmal einen rein konventionellen Charakter hat. (Lukács nannte letzteren das falsche Bewußtsein und, in seinen extremen Fällen, die Falschheit des Bewußtseins; Heidegger das Gerede.) Diese authentischen oder konventionellen, im Kollektivbewußtsein thematisch auftretenden Stereotypen mußten neben den authentischen Romanformen eine parallele Unterhaltungsliteratur ermöglichen, in Form von Werken, welche natürlich auch die Geschichte eines Individuums erzählten, deren Held allerdings einen positiven Charakter haben konnte. Es wäre interessant, die Verschlingungen dieser unterhaltungsliteraturartigen Nebenformen des Romans, die man natürlich im Kollektivbewußtsein des Bürgertums begründen könnte, zu verfolgen. Man würde dann vielleicht – wir haben die Arbeit nicht unternommen – zu einer mehr oder weniger großen Vielfalt von Formen, von den niedrigsten, vom Typus Delly angefangen, bis zu den höchsten, die man vielleicht bei echten Schriftstellern, wie Alexandre Dumas oder Eugène Sue, finden könnte, gelangen. Auf dieser Ebene müßte man vielleicht auch parallel zum nouveau roman einige äußerst erfolgreiche erzählende Werke der Gegenwart stellen, die gewisse neue Formen des Kollektivbewußtseins zum Ausdruck bringen.

Wie dem auch sei, es scheint uns, daß der extrem schematische Aufriß, den wir in diesem Aufsatz gezeichnet haben, den Rahmen für die ersten Schritte einer soziologischen Erforschung der Romanform abgeben kann, die um so wichtiger sein würde, als sie uns ein gewisses Licht auf die Bewußtseinsstruktur jener Gruppen zu werfen scheint, auf welche die Manipulierungsinstrumente, die die positivistischen Soziologen mit dem Begriff Massenmedien bezeichnen, auf das stärkste einwirken, d. h. auf die Bewußtseinsstruktur der Mittelschichten.

Einführung in eine strukturale Studie der Romane Malraux'

1.

Um die Grenzen der vorliegenden Arbeit zu bestimmen, sei im voraus gesagt, daß sie durchaus keine erschöpfende Untersuchung der literarischen Schriften Malraux' sein will.

Eine solche Untersuchung würde in der Tat einerseits die Entdeckung einer gewissen Zahl verstehbarer Strukturen voraussetzen, die geeignet wären, wenigstens zu einem großen Teil vom Inhalt und vom formalen Charakter dieser Schriften Rechenschaft zu geben, und andererseits den Nachweis einer bestehenden Homologie oder der Möglichkeit einer verstehbaren Relation zwischen den Strukturen dieses literarischen Gebäudes und einer gewissen Anzahl gesellschaftlicher, wirtschaftlicher, politischer, religiöser usw. Strukturen.

Nun befindet sich unsere Untersuchung aber noch im Anfangsstadium, dem der inneren Analyse, die dazu bestimmt ist, einen ersten Abriß der dem Werk immanenten verstehbaren Struktur zu geben; im Rahmen der weiteren Untersuchung der Homologien und der verstehbaren Relationen zu den geistigen, gesellschaftlichen, politischen und wirtschaftlichen Strukturen der Epoche ihrer Herausbildung wird der Abriß sehr wahrscheinlich modifiziert und präzisiert werden.

Dennoch schienen uns die Ergebnisse selbst in ihrem jetzigen provisorischen Stadium wenigstens als Hypothesen genügend Interesse zu besitzen, um sie zum Gegenstand einer Veröffentlichung zu machen.

Geht man an das Studium der Werke von Malraux heran, so fällt gleich zu Anfang eine erste Tatsache ins Auge: Zwischen seinen frühen Schriften, »Das Königreich Farfelu«, »Monde aus Papier« und »Die Lockung des Okzidents«, die den Tod der Götter und die allgemeine Zersetzung der Werte verkünden, und den folgenden Schriften, »Die Eroberer«, »Der Königsweg«, »So lebt der Mensch«, besteht nicht nur ein inhaltlicher, sondern auch ein formaler Unterschied. Obgleich es sich in beiden Fällen um dichterische Fiktionen handelt, schaffen nur die Werke der zweiten Gruppe eine Welt mit realistischer Tendenz, die aus zweifellos fiktiven, aber individuellen und lebendigen Wesen besteht, und gehören dadurch zur Klasse der Romane, während es sich bei den ersteren entweder um Essays – wie bei »Die Lockung des Okzidents« – oder – wie im Falle des »Königreichs Farfelu« und der »Monde aus Papier« – um phantastische und allegorische Geschichten handelt (und das trotz der von Malraux an den Anfang dieses Buches gestellten Versicherung, daß »es in diesem Buch keine Symbole gibt«).

Wenn wir außerdem feststellen, daß alle späteren Werke Malraux' Welten schaffen, die durch positive und allgemeingültige Werte strukturiert sind, und daß die erste Schrift, die eine zweite Krise der Werte ankündigt (»Der Kampf mit dem Engel«), zugleich die letzte und die am wenigsten romaneske, die intellektuellste der Malrauxschen Werke fiktiven Inhalts ist, läßt sich u. E. eine erste Hypothese formulieren:

In diesem Werk, das von der für Westeuropa zur Zeit seiner Ausarbeitung charakteristischen Krise der Werte beherrscht ist, entspricht die eigentliche Romanschöpfung der Periode, in der der Autor entgegen allen Zeiterscheinungen glaubte, an der Geltung gewisser allgemeingültiger Werte festhalten zu können.

Die Titel der Werke: »Monde aus Papier«, »Königreich Farfelu« einerseits und »Die Eroberer«, »Der Königsweg«, »So lebt der Mensch«, »Die Zeit der Verachtung«, »Die Hoffnung« andererseits, deuten bereits die inhaltliche Verschiedenheit an, die die Formveränderungen nach sich gezogen und die eigentliche Romanperiode im Werk des Schriftstellers ermöglicht hat.

Im strengen Sinne des Wortes indessen beschränkt sich die eigentliche Romanperiode auf drei Werke: »Die Eroberer«, »Der Königsweg« und »So lebt der Mensch«, die im Gesamtwerk Malraux' die einzigen wirklichen Romane sind, während »Die Zeit der Verachtung« und »Die Hoffnung« Erzählungen mit einer Tendenz zur lyrisch-epischen Form sind und »Die Nußbäume von Altenburg« aus einer strukturierten Reihe von Erzählungen besteht, deren Gesamtheit in erster Linie ein begriffliches Problem aufwirft.

Wir präzisieren also, daß wir in dieser Untersuchung den Begriff der Romanperiode weniger streng und in einem weiteren Sinne gebrauchen: Sie umfaßt die sechs Werke mit realistischer

Intention, die im Gesamtwerk Malraux' eine Welt von individuellen und lebendigen Gestalten schildern.

Einem pragmatischen Prinzip jeder soziologisch-genetischen Forschung über ein literarisches Werk folgend, nach dem man Gehalt und Struktur der Schriften eines Schriftstellers möglichst in chronologischer Reihenfolge analysieren soll, werden wir, bevor wir mit der Untersuchung der Romane beginnen, wenigstens kurz bei den drei Frühschriften haltmachen; wir behandeln sie, da wir über ihre Entstehungszeit nur ungenauen Aufschluß haben, in der Reihenfolge, die uns für die Analyse am günstigsten erscheint[1].

»Das Königreich Farfelu« (mit dem Untertitel »Erzählung«) besteht aus zwei Teilen, von denen der eine – wie aus einer Anmerkung in der Ausgabe Skira hervorgeht – 1920 geschrieben wurde, und die beide erstmalig 1927 veröffentlicht wurden.

Der wesentliche Gehalt dieser Schrift scheint uns im Bewußtsein der Nichtigkeit und des allgemeinen Untergangs der Werte und zugleich im romantischen Streben nach einem unbekannten, unerkennbaren Wert zu bestehen. Als dessen Verkörperung erscheint im ersten Teil die Prinzessin von China, nach der sich der Fürst des Landes sehnt, ohne sie je gesehen zu haben, und die der blauen Blume der deutschen Romantiker aufs Haar gleicht. Obgleich aber diese Sehnsucht nach einem unbekannten und außerhalb des Erreichbaren liegenden Wert den globalen Hintergrund des Werkes bildet, ist auf den zwanzig Seiten, die die Schrift in der Ausgabe Skira einnimmt, nur zweimal explizit davon die Rede; allerdings befinden sich diese beiden Absätze an zwei besonders bezeichnenden Stellen: der eine am Ende des ersten Teils[2] und der andere am Ende des Werkes.

Die übrigen neunzehn Seiten dagegen entwickeln das Thema des allgemeinen Untergangs der Werte. Dieser bestimmt die Zeit der Handlung des ersten Teils: Die Wesen sind ehemals lebendig

1 Sie entspricht übrigens auch der Reihenfolge, an die sich Malraux selbst in der Ausgabe seiner Werke bei Skira gehalten hat.

2 »Wie könnte ich dich vergessen, Prinzessin von China?« . . . Und indem er sich mir zuwendet: »Erzähle mir von der Prinzessin von China.«
»Ich hatte sie nie gesehen.«
»Ach, dieses Versäumnis«, seufzte der Prinz, »dieses Versäumnis . . . Ich auch nicht, armes Wesen . . .« Und nach einem Augenblick der Stille:
»Man bringe ihn zur Armee.«

und bedeutsam gewesen, aber sind es nicht mehr. Bereits die ersten Zeilen künden es an. Es hat Teufel und heilige Stätten, Päpste und Gegenpäpste, Herrscher und Eroberer gegeben, aber es gibt sie nicht mehr, und nur die Erinnerung an ihre vergangene Größe wirft einen Schimmer auf die Öde einer andauernden und ewigen Gegenwart:

»Habt acht, ihr krausköpfigen Teufel! Bleiche Bilder entstehen über dem lautlosen Meer; diese Stunde gehört euch nicht mehr. Seht nur, gegenüber den Gräbern der heiligen Stätten ziehen die Wächter wieder langsam die großen Uhren auf, die den toten Sultanen das Maß der Ewigkeit bestimmen – die vergoldeten Päpste und Gegenpäpste verfolgen sich in den verödeten Kloaken Roms; hinter ihnen lachen lautlos seidenschweifige Dämonen; es sind die früheren Herrscher – . . . – ein König, der nur die Musik noch liebt und die Marter, irrt durch die Nacht, trostlos ist er, bläst in die hohen Trompeten von Silber, gefolgt von seinem Volk, das tanzt . . . und hier, an der Grenze der zwei indischen Reiche, schläft unter Bäumen mit Blättern, die aneinandergedrängt sind wie wilde Tiere, in seiner schwarzen Rüstung ein Eroberer ein, umgeben von unruhigen Affen . . .«

Und selbst das noch Existierende ist durch das Bewußtsein seiner künftigen Zerstörung und durch die Flucht aus dem Leben bestimmt. In der Stadt, die die Reisenden erreichten, verbrannte ein Händler, der Phönixe verkaufte, vor ihren Augen einen der Vögel.

»Das Tier ward sogleich aus seiner Asche wiedergeboren, aber es nutzte die unkluge Freude des Händlers aus, um zu entfliehen, plumpen Flugs übrigens, ohne Anmut.

Bestürzung. Alle Gesichter schauten auf, jeder verfolgte den Vogel mit dem Blick. In der Stille hörte man nur noch Stimmen, die von ferne schrien: ›Stadt, aus dem Meere geboren! Eines Tages werden die Fische der Dunkelheit deine tierförmigen Paläste überschwemmen . . .‹«

Die Drachen, die unsterblich und so schön sind, daß ihr Anblick »die größten Nöte und den erdrückendsten Schmerz besiegt«, können auch »als Barometer verwandt werden«; Priester brauen in großen Kesseln unzählige kleine Kupfergötter. Der in ein dunkles Verlies eingeschlossene Erzähler findet sich erfaßt von einer tiefen Traurigkeit, ... erschöpft ... freudlos ... Er sieht »verlassene Gebäude« usw. Er wird vor den Fürsten des Landes geführt, der die Berichte der Botschafter vernimmt; sie kündigen ihm ein allgemeines Sterben an, was er übrigens nicht zulassen will, da er von der Prinzessin von China träumt.

»Fürst, ich bin in das verwüstete Babylon gegangen ... die Stadt ist nur noch Staub ...«

»Das ist gut, ich werde weiter gehen, viel weiter. Kennst du die Unterwelt, die Hölle mit ihrem Himmel voller violetter Sterne ... und ihren düsteren Gesängen in der Tiefe? ...«

»Es gibt keine Gesänge, Fürst ...«

Ein anderer Botschafter hat die Tochter des Fürsten zum Zaren der Fischesser geführt. In seiner Erzählung begegnen wir einem der wichtigsten Bilder des Textes, das wir mehrmals in den ersten Schriften Malraux' wiederfinden und das von besonderer Bedeutung zu sein scheint; es ist das Bild der Götter, die einst verborgen in Tempeln oder unterirdischen Höhlen und Verliesen regierten und während einer Feuersbrunst oder eines feindlichen Überfalles an die Oberfläche gekommen, hier zu einfachen mechanischen Spielzeugen geworden sind oder das Land verlassen, jedenfalls ihre Macht eingebüßt haben.

»... Invasionen in der Stille bereiteten sich vor ... Die Prinzessin, umgeben von weißen Kätzchen, ließ sich alle Götter der besiegten Völker in ein Verlies bringen, das voll von Tausendfüßlern war, und sie kettete sie aneinander ... Eines Tages ging der Tempel in Flammen auf: die angeschwärzten Götzen traten aus den Flammen hervor, die Wachen des Zars kämpften mit ihren blauen Streitäxten gegen die wilden Scharen berittener Rebellen an, die die öligen Schädel großer Tiere schwangen ...«

»Und jetzt?«

»Jetzt regiert die Zarin allein. Als das Tauwetter eintrat, wurden die letzten Götzen wie schwerbeladene Barken flußabwärts getrieben (an der Flußmündung gibt es einen großen Götzenfriedhof). Vom Palast aus zeigte die Zarin den gefangenen Göttern der Tributpflichtigen, den angeketteten und schimmeligen Göttern, die sie an die Querbalken der Fenster hatte binden lassen, ihre tote Flotte; dazu sangen die christlichen Priester.«

Der zweite Teil des Werkes erzählt vom Feldzug und von der Niederlage einer Armee, die keine Schlacht geliefert hat, da sie nicht auf Widerstand stieß, sondern nur eine verlassene, in ein Labyrinth verwandelte und von Vögeln, Echsen und schließlich Skorpionen behauste Stadt vorfand; es ist die Geschichte einer Armee, die im Augenblick, da sie Opfer der Skorpione wird (weil ihr die Kraft fehlt, sich noch zu verteidigen), in die weiche Masse einer strukturlosen, da keine Werte kennenden, Wirklichkeit versinkt.

Es ist dies die erzählerische Wiederaufnahme des ersten Teils. Halten wir das signifikante Wiedererscheinen des Bildes der aus den unterirdischen Gelassen aufgestiegenen Götter fest, die bei Tageslicht ihre gesamte Macht eingebüßt haben[3]. Beachten wir

3 »Männer gingen hinaus, beladen mit prächtigen Gegenständen, von denen sich Seide und Perlen abhoben: Marionetten, große, reich gekleidete Puppen, altes Spielzeug . . . Diese Soldaten gehörten zu den afghanischen und sartischen Truppen, zum wildesten Teil der Armee; mit schweren Schritten rückten sie vor, unter Halluzinationen, mit dumpfem, anfangs wirrem Murmeln, das heller wurde, Geschrei: ›Die Götter! Die Götter! DIE GÖTTER!‹
Du weißt, daß die Herrscher der Häfen seit mehreren Jahrhunderten auf die Wunderwerke, die die untergebenen Völker ihnen ohne Unterlaß schicken, einen Zehnten für seltene, für den Thron bestimmte Gegenstände setzen. Dichter Staub bedeckte in bestimmten unterirdischen Kammern den Boden, Asche der schönsten Blumen und erlesensten Früchte aus dem vorigen Jahrhundert. In ihn hinein sinken Spielsachen aller Art, ineinander verwickelt, sinken perspektivisch in die Tiefe; die Fürsten dieser Dynastie haben davon den ererbten Geschmack gehabt. Drei Jahrhunderte lang hatten die Herrscher der Erde – achtungsvoll geneigt – dem König der Könige dieses mannigfaltige und kindliche Opfer dargebracht . . . Jeder Soldat hob – um aus der Menge herauszugehen – die Trophäe empor, die er herbeigebracht hatte; und oberhalb der aneinandergeklebten Trophäen kommen langsam die Automaten, die mechanischen Tiere und Puppen voran; schwarz sind sie und behalten vom Lichte der Feuersbrunst, die wächst, nur den roten Widerschein zurück, der an ihren falschen Edelsteinen hängt.
Diese Nacht war ohne Zweifel eine der großen Nächte der Welt, in denen die verdummten Götter den wilden Genien der Dichtkunst die Erde überlassen. Die ganze Nacht über, hörst du, die ganze Nacht tanzten die rauhen Krieger in langanhaltender Farandole heulend um den weißglühenden Palast und die Lagerfeuer, hielten sanft wie Kinder ihre zerbrechlichen Spielzeuge, streichelten die Automaten, die sich richtungslos in den geplünderten Gärten verloren und deren Leiern und Flöten in Hitze und Eifer, wenn die Schreie fielen, allein gehört wurden . . . Fern von den Feuern schafften in tieferer Dunkelheit die chinesischen Scharfrichter und Häscher in ihrer hohlen Hand die echten Perlen der gefallenen Fürsten fort, um sie in den Reichen des Südens zu verkaufen, wo die Könige gemalt werden.«

auch den Epilog, in dem der Erzähler, der die Katastrophe überlebt hat, gänzlich interesselos, ein jugendlicher Greis, in der Erinnerung an die ehemalige Niederlage lebt. Dieser Epilog beendet die Erzählung mit einem romantischen Bild, dem der Prinzessin von China entsprechend, das schon den ersten Teil abschloß:

> »Vielleicht besteige ich eines der Schiffe, die ihre Segel gehißt haben, um zu den Inseln der Seligen aufzubrechen. Ich bin kaum sechzig Jahre alt...«

Selbstverständlich hat diese Schrift eines jungen Mannes von zwanzig oder siebenundzwanzig Jahren, der sich schon gealtert fühlt und für den die Werte nur noch in der Erinnerung bestehen, keinen sehr großen literarischen Wert. Ein Kritiker, der allein diesen Text zur Hand hätte, würde darin zweifellos die oberflächliche und vielleicht rein verbale Enttäuschung eines zugleich begabten und selbsteingenommenen jungen Mannes sehen.

Das weitere Werk belehrt uns jedoch eines Besseren; wir finden in ihm eine äußerste Sensibilität für die geistige und sittliche Krise der westlichen Welt, wie sie nur einer der unruhigsten und mächtigsten Geister der Epoche besitzen kann. Deshalb haben wir diese Schrift vor allem als Ausgangspunkt analysiert, von dem aus das zukünftige Werk entstehen wird, und werden ebenso knapp auf den Inhalt der beiden folgenden Schriften eingehen.

In den erstmals 1920 erschienenen »Monden aus Papier« finden wir eine verwandte Weltsicht wieder. Das Werk knüpft ausdrücklich an das »Königreich Farfelu« an, von dem jetzt gesagt wird, daß es das Reich des Todes ist[4].

Auch dieses Werk besteht aus zwei Teilen, einem Prolog von fünf Seiten (Edition Skira) und einer Erzählung von zwanzig Seiten, die übrigens, wie im »Königreich Farfelu«, ein dem ersten Teil analoges Thema aufgreift. Hier wird – nicht nur in der Form, sondern auch im Inhalt – der Einfluß der damaligen literarischen Avantgarde spürbar. Die Schrift erzählt die Geschichte

4 »Jetzt auf zum Reiche des Todes«, sagte die Wollust. Der Hochmut protestierte: »Meine Herren, ich wäre Ihnen sehr zu Dank verpflichtet, wenn Sie uns nicht lächerlich machen wollten. Jeder weiß, daß das Reich des Todes ›Königreich Farfelu‹ heißt.«

des Kampfes der nonkonformistischen Schriftsteller gegen das Königreich Farfelu, das Reich des Todes, die bürgerliche Gesellschaft der Epoche[5]. Malraux glaubt allerdings nicht an diesen Kampf und stellt zweimal – in symbolischer und sogar allegorischer Weise – seine Sinnlosigkeit dar.

Im Prolog besteht die Welt aus einem See, der von einem Genius in Gestalt einer Katze regiert und vom Mond beschienen wird. Die Zähne des Mondes haken sich aus, um über der Wasseroberfläche umherzustreifen, wo sie Ballons begegnen, die mit einem Schloß im Widerschein des Mondes und mit dem Seegeist in Konflikt geraten. Der Kontext weist darauf hin, daß diese Ballons Schriftsteller sind, während die Mondkinder, das Schloß und der Seegeist als Symbole der gesamten Gesellschaft fungieren.

Die Mondkinder glauben zunächst, die Schriftsteller seien zwar nonkonformistische, vielleicht etwas geheimnisvolle, aber ernstzunehmende und wichtige Persönlichkeiten. Als sich diese Illusion verflüchtigt hat, bricht der Konflikt durch. Als sie den Ballons begegneten, heißt es,

> »glaubten die Mondkinder, die noch sehr jung waren, daß sie an unsichtbaren und komplizierten Werken arbeiteten. Mit der Erkenntnis der Wahrheit siegte der Unwille über sie: ihre Nasen, die in Billardstöcke verwandelt waren, schleuderten die Aerostaten auf den See. Diese sprangen, obgleich sie dick waren, leicht zurück; und ihre harmonische Schönheit stimmte die Monde eifersüchtig, die ihnen den Tod wünschten. Aber dieser Wunsch ging nicht in Erfüllung. Und da sie nicht mehr faulenzen konnten, sahen sich die Ballons zu ihrem Ärger zum Handeln gezwungen«.

Als sie den im Abglanz des Mondes sichtbaren Palast bemerkten – so heißt es weiter –, beschlossen sie, ihn zu überfallen.

> »Zu diesem Zweck trat einer von ihnen vor und begann, ein Pamphlet zu lesen, das er geschrieben hatte, als er noch die Universität besuchte. Der Palast, voller Verachtung, antwor-

5 Der Entstehungszeit (1920) nach handelt es sich wahrscheinlich um Dada und die ersten, noch um Tzara gruppierten Surrealisten.

tete nicht. Verhängnisvolle Verachtung! Der Aerostat las weiter. Bei dem Wort ›Vorhang‹ war der Palast vollkommen betäubt. Alle Ballons stiegen auf und im Rahmen jedes Fensters erschien ein Ballon. Sie traten ohne Schwierigkeit ein.«

Im eroberten Palast finden sie

»Harlekine, Polizisten, Feldhüter, Teufel, Landleute mit roten Regenschirmen, Pförtner, Volkswerber und Hampelmänner aller Art«.

Sie binden sie und fesseln sie an die Fenster, um ihre eigenen Kinder und Rübenrettiche voller Kleie, die die Philosophen verkörpern, auf sie zu werfen. Die Marionetten fallen mit einem mechanischen Knacken herab.

Angesichts dieser Verwirrung geht der Seegeist zum Angriff über. Er bringt ein Faß herbei, das die Ballons mit Schrecken erfüllt, da sie eine Sprengladung befürchten; der Mutigste unter ihnen wagt, sich ihm zu nähern. Der Inhalt des Fasses ist viel gefährlicher als gedacht: bester alter Kognak. Die Ballons betrinken sich, und der Seegeist kann sie einfangen. Siegesbewußt ruft er aus:

»Schaut nur, die schönen gefangenen Ballons! Ich verkaufe sie nicht, ich möchte sie euch schenken. Was, wünscht niemand einen von ihnen? . . . Niemand will diese empfindlichen Ballons haben; wir, Genius dieses Sees, . . . verurteilen sie zum Tode . . . Sie sollen gehängt werden.«

Er versucht, sie an einem Blasrohr zu befestigen, um sie zu hängen. Sie sollen ihre Zungen herausstrecken, aber die Ballons leisten Widerstand.

»Ihre Zungen bestehen auf der Absicht, Verstecken zu spielen. Sie bleiben eigensinnig. Mein Leben ist unheilbar verfehlt. Oh, Leidenschaft, du wirst deine kleine Luxuskatze verlieren! . . .«

Und der Seegeist

»hängte sich an das Ende des Rosenkranzes, mit gekreuzten Füßen, wie es der Form entsprach.

Da er nun an Gewicht zugenommen hatte, dehnte sich der Rosenkranz; jede seiner Perlen streckte die Zunge heraus. Und aus der Schnur, die eine Katze mit gekreuzten Pfoten war, kam eine siegreiche Zunge hervor, die Anstalten machte, die anderen anzufallen; aber sie sank zurück, schlaff, als wäre sie von einem Nadelstich getroffen«.

Dieses Resümee bedarf keines Kommentars, wir haben allem Anschein nach eine Satire auf die nonkonformistischen Schriftsteller und Denker vor uns, die gegen die Gesellschaft von Hampelmännern, die den Palast besetzt hält, zu Felde ziehen, durch ein Faß Kognak verführt werden und zum Schluß umkommen in dem allgemeinen Sterben, das die Welt heimsucht.

Der in die drei Kapitel »Kämpfe«, »Reisen« und »Sieg« aufgegliederte zweite Teil erzählt vom Kampf derselben nonkonformistischen Intellektuellen gegen den Tod und sein »Königreich Farfelu«. Die Intellektuellen treten hier in Gestalt der sieben Todsünden auf, die auf den Händen laufen;

»die Sünden liebten die Taten nicht, die von jedermann vollbracht werden konnten. Auch verweigerten sie den Gebrauch ihrer Füße und fanden es gut, auf den Händen vorwärts zu gehen«.

Fünf von ihnen sind direkt aus einer Frucht geboren, zu der sich einer der Ballons umgeformt hat, und die beiden anderen sind dadurch entstanden, daß ein Wissenschaftler und ein Musiker an die Stelle zweier verstorbener Gestalten traten.

Selbstverständlich können wir hier nicht näher auf die verschiedenen, größtenteils symbolischen Episoden eingehen, die diese Reise und diesen Kampf in ihrem Verlauf bestimmen; wir erinnern nur daran, daß der Tod gegen die sieben Todsünden zwei äußerst gefährliche Waffen schickt, die bigophonen Schlangen, die anfangen, »Schätzchen, komm!« zu singen, und die Geißlerröhren, die die Todsünden mit Hilfe eines Phonographen und einer Elektrode bekämpfen. Malraux sagt damit aus, daß die beiden stärksten Waffen des Todesreiches gegen die Schriftsteller und Denker in der Pseudokultur der »Massenmedien« und in der industriellen Technik bestehen, aber auch, daß die Schriftsteller im Kampf gegen sie Waffen gebrauchen, die jenen ihrem Wesen nach verwandt sind, was ihren Kampf fragwürdig und zweideutig macht.

Das Ende der Schrift läßt die Stellungnahme Malraux' deutlich werden. Der Tod hat ein modernes, oder genauer: ein industrielles Gesicht angenommen. Er hat Wirbel aus Aluminium und Gelenke aus Metall. Der Hochmut verschreibt ihm – als Arzt verkleidet – ein Salpetersäurebad, in dem er zerfressen und aufgelöst wird. Als der Sieg der Sünden gesichert scheint, beendet Malraux seinen Text auf folgende Weise:

»Der Tod war tot. Die Sünden saßen auf den Zinnen des höchsten Schloßturmes und sahen zu, wie der Abend die stille Stadt liebkoste. Es zeigte sich noch keine Veränderung.

›Und nun ans Werk!‹ sagte der Hochmut.

›Ans Werk!‹ wiederholten die Sünden.

›Womit fangen wir an?‹ fügte Hifili hinzu.

Hierauf trat ein langes Schweigen ein, das der Musiker brach, als er nach einigem Zögern sagte:

›Verzeiht, liebe Freunde ... Wenn ich ein Mensch wäre, würde ich bald ein Opfer geistiger Blutleere sein ... Seid nicht erstaunt über meine Frage: Warum haben wir den Tod getötet?‹

Die Sünden hatten als Gedächtnisstütze die Teile seines Gerippes an ihre Gürtel gehängt. Sie berührten sie und wiederholten: ›Ja, warum haben wir den Tod getötet?‹

Danach sahen sie sich an. Ihre Gesichter waren finster. Dann ließen sie ihren Kopf in die Hände sinken und weinten. Warum hatten sie den Tod getötet? Sie hatten es alle vergessen.«

Der Schluß ist damit zugleich verschieden vom ersten Teil und ihm vergleichbar. Zuerst hatte die Welt die Schriftsteller besiegt, danach waren diese siegreich. Aber der Sieg ist im einen wie im anderen Falle bedeutungslos, da Sieger wie Besiegte dem gleichen allgemeinen Sterben anheimfallen.

Ähnliche Ideen werden auf begrifflicher Ebene in dem Werk »Die Lockung des Okzidents« wieder aufgegriffen. Es besteht aus dem Briefwechsel zwischen einem durch Europa reisenden orientalischen und einem in China lebenden westeuropäischen Intellektuellen.

Der Titel spielt auf die Versuchung an, die die übrige Welt, vor allem der Orient, für das Abendland darstellt, seitdem seine Werte ihre Lebenskraft eingebüßt haben und es sich einer todbringenden Krankheit ausgesetzt sieht.

Doch die letzten Briefe weisen, selbst wenn sich der Titel und der größte Teil der Schrift ausdrücklich auf die Krise der abendländischen Kultur beziehen, darauf hin, daß die chinesische Kultur in keinem geringeren Maße eine komplementäre, in ihren Folgen analoge Krise durchlebt. Ebenso wie sich das Interesse des Abendlandes auf fremde Sitten richtet, die es sich zu eigen macht, ohne ihnen zugetan zu sein, fühlen sich die jungen Chinesen von der abendländischen Kultur angezogen, die sie hassen. Im einen wie im anderen Falle ist diese Einstellung der beiden Kulturkreise jeweils eine Folge des Zerfalls der eigenen spezifischen Werte (des Individualismus im Abendland und des Pantheismus der Sensibilität im Orient) und der Schranken, die die Lebenskraft dieser Werte ehemals gegen die Herausforderungen und Verlockungen der fremden Kulturen aufrichtete.

Um diese Untersuchung nicht über die Maßen auszudehnen, begnügen wir uns damit, zwei u. E. besonders bezeichnende Passagen anzuführen; da ist erstens für die Umschreibung der chinesischen Kultur das wiederkehrende Bild der großen Verwüstung, die alle Werte vernichtet hat:

> »Ich wünschte, daß unser Nationalfeiertag nicht mehr Jahrestag unserer Revolution kranker Kinder, sondern Jahrestag des Abends wäre, an dem die intelligenten Soldaten der verbündeten Armeen aus dem Sommerpalast entfliehen und behutsam dieses wertvolle mechanische Spielzeug mit sich fortnähmen, das sie zehn Jahrhunderte dem Herrscher als Opfer angeboten haben, die Perlen zerträten und ihre Stiefel an den Roben der tributpflichtigen Könige sauberwischten ...«

Dieser Text bildet eine fast durchgehende Analogie zu den bereits zitierten Stellen aus dem »Königreich Farfelu« und zu einer Stelle, die wir später in den »Eroberern« finden werden; nur das Wort »Götter« fehlt, und zwar einfach deshalb, weil

Malraux durch den Mund des greisen chinesischen Denkers Wang-Loh die alte chinesische Kultur gerade als Kultur ohne Götter bezeichnet hat und von der gegenwärtigen Krise sagt:

»Das ist die Vernichtung, die Zerstörung des größten aller menschlichen Systeme, eines Systems, dem es – ohne sich auf Götter noch auf Menschen zu stützen – zu leben gelang. Die Vernichtung! . . .«

Da ist zweitens die Schilderung der Krise der abendländischen Kultur. Sie resultiert nach dem Schwinden der transzendenten Werte des Mittelalters – wie Malraux mit bemerkenswerter Schärfe sieht –, aus der Krise der individualistischen Werte, die in der klassischen Bildung an die Stelle der Gottheit getreten waren, und aus der Unmöglichkeit, neue Strukturen oder Formen zu schaffen, die heutzutage weder im Überindividuellen noch im Individuum eine Stütze finden können:

»Die absolute Realität ist für euch Gott gewesen, danach war es der Mensch; aber der Mensch ist gestorben, nach Gott, und ihr sucht mit Angst nach dem, dem ihr sein befremdliches Erbe anvertrauen könntet. Eure kleinen Versuche, bestimmt, als gemäßigte Nihilismen erkannt zu werden, haben – wie mir scheint – kein langes Leben zu erwarten . . .«

Hier begegnen wir übrigens einer Stelle, die im Lichte der letzten Schriften Malraux' ein besonderes Interesse gewinnt. Sie zeigt, bis zu welchem Grade man denselben Fakten, wenn sie in unterschiedliche Geistesstrukturen integriert sind, entgegengesetzte Bedeutungen und Werte beimessen kann. Malraux betrachtet die Erscheinung des »imaginären Museums«, das ihm einige Jahrzehnte später als solideste Basis der Kultur und selbst der conditio humana gilt, als Symptom für die Krise und Dekadenz der Kultur des Abendlandes:

»Die Europäer sind ihrer selbst überdrüssig, überdrüssig ihres zersetzenden Individualismus, ihrer Überspanntheit. Was sie aufrechterhält, ist weniger eine Idee als ein ausgeklügeltes Gebäude von Negationen. Fähig, bis zur Aufopferung tätig zu sein, aber voller Abscheu gegen den Willen zur Aktion, der heutzutage ihre Rasse auseinanderreißt, wollen sie hinter den

Taten der Menschen einen tieferen Seinsgrund suchen. Ihre Verteidigungsmittel schwinden eines nach dem anderen. Sie wollen sich nicht dem widersetzen, was ihrer Sinnlichkeit angeboten wird; sie können sich dem Verständnis nicht mehr verschließen. Der Hang, der sie drängt, von sich selbst abzufallen, beherrscht sie am meisten, wenn sie Kunstwerke betrachten. Die Kunst ist nur ein Vorwand und zudem der feinsinnigste: die raffinierteste Versuchung ist die, die wir nur den Besten vorbehalten wissen. Nicht um die Eroberung der imaginären Welt bemühen sich heute in Europa die unruhigen Künstler. Ein verlassener Palast, den der Winterwind angreift, zersetzt sich unser Geist allmählich, und das Gewirr seiner Risse und Spalten von schöner dekorativer Wirkung breitet sich unaufhörlich aus (...) Diese Werke und das Vergnügen, das sie bereiten, können ›erlernt‹ werden wie eine Fremdsprache; aber hinter ihrer unaufhörlichen Folge erahnt man eine beängstigende Kraft, die über den Geist herrscht.
Immer wieder bestimmte Aspekte der Welt erneuern, indem man sie mit neuen Augen sieht – in dieser Suche gibt es eine glühende Scharfsinnigkeit, die auf den Menschen wie ein Betäubungsmittel wirkt. Die Träume, die über uns Besitz hatten, rufen andere Träume hervor, auf welche Weise immer sie ihren Zauber ausüben: Pflanze, Bild oder Buch. Das besondere Vergnügen, das man beim Entdecken unbekannter Künste verspürt, hört mit ihrer Entdeckung auf und verwandelt sich nicht in Liebe. Kämen doch andere Formen, die uns berührten und die wir nicht liebten, kranke Könige, denen jeder Tag die schönsten Gaben des Königreiches herbeiträgt, denen jeder Abend eine gläubige und hoffnungsvolle Begierde zurückbringt ... (...) ... Das ist die Welt, die in Europa einbricht, die Welt mit all ihrer Gegenwart und ihrer Vergangenheit, ihren Opfergaben, die aufgetürmt sind von lebendigen und toten Formen und von Meditationen ... Dieses große verwirrte Schauspiel, das beginnt, mein lieber Freund, ist eine der Lokkungen des Okzidents ...«

Die tiefe Krise der abendländischen Zivilisation, die Krise der individualistischen Werte und der sich auf sie stützenden Hoffnungen, wird u. a. in einer Krise der Tat und – wie gesagt – auch der Liebe, in einer allgemeinen Krise der Werte offenbar, in der nur eine einzige Einstellung überlebt: die Erkenntnis.

»Das Wirkliche, das seinem Untergang entgegengeht, verbündet sich mit den Mythen und bevorzugt die, die aus dem Geist geboren sind. Möge die Vision unfaßbare Kräfte herbeirufen und so langsam das alte Bildnis vom Verhängnis wieder aufrichten in unserer Zivilisation, deren großartiges und vielleicht tödliches Gesetz darin besteht, daß jede Versuchung sich in Erkenntnis auflöst ... Es besteht im Herzen der abendländischen Welt ein Konflikt ohne Hoffnung, unter welcher Form wir ihn auch immer entdecken: der Konflikt des Menschen mit dem, was er geschaffen hat.«

Daher endet die Schrift mit der Ablehnung des Betäubungsmittels, das das Christentum darstellt:

». . . ein höherer Glaube: der, den alle Dorfkreuze und dieselben Kruzifixe anbieten, die unsere Toten beherrschen.
Ich würde ihn niemals akzeptieren; ich würde mich niemals erniedrigen, ihn um die Besänftigung zu bitten, zu der meine Schwäche mich ruft ...«

und mit der Erlangung eines klaren und verzweifelten Bewußtseins – zu dieser Zeit das letzte Wort Malraux':

»Begierige Klarheit, ich brenne nach dir; du einsame und aufrechte Flamme in dieser schweren Nacht, in der der gelbe Wind schreit wie in allen diesen fremden Nächten, in denen der Wind von weitem das hochmütige Brausen des unfruchtbaren Meeres um mich herum wiederholte ...«

II.

Zwischen dem »Königreich Farfelu«, den »Monden aus Papier«, der »Lockung des Okzidents« einerseits und den »Eroberern« andererseits hat sich ein qualitativer Sprung vollzogen: die Umwandlung eines begabten jungen Menschen, der zwar bemerkenswert schreibt, aber weder eine originelle noch eine tiefe Weltsicht besitzt, in einen der größten Schriftsteller der ersten Hälfte des 20. Jahrhunderts in Westeuropa. Zweifellos schließt diese Veränderung einen Fortschritt in der Technik des Schreibens und in der Beherrschung des Stils ein; wenn sie jedoch allein diesem Fortschritt zu verdanken wäre, müßte sie graduell, kontinuierlich fortschreitend erscheinen und könnte keine sprunghafte und qualitative Veränderung sein.

Zwei weitere Argumente sprechen für die gleiche Deutung: einerseits eine alte, durch die konkrete Forschung fast immer bestätigte Erfahrung der Kultursoziologen, daß die qualitativen Veränderungen innerhalb eines Werkes oder eines Stils, eines literarischen oder künstlerischen Genres, selbst wenn sie schwerwiegende Veränderungen des künstlerischen Verfahrens nach sich ziehen, immer durch einen neuen Inhalt hervorgebracht werden, der die Herausbildung der ihm eigenen Ausdrucksmittel zur Folge hat; andererseits die weitere Entwicklung Malraux', der nach 1939, zur Zeit einer geradezu meisterhaften Beherrschung seines Stils und seiner Manier zu schreiben, aufhörte, eigentlich literarische Werke zu schaffen, um sich wieder – auf zweifellos weit höherem Niveau – Essays und begrifflichen Werken zuzuwenden.

Ist es zu gewagt, hier an unsere Ausgangshypothese zu erinnern, die besagte, daß das eigentlich literarische Werk des Schriftstellers, seine Möglichkeit, konkrete, dichterische Welten mit realistischer Absicht zu schaffen, eng mit seinem Glauben an die Geltung universeller, für alle Menschen erreichbarer Werte verbunden ist, während umgekehrt die begrifflichen Schriften dem Nichtvorhandensein eines solchen Glaubens entsprechen, ob dieser Mangel nun in Form einer ursprünglichen Enttäuschung oder einer Theorie der schöpferischen Eliten sichtbar wird, wie sie in den »Nußbäumen von Altenburg« angekündigt und vom »Imaginären Museum« an entwickelt worden ist?

Der Romancier Malraux in der Zeit zwischen den »Eroberern« und »So lebt der Mensch« glaubt an allgemeingültige, wenn auch problematische Werte. Der Schriftsteller Malraux der »Zeit der Verachtung« und der »Hoffnung« glaubt an die Existenz allgemeingültiger und transparenter, wenn auch äußerst bedrohter menschlicher Werte. Der Autor der »Nußbäume von Altenburg«, die ihren Platz zwischen dem eigentlich literarischen Werk und der begrifflichen Reflexion einnehmen, reflektiert über seine Enttäuschung und sucht nach einem neuen Fundament für seinen Glauben an den Menschen. Der Essayist und Kunsthistoriker der Folgezeit wird – da es hier um den Schriftsteller Malraux und seine Weltsicht, oder genauer, um seine Weltsichten und deren literarische Ausdrucksformen gehen soll – nicht mehr Gegenstand unserer Untersuchung sein.

Wir wissen nicht, in welcher Reihenfolge »Die Eroberer« und »Der Königsweg« geschrieben sind. Diese Frage ist zwar wichtig, aber doch nicht entscheidend; denn die beiden Bücher sind komplementär und von analoger Struktur. Übrigens stellen sie Malraux auf Anhieb in die Reihe der großen Schriftsteller des 20. Jahrhunderts, da sie eine neue und originelle Lösung des wichtigsten Problems bieten, das sich unter verschiedenen, einander ergänzenden Formen der abendländischen Philosophie wie der westeuropäischen Literatur dieser Epoche stellte: das Problem, dem Leben in einer allgemeinen Krise der Werte einen Sinn zu geben.

Versuchen wir, auf dem sehr relativen Niveau einer noch im Anfangsstadium befindlichen Untersuchung die Situation in Philosophie und Literatur zugleich zu umreißen. Wir haben diese Periode in unserem Aufsatz über die Soziologie des Romans als eine Periode des Übergangs von einer Romanform zu einer anderen charakterisiert, die beide mit der Gesamtheit der gesellschaftlichen und wirtschaftlichen Struktur in deutlichem Zusammenhang stehen: Die erste Form, die des Romans mit problematischen Helden, entspricht der freien Wirtschaft, die an einen allgemein anerkannten und in der Realität begründeten Wert alles individuellen Seins gebunden ist; die zweite, die des Romans von nichtbiographischem Charakter, entspricht Gesellschaften, die die Stufe des freien Handels und mit ihr die des Individualismus schon überschritten haben.

Wenn nun aber der Roman mit problematischem Helden und der nichtbiographische Roman jeweils relativ einheitliche und feststehende Strukturen konstituieren, so ist die zwischen diesen Formen bestehende Übergangsperiode bedeutend vielfältiger und an Romantypen reicher: Dies ergibt sich aus der Tatsache, daß einerseits das Schwinden der wirtschaftlichen und gesellschaftlichen Basis des Individualismus den Schriftstellern nicht mehr erlaubt, sich mit der problematischen Gestalt als solcher, ohne ihre Bindung an eine außerhalb ihrer selbst existierenden Wirklichkeit zu begnügen, und daß andererseits die wirtschaftliche, gesellschaftliche und kulturelle Entwicklung einen noch nicht genügend fortgeschrittenen Stand erreicht hat, um die Bedingungen für eine endgültige Kristallisierung des Romans ohne Helden und handelnde Gestalt zu schaffen.

Selbstverständlich sind diese drei Perioden zeitlich nicht deutlich voneinander abgegrenzt. Das gesellschaftliche Leben ist eine komplexe Wirklichkeit und seine unterschiedlichen Aspekte überschneiden sich; einige Schriftsteller arbeiten schon Romane ohne handelnde Gestalten aus, andere stehen noch auf der Stufe des problematischen Helden, während sich wieder andere auf der Ebene der von uns so benannten Übergangsperiode befinden; dabei ist die Unterscheidung der drei aufeinanderfolgenden Perioden in erster Linie als eine für die Untersuchung richtungweisende Schematisierung gedacht[6].

Die ersten Romane Malraux' jedenfalls nehmen einen Platz auf der Linie der Übergangsromane ein, deren Problematik im Subjekt, im Sinn der Aktion und – soweit möglich – der individuellen Tat in einer Welt liegt, in welcher das Individuum nicht mehr durch die bloße Tatsache, Individuum zu sein, einen Wert darstellt. Und die Bedeutung der »Eroberer« und des »Königs-

6 Eine Schematisierung allerdings, deren Fundament in der Realität begründet ist. In der Tat würde man in Westeuropa nach dem zweiten Weltkrieg kaum einen Schriftsteller finden, dessen Werk (obgleich das denkbar wäre) gleichzeitig das Niveau und die Struktur der Romane Malraux' aufwiese.

wegs« beruht darauf, daß Malraux das Problem der Krise der Werte, das schon in seinen drei ersten Schriften einen radikalen Ausdruck gefunden hatte, jetzt in ein weiter vorgerücktes Bewußtseinsstadium integriert und dennoch eine Lösung auf der Ebene der individuellen Biographie sieht, während bestimmte andere Schriftsteller (und er selbst seit »So lebt der Mensch«) den individuellen Helden durch eine Kollektivgestalt ersetzen. Mit einem Wort, »Die Eroberer« und »Der Königsweg« zählen zu den letzten großen Versuchen eines Romans mit problematischem individuellen Helden, und dies im vollen Bewußtsein der Tatsache, daß das Leben der Helden dieses Typus nicht mehr sich selbst genügen kann und daß man, um es sinnvoll zu machen, seine Grenzen in Richtung auf einen gewissen gesellschaftlichen und geschichtlichen Kontext hin überschreiten muß. Unter dieser Perspektive betrachtet, müssen die Helden – um es ohne weitere Einleitung und selbst vor dem Beginn der Strukturbeschreibung der beiden Werke zu sagen – notwendigerweise geschichtliche Gestalten sein. Don Quijote, Julien Sorel, Emma Bovary waren interessant durch die Eigenart ihrer Psychologie; Garin und Perken sind nicht zu trennen von ihrer Aktion. Diese ist nicht ein zufälliges Detail oder Ausdruck einer psychologischen Präferenz Malraux', sondern eine in der Struktur ihrer Persönlichkeit gegründete Notwendigkeit. Ihre Persönlichkeit wäre ohne das Bemühen, in der Außenwelt gewisse Ziele zu erreichen, ohne die Ernsthaftigkeit dieses Bemühens (und diese Ernsthaftigkeit findet ihren Ausdruck in der Tatsache, daß sie ganz natürlich bis zur Annahme eines möglichen Selbstmordes oder des Todesrisikos führt) jeden Interesses beraubt. Man hat an den Helden Malraux' und namentlich an Garin und Perken oft kritisiert, daß sie Abenteurer seien. Malraux selbst hat versucht, sie von solchen zu unterscheiden, indem er beispielsweise Perken dem König Mayrena und Claude seinem Vater gegenüberstellte. Selbstverständlich interessiert uns hier nicht die Terminologie als solche und es scheint uns unwesentlich zu wissen, wen man einen Abenteurer nennt; die Unterscheidung aber, die Malraux vornimmt, scheint uns von großer Wichtigkeit für das Verständnis seiner Werke zu sein. Mayrena und der Großvater Claudes richten ihr Interesse direkt auf sich selbst, auf ihren Handlungs- und Lebensstil. Garin, Perken und sogar Claude interessieren sich ausschließlich für die Ziele, die sie verfolgen: ihre Aktion ist ernsthaft, da sie in erster Linie auf den Sieg gerichtet ist, und ihr Lebensstil ergibt sich gerade aus der Tatsache, daß sie im Augenblick der Aktion diesen Stil nicht vor Augen haben.

Bevor wir in unserer Analyse fortfahren, müssen wir kurz auf den geistigen Kontext eingehen, in welchem die Antwort Malraux' entstanden ist, und vor allem auf die Form, in der sich im Verlauf dieser kritischen Periode des abendländischen Bewußtseins das Problem der Werte auf der Ebene des begrifflichen Denkens im allgemeinen und des philosophischen im besonderen gestellt hat.

Tatsächlich hatte die Krise des Individualismus von einer anderen Seite her die gleichen Probleme von Tat und Tod, wie wir ihnen in den Romanen Malraux' begegnen, ins Zentrum der philosophischen Reflexion gestellt[7].

Im mittelalterlichen christlichen Denken stellte sich dem Individuum mit der Frage des Todes ein besonders wichtiges Problem; denn der Tod war der Markstein seines Lebens, setzte den Augenblick fest, an dem sich ein für allemal die Frage seines ewigen Lebens, die Alternative zwischen ewiger Verdammung und ewiger Rettung entscheiden sollte. Dennoch bildete er nicht das wesentliche Problem, da er demjenigen des Heils untergeordnet war.

Wenn später aber Individualität zum allgemeingültigen Wert geworden ist, wird das Individuum sich nicht mehr, oder immer weniger, vor das Problem seines Lebensendes gestellt sehen. Die ewigen individualistischen Werte der Vernunft und der Erfahrung bleiben bestehen, sofern es immer Individuen geben wird, die realiter an ihnen festhalten oder virtuell die Möglichkeit besitzen, an ihnen festzuhalten. Das Individuum stellt – solange es existiert – als Individuum einen Wert dar; mit dem Augenblick des Todes aber existiert es weder weiterhin als Wert

7 Übrigens ist Malraux möglicherweise u. a. durch die Philosophie des Existentialismus und Marxismus, die im Begriffe waren, in Frankreich einzudringen, auf dieses Problem gestoßen. Wir hoffen, demnächst auf das Eindringen dieser philosophischen Strömungen eingehen zu können.

noch als Problem. Deshalb sind die individualistischen Richtungen in der Philosophie in ihren Tendenzen virtuell amoralisch, aästhetisch[8] und areligiös.

Erst die Krise der individualistischen Werte im 20. Jahrhundert, die mit der Aufhebung des freien Handels einsetzte und in der Literatur das Verschwinden des bis dahin üblichen Romans mit problematischem Helden zur Folge hatte, hat auf der Ebene des begrifflichen Denkens das Problem des Todes nicht nur erneut vergegenwärtigt, sondern es sogar in das Zentrum der philosophischen Problematik gerückt. Wenn sich das Verhalten des Individuums jetzt weder auf überindividuelle Werte gründen kann (da der Individualismus alle diese Werte verdrängt hat) noch auf einen unbestreitbaren Wert der Individualität (der jetzt in Frage gestellt ist), so muß sich das Denken notwendigerweise auf die Schwierigkeit der Begründung, auf die Grenzen des menschlichen Individuums und auf deren wichtigste, seine Vergänglichkeit, den Tod, richten.

So wird die Pascalsche Position erneut aktuell, und es ist gewiß kein Zufall, wenn sie 1908 zum ersten Mal wieder in einer großen philosophischen Schrift Ausdruck findet: Es ist dies die »Metaphysik der Tragödie« von Georg Lukács. In der Tat stellte sich den Philosophen dieser Zeit in immer dringlicherer und bewußterer Weise das Problem der Schwierigkeit einer Begründung der Werte und der Unmöglichkeit, diese Schwierigkeit zu überwinden. Aus dieser Perspektive betrachtet, bot sich das individuelle Verhalten unter zwei sich ergänzenden Aspekten dar:

auf das Individuum bezogen, als durch den Tod wesentlich begrenzt und gezwungen, in seinem Streben nach Sinn an ihm zu scheitern (da jeder einmal gefundene individuelle Sinn durch den Tod des Individuums, auf das er gegründet war, notwendigerweise vernichtet wird);

auf die Gesellschaft und Gemeinschaft der Menschen bezogen, als Nichtvorhandensein jeder Form einer überindividuellen Wirklichkeit und dadurch als Schwierigkeit, dem Handeln auf

8 Zumindest, wenn es sich nicht um eine rein hedonistische Ästhetik handelt, die die Kunst auf die Lust oder auf das Angenehme zurückführt und damit jeden Bezug zur Transzendenz aufhebt.

dieser Ebene einen endgültigen Sinn abzugewinnen. Seiner beiden Grundlagen, der *Individualität* und der *überindividuellen Realität* beraubt, war das menschliche Verhalten also in Frage gestellt, und diese Krise nahm für das philosophische Denken die Form des zweifachen Problems von Tod und Tat an.

Nun geben die ersten beiden Romane Malraux' aber gerade auf diese Problematik eine kohärente und in höchstem Maße originelle Antwort.

In der Tat hatte Lukács, als die »Eroberer« erschienen, auf diese Fragen schon zwei Antworten gegeben. Er hatte 1908 in der »Metaphysik der Tragödie« behauptet, daß die absolute Realität des Todes als Grenze und das Fehlen jeder überindividuellen Wirklichkeit *in der Welt* jedes echte Leben, jede gültige Aktion unmöglich machen, so daß die Echtheit für ihn nur noch im klaren Bewußtsein dieser Grenze und in der Größe einer willentlichen und radikalen Ablehnung ihren Platz hat.

Nach seiner Hinwendung zum Marxismus (1923) bejahte er die Realität eines überindividuellen Subjekts der Geschichte: das revolutionäre Proletariat und – hiervon ausgehend – die Möglichkeit eines sinnvollen Lebens oder Handelns und den – letzten Endes sekundären – Charakter des Todes, der nur noch ein individuelles Faktum war und das eigentliche Subjekt des Denkens und Handelns in seiner Bedeutung nicht beeinträchtigen konnte.

So verschieden diese Positionen sein mögen, so hat der Leser doch gewiß das ihnen gemeinsame Element bemerkt: das wechselseitige Sich-Ausschließen der grundlegenden menschlichen Realitäten, der sinnvollen Aktion und des Todes; 1908 schaltet die wesentliche Realität des Todes für Lukács jede Möglichkeit einer sinnvollen Tat aus, 1923 weist umgekehrt die Möglichkeit einer Aktion dem Problem des Todes eine sekundäre Stellung zu.

Das Denken Heideggers in »Sein und Zeit« unterscheidet sich, obgleich es mit den gleichen Elementen arbeitet, in diesem Punkte wesentlich vom Denken Lukács'. Es bildet letztlich eine konservative Synthese beider Positionen Lukács', die Bejahung der Möglichkeit eines Nebeneinanderbestehens von Echtheit, dem klaren Bewußtsein von der Realität des Todes und einem gewissen Modus der in dieser Welt sinnvollen Aktion.

Wie Lukács im Jahre 1908, so denkt Heidegger 1927, daß die einzige Möglichkeit einer authentischen Existenz im »Sein zum Tode« besteht. Wie Lukács im Jahre 1923, behauptet aber Heidegger auch, daß diese eigentliche, individuelle Existenz allerdings nicht dank eines überindividuellen Kollektivsubjekts, sondern dank einer (authentischen und nicht mechanischen) Wiederholung der Einstellung und der Verhaltensweise großer Gestalten der nationalen Vergangenheit in der geschichtlichen Aktion realisierbar ist.

Die Frage nach dem den Tod des Individuums überlebenden Sinn, eine der Grundfragen der Heideggerschen Philosophie, ist ein schwer zu lösendes philosophisches Problem. Möglicherweise schließt seine Philosophie die unausgesprochene Idee einer authentischen Gemeinschaft ein, die zwar nicht die Menschen als solche, sondern eine schöpferische Elite von Einzelpersönlichkeiten bildet. Das wäre, wenn diese Interpretation gültig ist, im Grunde eine Idee, die dem von Malraux in seinen Schriften über die Kunst entwickelten Gedanken recht nahestünde. Diese Frage ist jedoch hier nicht interessant. Wir begnügen uns mit dem Hinweis, daß für jeden Schriftsteller oder Denker, der noch eine individualistische Weltsicht mit einer Tendenz zur Universalität suchte, die Position Lukács' von 1908 die Schwierigkeit aufwies, jede Möglichkeit eines authentischen sinnvollen Lebens in der Welt zu leugnen. Die Position Lukács' von 1923 wiederum enthielt die Schwierigkeit, den vorrangigen Charakter des Individuums zu verneinen, und die Position Heideggers in »Sein und Zeit« diejenige, die wesentliche Bedeutung des Todes für jedes authentische Bewußtsein des einzelnen mit der Tatsache in Einklang zu bringen, daß Wert und Sinn der Pläne und Taten des einzelnen das Vergehen des Individuums überdauern.

Uns sind beim gegenwärtigen Stand unserer Untersuchungen noch keine Daten über biographische und geschichtliche Genese der Ideen Malraux' bekannt; aber die Weltsicht, die den »Eroberern« und dem »Königsweg« zugrunde liegt und die es Malraux erlaubte, eine eigentümliche Form des Romans mit problematischem Helden zu schaffen, hat allem Anschein nach ihren Ort in dem geistigen Bezugssystem, das wir soeben umschrieben haben. Denn in diesen Romanen ist das Nebeneinander von Tod und sinnvoller Aktion zweifellos ausgeschlossen; sie können aber dennoch, sofern sie zeitlich aufeinanderfolgen, *eine* Struktur konstituieren.

Solange das Individuum lebt, kommt seinem Leben Authentizität dadurch zu, daß es seine gesamte Kraft für den revolutionären Befreiungskampf einsetzt und seine Sorge allein auf den Sieg richtet. Diese Aktion verweist den Tod auf einen zwar realen, aber nichtsdestoweniger sekundären Platz. Er existiert für den Helden nur als stets gegenwärtige Grenze, und deren Einbeziehung in das Bewußtsein verleiht seiner Tat allein den Charakter wirklichen Ernstes.

Andererseits aber bildet der Tod auch eine unumgängliche Realität, die der Tat fremd ist und bei deren Aktualisierung notwendig jeder Wert einer Tat, die ihren Ausgangspunkt allein im Individuum hatte, rückwirkend aufgehoben wird.

Der Tod existiert für Garin und Perken, solange sie handeln, nur als Gefahr und Grenze für die Aktion, und das ständige Bewußtsein dieser Grenze macht ihr Handeln ernsthaft und gültig. Mit dem Augenblick, in dem der Tod aktuell wird, büßt jedoch ihre Aktion rückwirkend jeden Wert ein, und sie finden sich in ihrer Blöße wieder wie der Mensch bei Pascal oder in Lukács' »Metaphysik der Tragödie«.

Was nun die durch diese Synthese von Handeln und Tod konstituierte Struktur betrifft, so schafft sie ein Individuum sui generis, das weder der tragische Mensch Pascals oder des frühen Lukács noch das romantische Genie Heideggers ist – Garin und Perken, die nonkonformistischen, revolutionären, *problematischen und kranken* Menschen der Tat in den beiden ersten Romanen Malraux'.

Unter dieser Perspektive wollen wir jetzt die beiden Schriften analysieren, deren chronologische Reihenfolge uns – wie gesagt – leider unbekannt ist.

III.

Das 1927 erschienene Buch »Die Eroberer« setzt sich aus drei Teilen zusammen, mit deren Titeln »Zufahrten«, »Die Mächte« und »Der Mann« ein Resümee des ganzen Romans gegeben ist. Die Fabel selbst wird von einem jungen Mann erzählt, der Europa verläßt, um dorthin zu gelangen, wo er dem Romanhelden begegnen wird und wo eine für die zeitgenössische Geschichte entscheidende Episode beginnt.

Malraux weist von Anfang an darauf hin, daß die Gestalt Garins nicht autonom, durch sich selbst, existiert. In der Gesamtheit des Werkes erscheint »Der Mann« erst nach den »Mächten«; und die »Zufahrten« können gut die sein, die den Erzähler zu Garin führen, es sind vor allem die Zufahrten zu dem Ort, der Garin erlaubt, eine sinnvolle Existenz zu haben, er selbst zu sein.

Der Roman beginnt mit einer Feststellung, die zugleich den Ort und die Natur der Handlung, das Wesen der von ihm beschriebenen Welt, in einem Satz angibt:

»In Kanton ist der Generalstreik erklärt.«

Das ist nicht einfach eine Nachricht, die vielleicht von äußerster Wichtigkeit, aber dennoch von der Art vieler anderer Nachrichten ist, die man durch die Zeitung erfahren kann; im Roman ist es der Augenblick einer radikalen Veränderung der Welt, der Zeitpunkt, an dem seine Welt zu existieren beginnt und an dem endlich das Leben möglich wird. In die passive und sich zersetzende Welt, die Malraux in dem vorangegangenen Werke beschrieben hat, tritt etwas, das das Leben wiedererweckt und einen neuen Wert aufstellt: das Handeln, und genauer: das revolutionäre und geschichtliche Handeln.

Garin wird in dieser Welt, mit der er sich nicht identifiziert (er ist weder Chinese noch Berufsrevolutionär und kann deshalb zum Helden des Romans werden), eine wesentliche Gestalt werden, er wird – was dem gleichkommt – seiner Existenz Sinn und Wert verleihen. Wir könnten uns auf einem sehr allgemeinen Niveau mit der Feststellung begnügen, daß Malraux in der geschichtlichen Aktion die Möglichkeit eines originellen literarischen Schaffens gefunden habe. Das würde vielleicht für eine phänomenologische Untersuchung ausreichen. Der Soziologe hingegen muß auch festhalten, daß diese Aktion im Romanwerk Malraux' eine konkrete, durch die Entstehungszeit – die Epoche der Begegnung mit der Welt und der Ideologie des Kommunismus – bestimmte Form besitzt; wir werden daher hier, wenn auch nur in knappen Zügen, diese Begegnung analysieren.

Wenn wir auch noch nicht zu einer tieferen Prüfung der französischen Romanliteratur zwischen den beiden Weltkriegen – und sei es auch nur ihres wichtigsten Teils – gelangt sind, sei doch gesagt, daß Malraux uns neben Viktor Serge der einzige bekannte Romancier zu sein scheint, der die proletarische Revolution als wichtigstes Strukturelement in sein literarisches Schaffen aufgenommen hat. Im Grunde ist Malraux zwischen 1927 und 1939 in Frankreich der einzige große Romancier dieser Revolution. Daraus spricht die Bedeutung, die die Begegnung mit der kommunistischen Ideologie für ihn hatte und die ihm erlaubte, eine echte Romanwelt zu schaffen, und ihm anfangs als die einzige authentische Realität in einer im Verfall begriffenen Welt erschien.

Malraux ist sich weder in seinen drei ersten Romanwerken »Die Eroberer«, »Der Königsweg« und »So lebt der Mensch« noch in seinem letzten eigentlich literarischen Werk »Die Nußbäume von Altenburg« Kommunist; »Die Zeit der Verachtung« und vor allem »Die Hoffnung« dagegen sind in einer der offiziellen kommunistischen Konzeption am nächsten stehenden Sicht der Dinge geschrieben. Diese Feststellung wirft für denjenigen, der eine soziologische Untersuchung der Schriften Malraux' vornimmt, wenigstens zwei verschiedene Probleme auf. Das erste, dessen Beantwortung eine breite empirische Untersuchung voraussetzt, besteht in der Frage, wieweit die reichlich komplexe Beziehung Malraux' zur kommunistischen Konzeption zwischen 1925 und 1933 ein individuelles Phänomen oder vielmehr Ausdruck einer allgemeineren Tatsache ist, der Tatsache nämlich, daß das Denken bestimmter Gruppen französischer Intellektueller zu dieser Zeit von den Auseinandersetzungen mit der Realität der russischen Revolution und der revolutionären Weltbewegung beherrscht war.

Die zweite Frage, die von eigentlich ästhetischer Natur ist, richtet sich auf das Verhältnis zwischen der Stellung, die der kommunistischen Bewegung in dieser Sicht zukommt, und der literarischen Form des Werkes selbst.

Es ist in der Tat kein Zufall, wenn die Romanform der ersten Werke (»Die Eroberer«, »Der Königsweg« und »So lebt der Mensch«) mit einem komplexen Verhältnis zusammenfällt, das gleichzeitig eine Nähe und eine Distanz des Schriftstellers zur Bewegung impliziert, während wir in der »Zeit der Verachtung« und in der »Hoffnung«, wenn die Annäherung beider die Distanz aufzuheben beginnt, dem Sprengen dieser eigentlichen Romanform begegnen, welche einer neuen literarischen Form sui generis Platz macht, die es noch zu analysieren gilt. Schließlich sei gesagt, daß die »Nußbäume von Altenburg«, ein Werk, das hinsichtlich seiner Form zwischen dem eigentlich literarischen Werk und dem Essay liegt, ebenfalls, gerade weil eines der wichtigsten darin dargestellten Probleme der radikale Bruch mit dem Kommunismus ist, zu einem sehr großen Teil von dem Verhältnis Malraux' zum Kommunismus bestimmt wird.

Bevor wir zur Analyse der »Eroberer« übergehen, sei auch erwähnt, daß zu diesem Roman zwei wichtige Texte existieren, die uns auf ein und demselben Mißverständnis zu beruhen scheinen. Es sind dies ein Brief Trotzkis, der dieses Buch erörtert, als ob es sich um eine politische Schrift handle, und dabei seinen literarischen Charakter und die formalen Forderungen des Romanaufbaus gänzlich übersieht, und – was verwunderlich ist – ein von Malraux im Augenblick seines Neudrucks in der Edition »Pléiade« hinzugefügtes Nachwort, in dem er erklärt, weshalb er den Kommunismus ablehne, und in dem er sich – in zweifellos umgekehrter Sicht – auf die gleiche Ebene begibt wie einst Trotzki mit seinem Brief. Selbstverständlich werden wir in unserer Analyse im Gegenteil versuchen, auf der Ebene einer Analyse der dichterischen, ohne Zweifel in der gesellschaftlichen und politischen Wirklichkeit begründeten Welt zu bleiben, bei deren Untersuchung auch die politische Überzeugung des Schriftstellers einen erklärenden Faktor bildet, der aber nur einer unter vielen, niemals jedoch der wichtigste ist (denn der Literatursoziologe weiß, daß sehr oft die Erfordernisse der literarischen

Form auch gegen die Überzeugungen des Autors zum Ausdruck kommen); es ist dies allerdings eine Welt mit eigenen strukturellen Gesetzen, um deren Verstehen und Erhellen es uns hier geht.

»In Kanton ist der Generalstreik erklärt.«

Dieser Umstand kündigt für das Leben der chinesischen Kulis und für die chinesische Zivilisation eine entscheidende Wende an.

»Sie wissen, daß Ideen, die sich auf ein Tun, auf ein Handeln beziehen, den Chinesen bisher völlig unbekannt waren. Und jetzt ergreifen diese Ideen mit derselben Intensität von ihnen Besitz, mit der im Jahre 1789 der Gleichheitsgedanke von den damaligen Franzosen Besitz ergriff: wie von einer Beute ... In Kanton ... war das simpelste Persönlichkeitsbewußtsein bisher etwas völlig Ungeahntes. Erst jetzt beginnt den Kulis eine Vorstellung davon aufzudämmern, daß sie überhaupt existieren, daß sie ganz einfach vorhanden sind ... Die nationalistische Propaganda ... von Garin ... hat mit ganz neuer Gewalt auf sie gewirkt, mit einem zwar noch verwirrenden, doch um so bannenderen Zauber, indem sie diesen armseligen Menschen die Möglichkeit gibt, an ihre eigene Würde zu glauben ... Die Französische Revolution und die russische Revolution sind stark gewesen, weil sie einem jeden sein Stück Land gegeben haben; die chinesische Revolution ist im Begriff, einem jeden das Bewußtsein seiner Existenz zu geben.«

Die letzten Sätze machen ohne weiteres deutlich, daß die chinesische Revolution im Roman eine besondere Bedeutung erlangt, durch die sie sich von der russischen Revolution und dem internationalen Kommunismus unterscheidet; der Text selbst deutet zudem auf diesen Unterschied hin:

»Borodin hat das vielleicht noch nicht begriffen.«

Andere Stellen künden das gleiche an, so z. B. der Absatz, in dem der Erzähler auf dem Wege nach Kanton das Blatt mit den neuesten Rundfunknachrichten liest und genauso reagiert, wie es die Bedeutung der Orte und der Dinge für die Romanwelt verlangt.

»Schweiz, Deutschland, Tschechoslowakei, Österreich, weiter, weiter! Rußland: das könnte etwas sein ... Nein, auch nichts Interessantes! ... China – endlich!
Mukden: Tschang Tso-Lin ... Weiter, weiter!
Kanton ...«

In diesem Abschnitt sind die Länder- und Städtenamen nicht einfache Konstatierung geographischer und sozialer Gegebenheiten, sondern Schilderung des Romanraumes in seiner Struktur.

Kanton und China liegen im Zentrum, Rußland ist weiter entfernt, die Schweiz, Deutschland usw. sind außerhalb seiner Grenzen und eben dadurch indifferent.

Nun aber bleibt Malraux – und selbstverständlich hat das die Mehrzahl der Kritiker gespürt – ein Schriftsteller des Abendlandes, den in erster Linie die Probleme des Westens interessieren. Wenn er, um Revolutionsromane zu schreiben, ihre Handlung nach China und Spanien verlegt, so deshalb, weil die revolutionären Bewegungen hier aufkommen und weil er seine Handlung aus Sorge um die realistische Tendenz soweit wie möglich der Realität nähern muß. Indessen scheint man u. E. in diesen Romanen und vielleicht im Denken der meisten Linksintellektuellen dieser Epoche nicht eine Spur vom Bewußtsein einer uns heute evidenten Tatsache zu finden: daß China im besonderen und die nichtindustrialisierten Länder im allgemeinen ihre eigenen Probleme besitzen, die anders geartet sind als die der westlichen Gesellschaften, und daß sich in diesen beiden Ländergruppen unterschiedliche Entwicklungslinien abzeichnen.

Malraux will sich, wenn er von China spricht, weder in Exotismus flüchten noch eine besondere Situation schildern, sondern vom Menschen im allgemeinen und implizit vom abendländischen Menschen, von sich selbst und von allen seinen Kameraden sprechen. So gesehen versinnbildlichen China, Kanton, der Kampf gegen England die allgemeine geschichtliche und revolutionäre Aktion, die Befreiungsaktion, die dem Menschen zu einem neuen Bewußtsein seines Daseins und seiner Würde verhilft. Und selbstverständlich wird diese Aktion die Achse bilden, um die die Welt des Romans kreist; der ausländische Kapitalismus, der namentlich durch England mit seinen Verbündeten in China selbst vertreten ist, verkörpert die antagonistischen Kräfte, und die Sowjetunion stellt – was wichtig ist – mit ihren Repräsentanten im Roman, Klein, Borodin und Nikolaev, eine positive, aber dennoch fremde, von der chinesischen Revolution unterschiedene, alliierte Macht dar.

Der erste Teil, »Zufahrten«, berichtet darüber, wie der Reisende im Verlauf seiner Fahrt die Welt des Romans in fortschreitendem Maße Gestalt annehmen sieht; zwei der für diese Welt konstitutiven Elemente sind uns schon aus den Titeln der folgenden Teile bekannt: es sind dies die »Mächte« – einerseits die von Rußland und von den Kommunisten gestützte chinesische Revolution, andererseits England – und der »Mann« – Garin.

Betrachten wir nun innerhalb dieses allgemeinen, durch die in Konflikt stehenden Mächte gebildeten Rahmens die innere Struktur der revolutionären Macht und die sie verkörpernden Hauptgestalten.

Da ist zunächst die chinesische Masse in ihrer komplexen Strukturierung: Sie reicht von den Armen Indochinas, den passiv Sympathisierenden, die sich damit begnügen, die Revolution durch ihre finanzielle Hilfe zu unterstützen, bis hin zu den Gewerkschaftsführern und den Kadetten der Militärakademie. (Wir werden sie hier nicht eingehend analysieren; zwar stellt diese Masse der Chinesen für eine erschöpfende Untersuchung des Werkes ein wichtiges Problem dar, aber eine solche Untersuchung würde den Rahmen dieser Studie bei weitem überschreiten.)

Diese Masse bildet den Hintergrund des Werkes.

Die Einzelpersönlichkeiten im Werk sind in erster Linie Garin und Borodin, »die beiden Bonzen«.

Man könnte bei flüchtiger Betrachtung versucht sein, zu schreiben: der Held Malraux' und der kommunistische Kämpfer, was aber eine entstellende Vereinfachung wäre; denn im Roman wird der Kommunismus durch drei Gestalten repräsentiert, die in der Perspektive Malraux' und Garins sichtlich drei konstitutive und getrennte Elemente der kommunistischen Bewegung verkörpern, von denen jedes einen unterschiedlichen menschlichen Wert besitzt: Klein, Borodin und Nikolaev.

Klein ist der unbegrenzt verläßliche Kämpfer, der, eng mit dem Volke verbunden (der Roman drückt diese Bindung durch die Beziehung zu seiner Frau aus, deren Gestalt vollständig zur Verkörperung des unterdrückten Volkes wird), sein ganzes Leben der Partei weiht und durch sein Handeln in Tod und Marter geführt wird.

Borodin ist der revolutionäre Chef, ein Mann der Tat, für den allerdings die Aktion, nur wenn sie als Kampf gegen die Unterdrückung geführt wird, gültig sein kann. Um es ohne Umschweife zu sagen, so wie die Aktion Garins durch die Grenze, die ihr der Tod setzt, gleichzeitig bestimmt und bedroht ist, ist das Handeln Borodins durch die andere Grenze, diejenige des Sieges bedroht und in seiner Struktur bestimmt. Borodin wird niemals Regierender oder Staatsmann werden. Deshalb ist er in dem Roman, in dem die Krankheit Ausdruck eines Handelns ist, dessen Zukunft rückwirkend den gegenwärtigen Sinn zu zerstören droht, wie Garin – wenn auch aus anderen Gründen – *schwer krank*. Nikolaev schließlich ist der ewige Polizeiagent, der er unter dem Zarismus war, der er jetzt in China ist, der er immer sein wird und für den der Sieg überhaupt nichts ändern könnte; begrenzt, aber robust und imstande, nützliche Funktionen auszuüben, besitzt er kaum einen menschlichen Wert.

In diesem Revolutionsroman sind Garin und Borodin »die beiden Bonzen«, weil ihr Leben eng mit der revolutionären Aktion als solcher verbunden ist und außerhalb dieser nicht verstehbar wäre. Ihr Dasein wird in dem Moment jeden Sinn verlieren, in dem die revolutionäre Tätigkeit – für Garin durch seinen Tod und für Borodin durch den Sieg der Partei, der er angehört – ein Ende findet.

Als wichtigste Gestalten neben ihnen verkörpern Hong und Tscheng-Dai eine abstrakte Einstellung, die – auf Prinzipien gegründet – von der konkreten Situation und den Konsequenzen ihrer Handlung unabhängig ist; der Anarchist Hong auf materieller Ebene des Handelns, Tscheng-Dai auf geistiger und abstrakter Ebene der Prinzipien. Diese Einstellung führt Hong dazu, die Reichen und Mächtigen um jeden Preis töten zu wollen; Tscheng-Dai dazu, aus Prinzip jede Anwendung von Gewalt abzulehnen. Im Grunde sind beide, jeder auf seine Weise, kantianische Moralisten.

Nachdem der Erzähler so im Laufe seiner Reise den Gewalten begegnet ist, die nicht den Rahmen, sondern die eigentlichen Elemente der Romanstruktur bilden, kann er – und durch ihn Malraux – schließlich bei der kritischen Durchsicht eines polizeilichen Aktenstücke die Zentralgestalt des Romans, Garin, in die Handlung eintreten lassen.

Diese Akte nennt ihn von Anfang an einen »aktiven Anarchisten«; aber der Erzähler, der ihn seit langen Jahren kennt, widerspricht: »Nein, er ist niemals aktiver Anarchist gewesen.« Was ihn vor allem bewegte, war nicht dieses oder jenes Ideal, sondern die Suche nach dem Mittel, seinem Leben einen Sinn zu geben.

> »Im Jahre 1914 – im Alter von 20 Jahren – stand er noch ganz im Banne seiner eben beendeten literarisch-philosophischen Studien, von denen ihm hauptsächlich die Bewunderung der großen Rebellennaturen der Weltgeschichte verblieben war. (›Lohnt es sich, irgendwelche anderen Bücher zu schreiben als Memoiren?‹) Gegenüber allen Systemen verhielt er sich gleichgültig und schien entschlossen, dasjenige zu wählen, das ihm von den Umständen auferlegt werden würde.«

Wenige Zeilen später sagt er über die Anarchisten:

> »Diese Kretins glauben, das Recht auf ihrer Seite zu haben. Im Ernstfall gibt es nur ein einziges Recht, das keine Parodie ist: die wirksame Anwendung von Gewalt.«

Und diese Gewalt kann nur im Kampf um ein festumrissenes Ziel angewendet werden und nicht auf sich selbst gegründet sein.

> »Nicht seelische Werte, sondern Eroberungen schaffen den politischen Führer«, hatte er eines Tages zu mir gesagt. Allerdings hatte er gleich ironisch hinzugefügt: »Leider!« Und ein paar Tage später (er las damals das »Memorial von St. Helena«): »Vor allem Eroberungen sind es, die eine Führerseele aufrechterhalten. Auf seine Todesinsel verbannt, wollte Napoleon in seinem Leben nur noch einen Roman sehen . . . Auch Genies können verkümmern.«

In eine obskure Affäre verwickelt, findet er sich, da er jungen Frauen, die abtreiben wollen, finanzielle Hilfe geleistet hatte, eines Tages in Genf angeklagt und muß der Gerichtsverhandlung beiwohnen. Das einzige Gefühl, das der Prozeß in ihm weckt, ist das der völligen Absurdität der Komödie, die sich vor seinen Augen abspielt und seiner auch nur äußerlichen Zugehörigkeit zu einer Gesellschaft, der gegenüber er sich als ein vollkommen Fremder erkennt.

Als Freiwilliger in der Fremdenlegion entdeckt er in der folgenden Zeit, daß der Krieg von einer echten Aktion ebensoweit entfernt ist wie der Anarchismus, und desertiert kurz darauf. In Zürich nimmt er Kontakt zu bolschewistischen Emigranten auf; er hat anfangs den Eindruck, daß es sich hier um bloße Theoretiker handelt, bis er eines Tages mit Erstaunen feststellt, daß diese Bolschewisten mit ihrer Neigung zur Doktrin eine Revolution geplant und erfolgreich durchgeführt haben. Nach dieser ersten Entdeckung einer wirksamen Revolution versucht er, sich mit Hilfe seiner Beziehungen nach Rußland abzusetzen, was ihm nicht gelingt. Statt dessen aber gelingt es ihm, nach China gerufen zu werden, wo er Chef der Propagandaabteilung wird; diese war ihm anfangs mehr oder minder zufällig anvertraut worden, er machte jedoch aus der recht unbedeutenden Einrichtung eines der Hauptzentren der revolutionären Aktion. Durch Garin und seine Organisation wurde die revolutionäre Veränderung Chinas möglich, die jetzt – im Streik von Kanton – die Kräfte des Gegners lähmt. Es sei hinzugefügt, daß diese von außen her so großartige und wirksame Aktion – wie es der Erzähler im Laufe seiner Reise erfahren kann – durch vielfältige innere Gefahren bedroht ist: die Geldknappheit, die Macht des Gegners, seine Agenten im Lager der Chinesen, die machtvolle, jede Gewaltanwendung ablehnende Autorität Tscheng-Dais usw.

Das Spiel ist noch längst nicht gewonnen; wir stehen an dem Punkt, wo es sich entscheidet und wo Sieg oder Niederlage auch über den Einsatz Garins, den Sinn seines Lebens, entscheiden werden.

Für die letzten Zeilen dieses Teiles, in dem die Schilderung der Romangestalt und ihrer Problematik eine wichtige Stelle einnimmt, hat Malraux uns das Ende des polizeilichen Aktenstückes aufgespart; es weist auf ein entscheidendes Element hin, das die Gestalt Garins bestimmt:

»Ich erlaube mir, Ihre Aufmerksamkeit noch besonders auf folgenden Umstand zu lenken: Garin ist ein schwerkranker Mann.«

Selbstverständlich wird in dieser Akte weder Art noch Folge dieser Krankheit genannt. Allein der Satz

»Er wird sich gezwungen sehen, die Tropen binnen kurzem zu verlassen«

gibt eine nähere Bestimmung, wird jedoch vom Erzähler kommentiert mit den Worten

»Ich bezweifle es.«

Der zweite und dritte Teil des Buches werden uns nun die Struktur, die wir bereits kennengelernt haben (die Mächte und den Helden), in Aktion zeigen. Selbstverständlich ist es im Rahmen einer begrenzten Arbeit nicht möglich, jeden der Romane Malraux' bis ins Detail zu analysieren; ist die Struktur einmal aufgezeigt, muß man sich mit der Analyse einiger wichtiger Stellen begnügen.

Im Mittelpunkt der Handlung steht der von zwei markanten Gestalten, Garin und Borodin, organisierte Kampf der Revolutionäre um ein Regierungsdekret, das den in China einlaufenden Schiffen verbieten soll, in Hongkong anzulegen, und so den Hafen stillegen würde. Die Regierung aber besteht nicht nur aus Revolutionären, sondern auch aus Repräsentanten eines gemäßigten, schwankenden und auf Ausflüchte sinnenden Bürgertums. Nun ist aber eine der wichtigsten Kräfte, die sie zum Zögern veranlaßt, Tscheng-Dai, der Repräsentant des chinesischen Kulturerbes, der Moralist, der Gewaltanwendung ablehnt und ein beträchtliches Prestige besitzt. Hinter ihm zeichnet sich der General Tang ab, ebenfalls Mitglied der Kuomintang, der von England unterstützt wird; er bereitet die militärische Intervention gegen die revolutionären Kräfte in Kanton vor. Und der Vorkämpfer des rein geistigen Kampfes und der Einheit in der Kuomintang, Tscheng-Dai, unterstützt ihn, und er weiß nicht oder gibt vor nicht zu wissen, daß er dadurch dem politischen Spiel des Gegners zu Hilfe kommt.

In der anderen extremen Gegenposition wird Hong, der Moralist der revolutionären Aktion und Gewalt – unabhängig von den politischen Folgen seiner Handlungsweise und ungeachtet der Tatsache, daß die Revolutionäre der Unterstützung eines Teils des demokratischen Bürgertums bedürfen –, alle Reichen töten wollen. So werden, da er das demokratische Bürgertum in Schrecken versetzt und es auf die Seite der gemäßigten Bourgeoisie zurückwirft, seine Aktionen objektiv die gleichen Folgen haben wie die von Tscheng-Dai.

Fügen wir hinzu, daß der Roman – wenn er auch den Sieg der revolutionären Kräfte über den militärischen Interventionsversuch des Generals Tang zum Gegenstand hat und dieser Sieg in der Welt des Romans als endgültig erscheint (alle unmittelbaren und mittelbaren Gegner der Revolution, Tang, Tscheng-Dai und Hong, sind besiegt und das Dekret ist unterzeichnet worden) – darauf hinweist, daß der Kampf fortdauert und daß sich noch zahlreiche Ereignisse von der Art der Revolte Tangs abspielen werden.

Wir werden innerhalb dieses Schemas einige Episoden auswählen, die die Hauptgestalten charakterisieren. Beginnen wir mit der Gestalt Tscheng-Dais, wie sie von Garin gesehen wird. Sein Wesen wird in einem Wort ausgedrückt: Er ist »der Gegner«. Die chinesische Geisteshaltung und die Tradition sind die Quellen seiner Kraft:

> »Sun Yat-Sen hat vor seinem Tode gesagt: ›Borodins Wort ist mein Wort!‹ Aber auch Tscheng-Dais Wort ist sein Wort, und es war nicht einmal nötig, es besonders auszusprechen.«

Großmut ist einer der Hauptzüge im Charakter Tscheng-Dais; aber »seine Großmut, so echt sie immer sein mag, entbehrt nicht der Schlauheit«.

> »Tscheng-Dais Autorität, so legt Garin ... dar, sei vor allem moralischer Natur, und es sei nicht unberechtigt, wenn sich die Leute durch ihn an die Erscheinung eines Gandhi erinnert fühlten ... Doch wenn ... die taktische Linie der beiden Männer parallel zu laufen scheine, so seien doch ihre Charaktere fundamental verschieden.«

Denn Gandhi will die Menschen lehren zu leben, während Tscheng-Dai

»... weder Vorbild noch Führer sein möchte; wohl aber: Berater ... Sein ganzes Leben sei ein fortdauernder moralischer Protest; und seine Hoffnung, durch Gerechtigkeit zu siegen, stelle nichts anderes dar als die wirksamste, durchdachteste Form, in welche die tiefe, unheilbare Schwäche seiner Rasse sich zu kleiden, zu verkleiden imstande sei ... Heute steht es mit Tscheng-Dai tatsächlich so, daß ihm viel mehr am Protestieren als an einem etwaigen Sieg gelegen ist. Er empfindet es als seine Sendung, Exponent und Seele eines geknechteten Volkes zu sein ... Ein edles Opferbild, das große Sorgfalt auf seine Biographie verwendet ... Eines Tages beendete Garin eine Diskussion über die Dritte Internationale mit folgender Bemerkung: ›Aber die Dritte Internationale – sie war es doch immerhin, die die Revolution vollbracht hat.‹ Tscheng-Dai antwortete nur mit einem – zugleich ausweichendem und einschränkendem – Emporheben beider Hände; und Garin sagte mir, daß er den Abstand, der sie voneinander trennte, nie so deutlich empfunden habe wie in diesem Augenblick ... Tscheng Dais Geringschätzung aller zeitlichen Werte, so aufrichtig sie ist, will nichtsdestoweniger als solche bekannt und geschätzt sein.«

Hinter ihm haben sich Tang und die von England unterstützten Kräfte verschanzt; wenn aber der Erzähler seine Verwunderung darüber äußert, »daß eine so bedeutsame Neugruppierung sich ohne Vorwissen des Alten angebahnt haben solle«, antwortet Garin:

»Er will nichts wissen, er will seine moralische Verantwortung nicht einsetzen. Aber Vermutungen oder Argwohn hegen – das mag er vielleicht ganz gern ...«

Von dieser Schilderung ausgehend läßt sich auch das Gespräch Tscheng-Dais mit Garin leicht verstehen. Er hat mit diesem eine Begegnung vereinbart und beginnt das Gespräch mit einem Protest gegen die Attentate, die Hong, der Moralist der Gewalt, unter seinen Freunden verübt. Garin lehnt diese Attentate zwar ab, sucht aber noch nach einer Möglichkeit, sich Hongs als Waffe gegen Tscheng-Dai zu bedienen[9]. Augenblicklich ist er jedoch bemüht, Tscheng-Dai für die Billigung des Boykott-Dekrets und für den Widerstand gegen die Terroraktionen Tangs zu gewinnen. Ihre Unterhaltung ist ein einziges Mißverständnis:

»›Monsieur Garin, ja. Ich brauche Sie wohl nicht erst zu fragen, ob sie Kenntnis von den Attentaten hatten, die in den letzten Tagen so rasch aufeinander gefolgt sind . . . Monsieur Garin, diese Attentate folgen einander zu rasch.‹

Garin antwortete nur mit einer Geste, die zu besagen schien: ›Was kann ich dafür?‹

›Wir verstehen uns, Monsieur Garin, wir verstehen uns . . .‹

›Monsieur Tscheng-Dai, Sie kennen den General Tang, nicht wahr?‹

›Der Herr General Tang ist ein ehrenwerter und gerechter Mann . . . Ich gedenke, vom Zentralkomitee wirksame Maßnahmen zur Unterdrückung der Attentate zu erlangen. Ich glaube, daß es gut wäre, die Personen, die als Führer terroristischer Gruppen bekannt sind, vor Gericht zu stellen . . .‹«

Damit ist die Situation präzisiert und die Diskussion wird ideologisch:

Garin: ». . . aber ebenso unanfechtbar wird, wie ich vermute, Ihnen der Weg unserer Aktion erscheinen. Dennoch versuchen Sie, ihr Hindernisse in den Weg zu legen . . .‹ – ›Die Talente einiger Komitee-Mitglieder – und ganz besonders die Ihrigen, Monsieur Garin – sind ungemein groß. Aber neuerdings scheinen sie einen Geist zu begünstigen und zu ermutigen, mit dem meine Freunde sich unmöglich einverstanden erklären können. Ich denke zum Beispiel an die ganz exorbitante Bedeutung, die Sie der Militärschule von Wampoa beimessen . . . doch bin ich davon überzeugt, daß die Kuomintangpartei ihrer hohen Ziele nur dann würdig bleibt, wenn sie dem Ideal der Gerechtigkeit niemals untreu wird. Sie gedenken zum Angriff überzugehen? . . . Nein . . . Mögen die Imperialisten die Verant-

9 Am Ende wird er zusehen, wie Tscheng-Dai den Befehl zur Hinrichtung Hongs geben und wie Hong vor seiner Gefangennahme Tscheng-Dai töten wird.

wortung auf sich laden! Wenn sie wieder ein paar Unglückliche hinmorden, so bedeutet das für die allgemeine Sache mehr als die Kadetten von Wampoa ...«

Im weiteren Verlaufe des Gesprächs gibt er seinem Empfinden Ausdruck, daß der Krieg weder Garin noch Borodin mißfalle und daß beide die Chinesen als Versuchsobjekte behandeln.

Garin wendet ein:

»Mir scheint, daß, wenn irgendeine Nation der Welt als Versuchsobjekt gedient hat, es nicht China, sondern vielmehr Rußland gewesen ist.«

»Gewiß, gewiß ... Aber Rußland hat dessen vielleicht bedurft... Wir haben nicht das Recht, England – durch einen Beschluß der Regierung – mit Gewalt anzugreifen.«

»Wenn Gandhi nicht eingegriffen hätte – ebenfalls im Namen der Gerechtigkeit –, um den letzten Hartal zu brechen, so befände sich kein Engländer mehr auf indischem Boden.«

»Wenn Gandhi nicht eingegriffen hätte, Monsieur Garin, so wäre Indien, das der Welt die erhabenste Lehre gibt, die in unserem Zeitalter vernehmbar wird, nur noch ein wild aufgewühlter asiatischer Landstrich.«

Als das Gespräch beendet ist,

»erhebt (er) sich etwas mühselig und geht mit kleinen Schritten dem Ausgang zu. Garin begleitet ihn. Als die Tür sich hinter dem Besucher geschlossen hat, wendet er sich zu mir: ›Möge uns Gott vor den Heiligen bewahren!‹«

Wenn Tscheng-Dai ein Moralist des Vorsatzes, der Absicht ist, so ist Hong, der zugleich sein Gegenspieler und sein Komplement ist, der Moralist der Gewalt und des Terroranschlags. Auf die Frage, wie er zu einer solchen Einstellung gelangt ist, gibt es eine eindeutige Antwort: Er wurde nicht durch die Entdeckung eines allgemeingültigen Prinzips, sondern durch die der Möglichkeit, als Individuum zu existieren, zum Terroristen. Garin drückt es folgendermaßen aus:

»Die Armen haben begriffen, daß ihr Elend hoffnungslos ist. Als die Aussätzigen ihren Glauben an Gott verloren hatten, vergifteten sie die Brunnen . . . Das wirst Du an Hong und fast allen Terroristen, die Du kennenlernen wirst, sehen. Mit der Furcht vor einem sinnlosen . . . Tode erwächst zugleich die Idee, daß die Armen ihr kollektives Elend überwinden und zu jenem individuellen Dasein aufsteigen können, das ihnen irgendwie als das wertvollste Gut der Reichen vorschwebt.«

Und weiter, wenn die Sprache auf Hong kommt:

». . . er begehrt für sich weder Reichtum noch Macht . . ., er entdeckt, daß es keinesfalls das Glück der Reichen war, das er haßte, sondern vielmehr die Achtung, die sie vor sich selbst hegten . . . dem Gegenwärtigen zugewendet mit all der ihm aus der Entdeckung des Todes erwachsenen Intensität hat er jegliches Geltenlassen, jegliches opportunistisches Suchen und Sich-Abfinden radikal von sich abgetan: es bleibt nur der Haß . . .«

Sein Individualismus wird folgendermaßen beschrieben: Es gibt nichts, dem er sich unterordnet, und keinen Wert, der über ihn hinausginge.

»Er will nicht . . ., daß es zu einer Lösung kommt, und ist keinesfalls geneigt, zugunsten einer ungewissen Zukunft Verzicht zu leisten auf einen Haß, der so beseligend gegenwärtig ist . . . er gehört nicht zu denen, die Kinder haben, die sich opfern, nicht zu der ›altruistischen‹ Philisterwelt . . .«

In Tscheng-Dai vermag Hong nur einen Menschen zu sehen, »der ihn im Namen der Gerechtigkeit um seine Rache betrügen will«.

Er ist – wie es Garin empfindet – »noch voll von Kräften, aber ohne Hoffnung . . . ein Anarchist«.

Und seine Beziehung zu Hong definiert Garin folgendermaßen:

»Der Bruch zwischen ihm und uns steht bevor; hoffentlich kommt er nicht zu früh . . . Es gibt wenig Feinde, die ich tiefer verstünde . . .«

Wenn Tscheng-Dai und Hong zugleich als entgegengesetzte und analoge Gestalten, als der Moralist des Geistes und der Moralist der revolutionären Gewalt zu betrachten sind, so bleibt uns nur noch die Analyse des Verhältnisses Garins zu jedem der beiden, genauer gesagt: seine eigene Bestimmung dieses Verhältnisses:

Tscheng-Dai ist »der Gegner«, Hong der Feind, »der ihm am nächsten steht und den er am tiefsten versteht«.

Diese beiden Formulierungen könnten beinahe zu einer Definition Garins ausreichen; natürlich ist für ihn der Feind weder Tscheng-Dai noch Hong, sondern England. Nur werden beide insofern zu Feinden, als sie durch ihr Verhalten dem Gegner objektiv Hilfe leisten und damit die Revolution schwächen. Aber Garin selbst identifiziert sich nicht mit dieser Revolution. Diese ist nur die vermittelnde Realität, welche – indem sie die Struktur der Welt, in der er lebt, bestimmt – seinem Handeln und dadurch seinem Leben einen Sinn gibt. Deshalb sind Tscheng-Dai und Hong, die ihm in Hinsicht auf den Sieg der Revolution als objektiv hinderlich erscheinen müssen, für ihn Gegner. Sie sind es jedoch auf verschiedene Weise. Tscheng-Dai ist es auch subjektiv, denn er bestreitet den Wert der Aktion und mißachtet, indem er ein allgemeines Prinzip verkündet, das Problem der Authentizität des Individuums. Hong dagegen richtet all sein Interesse auf das Problem, als Individuum zu existieren, das auch für Garin das Hauptproblem ist, und versucht, zu dessen Lösung die gleichen Mittel zu ergreifen: die Aktion und den rücksichtslosen Kampf gegen die Unterdrückung.

Der Unterschied zwischen beiden ergibt sich aus der Tatsache, daß für Hong diese rücksichtslose Gewalt als abstrakte Realität ausreicht, während Garin, der ebenfalls einen Sinn für sein Leben sucht, gewiß ist, daß er einen solchen nur dann auf authentische Weise, ohne Lüge realisieren kann, wenn er aufhört, sich mit sich selbst zu beschäftigen, und jede allgemeine und dadurch abstrakte Idee zurückweist, um sich auf die Seite der wirklichen geschichtlichen Kräfte zu stellen.

Was Nikolaev und Borodin betrifft, so reicht es aus, einen besonders wichtigen Text, das Gespräch zwischen dem Erzähler und Nikolaev über Garin zu analysieren. Grundsätzlich stellt

Nikolaev in diesem Text den Individualisten Garin dem Kommunisten Borodin gegenüber; ein Hinweis aber macht schon klar, daß er Borodin als Kommunisten nicht mehr völlig akzeptiert:

»Nun, dieser Borodin ...«

Er steckt seine Hände in die Taschen und lächelt mit vielsagender Hinterlist: »Über den ließen sich auch allerlei Dinge sagen.«

Und wenn der Erzähler Garin der kommunistischen Partei gegenüberstellt und von den »Kommunisten von römischem Typus« spricht, die in Moskau die Errungenschaften der Revolution verteidigen und Revolutionäre vom »Typus der Eroberer« nicht gelten lassen wollen, so verbessert ihn Nikolaev mit folgenden Worten:

»Darauf kommt es wenig an; und außerdem verstehst du absolut nichts davon! Jedenfalls wirkt Borodin – in dem Maße, wie er es vermag – hier als Vertreter des Proletariats; diesem Kern einer neu zu errichtenden Gesellschaft gilt *zunächst* seine Tätigkeit. Borodin ist eine Art Torwächter ...«

Das Gespräch kommt erneut auf den Vergleich zwischen Borodin und Garin zurück, und wir erfahren, daß nur eine noch nicht siegreiche Revolution dem Revolutionär eine Stütze und inneren Halt bieten kann (was für beide zutrifft) und daß Garin in Gefahr ist, im Verlauf oder beim Sieg der Revolution zum »Mussolinianer« zu werden. Der Text unterscheidet so drei Menschentypen voneinander: den Kommunisten vom römischen Typus (Nikolaev und die Männer in Moskau), Borodin, der als Verkörperung des revolutionären Proletariats jeden Individualismus abgelegt hat, dem die Revolution aber nur, solange sie nicht vollendet ist, einen inneren Halt geben kann, und schließlich den Individualisten Garin, der in der Revolution ebenfalls den Sinn seiner Existenz findet, der aber am Ende der Revolution, falls er es erleben würde, Gefahr liefe, ein Abenteurer von der Art eines Mussolini zu werden. All das wird in den letzten Worten Nikolaevs sehr deutlich wieder aufgegriffen:

»Sicherlich kann der Kommunismus Revolutionäre dieser Art ... verwenden ..., aber nur unter der Bedingung, daß sie von zwei handfesten *Čekaleuten* ... im Gleichgewicht gehalten werden ... Was soll eigentlich diese ganze Polizei hier mit ihren beschränkten Machtmitteln? Was sollen sie, diese Borodin und Garin – all diese Leute ...? ... Er wird genauso enden wie dein Freund Borodin: das persönliche Gewissen ist die Krankheit der Kader. Was hier am meisten fehlt, ist eine richtige Čeka ...«

Wenn wir die Welt der »Eroberer« von der Peripherie her analysieren, so treffen wir schließlich im Mittelpunkt auf die Gestalt Garins. Er hat durch seine Aktion, die in die Geschichte eingeht, im Kampf für den Triumph der Freiheit und bei dem Versuch, durch seinen Einsatz in der Welt ein Zeichen seiner Existenz zu hinterlassen, den Sinn seines Lebens gefunden. Die Struktur der Gestalt Garins ist komplex, da sie sich nicht wie die Gestalten der echten Revolutionäre – Borodin zum Beispiel – allein oder in erster Linie durch seinen Einsatz im Kampf und seine Siegeserwartung bestimmen läßt. Die Bedeutung seiner Teilnahme am Kampf ist dem Wunsch nach Sinngebung seiner eigenen Existenz untergeordnet und resultiert zugleich aus ihr. Garin ist vor allem Individualist und darüber hinaus Individualist von besonderer Prägung, denn er versucht, sich im Angesicht einer ständigen und letzten Endes unausweichlichen Bedrohung als Individuum zu behaupten: Es ist die Bedrohung der Vernichtung im Königreich Farfelu, dem Reich des Todes, das die ersten Werke Malraux' geschildert hatten, und der wir in den »Eroberern« schon bei der Episode des absurden Prozesses in Genf begegnen, wo Garin zugleich Bedrohnis und Gegenwart dieser Vernichtung spürt.

Was Garin während der Zeit des Anarchismus und in der Fremdenlegion vergeblich gesucht hatte, findet er in seinem Einsatz für die chinesische Revolution: Sie macht es ihm möglich, dem Absurden zu entrinnen. Aber er hat sich niemals mit der Revolution identifiziert. In einem gültigen und berechtigten Kampf engagiert, ist Garin imstande, der Welt durch seine Taten die Werte aufzuprägen, in deren Namen er den Kampf führt. Allerdings ist es für das Verständnis seiner Persönlichkeit wichtig zu wissen, daß nicht die Werte für ihn das Wesentliche konstituieren, sondern die Aktion, die Tat[10]. Nun aber wird diese Aktion durch die stete Drohung des Eingreifens einer unausweichlichen Realität in Frage gestellt, die für den Handelnden feindselig und erschreckend sein muß: die Realität des Todes. Er wird notwendig und vor allem *rückwirkend* seinem Leben und seiner Tat jeden Sinn rauben und ihn in den Abgrund des Nichtseins zurückwerfen, dem zu entfliehen ihm sein Handeln erlaubt hatte[11].

Unter diesem Aspekt drückt ein Satz die wesentliche Achse des Romans, die Struktur aus, die die Revolution in ihm besitzt. Garin verfaßt einen für Borodin bestimmten Bericht, den der Erzähler folgendermaßen kommentiert:

»Von neuem erscheint die älteste Macht Asiens. Die Hospitäler von Hongkong, verlassen von ihren Pflegern, sind voll von Kranken, und über dies vom Lichte vergilbte Papier

10 Malraux hat bereits Nikolaev sagen lassen, daß Garin nach dem Sieg der Revolution zum Mussolinianer werden könnte. Das würde in der Welt des Romans selbstverständlich jede echte Bedeutung seines Handelns aufheben. Aber diese Bedrohung selbst, die Gefahr der Täuschung, die – anders als es bei Borodin der Fall ist – ein konstitutives Element für Garins Persönlichkeit darstellt, ergibt sich aus der Tatsache, daß er die Werte nicht an sich, sondern nur als Vermittler sucht, die für eine sinnvolle Tat unerläßlich sind.

11 Um jedes Mißverständnis zu vermeiden, muß betont werden, daß der Tod für die Helden Malraux' *zwei sich unterscheidende und ergänzende* Aspekte hat. Er stellt – den Umständen entsprechend – in bezug auf das Handeln entweder eine immanente und sinnvolle oder aber eine transzendente und absurde Realität dar. Als eine der Aktion immanente Realität bildet er ein wesentliches Element unter dem zweifachen Aspekt

a) des Risikos, getötet zu werden, das jede ernsthafte Aktion in der Geschichte in sich birgt (darin ist der Tod für alle Revolutionäre, Klein, Borodin und Nikolaev gleich) und

b) der Möglichkeit, sich selbst zu töten (welche für Garin und später für Perken wesentlich ist), die im Falle einer Niederlage oder einer erzwungenen dauerhaften Passivität erlauben würde, dem Verfall zu entgehen.

(Wir werden auf die Bedeutung des Selbstmordes in den ersten beiden Romanen Malraux' noch zurückkommen.)

Aber neben diesem *immanenten und sinnvollen Aspekt* ist der Tod – für die Helden ebenso wie für die anderen Menschen – auch eine ständig gegenwärtige, der Aktion fremde und mit ihr in gar keinem Zusammenhang stehende Bedrohung. Garin lebt wie alle Menschen unter der Drohung, zu einem beliebigen Zeitpunkt zu sterben, und sogar – wie es im Roman der Fall sein wird – zu einem Zeitpunkt, da der Tod sein absurdestes Gesicht zeigt: im Augenblick des Sieges.

Und natürlich wird der Tod mit seinem Eintreten rückwirkend den Sinn aufheben, den das Handeln des Individuums in der geschichtlichen Aktion für kurze Zeit hatte erlangen können.

beugt sich ein Kranker, der an einen anderen Kranken schreibt.«

Die Krankheit ist allerdings im Roman nicht statischer Natur; ihre Struktur wird vom Verhältnis zwischen Handeln und Nichtsein (Aktion und Tod) gebildet. Die Anfälle bringen, je schwerer sie werden, Garin um so näher dem Tod und dem Nichtsein bis zum endgültigen Abschluß, der (wir werden darauf noch zurückkommen) auch den engültigen Bruch mit der Revolution darstellen wird.

Je mehr sich Garin für die Aktion einsetzt, desto mehr kann er seinem Leben einen Sinn geben, so daß er um so mehr existiert, je weniger er an sich selbst, an seine Krankheit, den Tod und das Nichtsein denkt. Im Augenblick der Aktion wird sein Denken allein durch das Ziel, das es zu erreichen gilt, die Suche nach den Mitteln zum Sieg und die Angst vor der Niederlage, bewegt. Die Krankheit aber verweist ihn wieder auf sich selbst und auf den Tod zurück und entfernt ihn von der Revolution.

Absurdität, Tod und Nichtsein sind jedoch abstrakte Begriffe, während wir im Roman nur auf individuelle Gestalten und konkrete Situationen treffen. In den »Eroberern« fanden diese konkreten Situationen anfangs in Form der Erinnerungen an den Genfer Prozeß Ausdruck, in den sich Garin im Verlauf seiner krankhaften Anfälle ständig zurückversetzt sieht, einen Prozeß, dessen Absurdität im Roman die der gesamten Gesellschaft des Abendlandes und sogar Asiens ist, sofern sie sich nicht im revolutionären Umschwung befindet. Im übrigen ist sich Garin dieser Beziehung zwischen seiner Krankheit und der Rückkehr zu sich selbst und zum Absurden bewußt. Der Erzähler will ihn in der Klinik allein lassen:

»Soll ich Dich allein lassen?«

»Nein, im Gegenteil! Ich bitte Dich, bei mir zu bleiben. Ich mag nur ungern an mich selbst denken; aber wenn ich so allein daliege, überfallen mich immer wieder diese privaten Gedanken . . . Es ist komisch: nach meinem Prozeß damals spürte ich in voller Schärfe, wie eitel das ganze, von sinnlosen Mächten gelenkte Dasein der Menschheit ist. Jetzt kommen dieselben Ideen wieder . . . Oh, krank sein, das ist etwas Idiotisches!

... Und dennoch scheint es mir, als ob alles, was ich hier in China tue, geeignet sei, gegen diese Sinnlosigkeit anzukämpfen. Aber das Absurde kommt immer wieder hoch ... Oh, diese Zusammenhänge, die dem Menschen ein Gefühl geben, als ob sein Leben von einem unfaßbaren Etwas beherrscht sei! ... Wie seltsam ist diese Kraft der Erinnerungen, wenn man krank ist! Den ganzen Tag habe ich an meinen Prozeß gedacht – ich weiß nicht, warum. Nach diesem Prozeß hat sich der Eindruck der Absurdität, den mir die soziale Ordnung erweckte, auf fast alle menschlichen Beziehungen ausgedehnt ... Übrigens sehe ich darin im Grunde nichts Bedenkliches ... Immerhin, immerhin ... Wie viele Menschen träumen in diesem Moment von Siegen, deren Möglichkeit sie vor zwei Jahren nicht einmal hätten ahnen können! Ich habe eine Hoffnung geschaffen. *Ihre* Hoffnung. Es liegt mir fern, pathetisch zu werden; aber schließlich ist *Hoffnung* der Lebens- und der Sterbensgrund der Menschheit, nicht wahr? ... Na, und was weiter? ... Natürlich sollte man nicht so viel sprechen, wenn man Fieber hat ... Es ist töricht, den ganzen Tag an sich selbst zu denken! ... Warum muß ich mich nur immer mit der Erinnerung an jenen Prozeß abquälen? Warum? Er liegt weit zurück. Das Fieber ist etwas sehr Albernes; aber man sieht Dinge ...«

Außer dem am häufigsten erscheinenden Bild des Prozesses treten noch weitere Bilder von gleicher Bedeutung auf. Es soll uns hier der Hinweis auf eines von ihnen genügen, das – zugleich wegen seiner allgemeinen Bedeutung und seiner Verwendung in dem Werk Malraux', wo es uns zum dritten Mal begegnet – besonders wichtig erscheint: das Bild der Feuersbrunst, die heute, nach der Vernichtung der Götter, die ehemals die Welt regierten, nur noch die Revolution bestehen läßt; denn die Revolution bleibt, obgleich sie selbst nicht von voller Gültigkeit ist (Garin wird sich als Kranker von ihr entfernen), dennoch das einzige Versprechen, dem man noch Glauben schenken kann:

»Oh, die wunderbare Prozession zu Kasan 1919! ... Borodin war natürlich auch da ... Die Leute hatten alle ihre Götter vor das Tor der Kathedrale gebracht: Figuren, so groß wie die

Puppen auf dem Fastnachtswagen; eine Fischgöttin im Sirenenkostüm ... Zweihundert, dreihundert Götter ... Martin Luther auch dabei. Pelzverbrämte Musikanten vollführen mit ihren Instrumenten einen Höllenlärm. Ein Scheiterhaufen flammt auf. Auf den Schultern der Menschen schweben die Götter rund um den großen Platz, schwarz gegen das rote Feuer, schwarz gegen den weißen Schnee ... Ein grandioses Tohuwabohu! Wenn einer der Träger müde geworden ist, wirft er seinen Gott einfach ins Feuer: ein grelles Licht zischt aus dem göttlichen Kopf und läßt die Kathedrale weiß aus dem Dunkel hervortreten ... Was? Die Revolution? ... Ja, das ging so sieben oder acht Stunden lang! Gern hätte ich noch gesehen, wie die Morgendämmerung kam ... Moder und Fäulnis! ... Man lernt mancherlei kennen! Die Revolution – *die* kann man nicht so einfach ins Feuer werfen: alles, was nicht *sie* ist, ist schlimmer als sie! Das muß man eingestehen, selbst wenn man sehr von ihr enttäuscht ist ... Wie von sich selbst! Weder *mit* noch *ohne*. Als ich noch ein Schüler war, habe ich das auf lateinisch gelernt. Der Besen soll gewaltige Auskehr halten. Was? ... Ja, vielleicht hatte es auch geschneit ... Wie?«

Die Probleme der ›Erotik‹ und selbst der Beziehungen zwischen Mann und Frau werden in den »Eroberern« kaum angeschnitten. (Man findet neben der Stelle, in der die Frau Kleins dessen Leichnam findet, nur eine einzige weitere Szene, die die Beziehung zwischen Mann und Frau betrifft, die nämlich, in der der Erzähler Garin mit zwei chinesischen Prostituierten findet.) Dagegen wird im »Königsweg«, der in derselben Perspektive geschrieben ist, das Thema ausführlich besprochen und kommentiert.

Für das Verständnis dieser Texte ist u. E. die Feststellung wichtig, daß die Beziehungen zwischen den männlichen und weiblichen Gestalten in den Romanen Malraux' in genauer Entsprechung zu den Beziehungen zwischen den Helden und ihrer sozialen und politischen Umwelt stehen. Wir haben diese Beziehungen bereits in dem Verhältnis zwischen Klein und seiner Frau beobachten können, das letztlich die getreue Wiedergabe des

Verhältnisses zwischen den aktiven, die Revolution tragenden Kräften, die durch Klein verkörpert werden, und dem Proletariat oder – wenn man will – dem passiven, unterdrückten Volk ist, das seine Frau versinnbildlicht. Dieses Verhältnis, das in der Frau oder im Volk das Gefühl erweckt, der aktive Kämpfer sei ein Teil ihrer selbst, ohne daß sie selbst am Kampf teilnähmen, oder genauer: in dem ihre Teilnahme auf materielle Hilfe oder auf den Schmerz der Zurückgebliebenen angesichts des gemarterten Leichnams reduziert wird, ist ein enges und fast organisches Verhältnis.

Gleicherweise ist das Verhältnis Garins und Perkens zu Frauen ihrem Verhältnis zur geschichtlichen Wirklichkeit analog, was besagt, daß es sich um Verhältnisse rein erotischer Natur handelt. Garin und Perken sind Männer der Tat, Eroberer, die sich nicht mit der menschlichen Gesellschaft identifizieren, sich ihrer aber bei der Organisierung und Beherrschung ihrer Umwelt bedienen, um der Welt ihr Signum aufzuprägen. Die Frauen besitzen für sie eine Funktion, die der der sozialen Gruppe, der sie sich angeschlossen haben (für Garin die Revolution, für Perken die Mois), analog ist. In den erotischen Beziehungen entsteht zwischen ihnen und den Partnerinnen eine Gemeinschaft, in der sie selbst die führende und beherrschende Rolle übernehmen. Und jedes dieser kurzwährenden Verhältnisse, das es ihnen erlaubt, die Frau als Objekt zu behandeln und ein Gefühl des eigenen Seins zu erlangen, verschafft ihnen auf dieser begrenzten, auf den ›Erotismus‹ reduzierten Ebene das gleiche kurzanhaltende Glücksgefühl, das gleiche prekäre Bewußtsein der eigenen Existenz wie – auf breiterer Ebene – die geschichtliche Aktion. Es gibt ihnen das Gefühl, für einen Augenblick der jetzt und immer drohenden Gefahr entgangen zu sein, der sie notwendig am Ausgang jeder Liebesepisode und schließlich am Ende ihres Lebens erliegen werden: dem Nichts und der Ohnmacht.

Die Herrschaft über eine Frau kann – zumal wenn es sich wie im »Königsweg« auch um ein psychisches Herrschen handelt – niemals lange anhalten. Die Partnerin wird sich notwendig am Ende aus dieser Vereinigung flüchten. Desgleichen lassen die Prostituierten, mit denen Garin schläft, nur zeitweilig und flüchtig, nur äußerlich von sich Besitz ergreifen. Dieses Verhältnis ist dem homolog, das Garin und Perken zur geschichtlichen Wirklichkeit haben, die sich mit Notwendigkeit ihrem Machtbereich entziehen wird. Sie sind Eroberer, aber nur kranke Eroberer auf kurze Zeit, denen ihr Erotismus auf beschränkter Ebene das verschafft, was ihnen die Aktion auf weiterer und wesentlicherer Ebene sichert: das Bewußtsein der eigenen Existenz, einen Zweck, der es wert ist, verfolgt zu werden, und die Möglichkeit, für eine Zeit – so kurz sie auch sei – dem Nichtsein und der eigenen Ohnmacht zu entfliehen.

Um jedes Mißverständnis auszuschalten, sei betont, daß sich die Beziehungen zwischen Mann und Frau in den späteren Schriften Malraux' der Veränderung seiner allgemeinen Sicht vom Menschen und von der Gemeinschaft entsprechend modifiziert haben.

Verweilen wir schließlich zum Abschluß dieser kurzen Analyse der »Eroberer« für einen Augenblick beim Schluß des Romans, bei Garins Tod (wobei es wichtig ist zu bemerken, daß wir einen fast identischen Schluß im »Königsweg« wiederfinden werden). Wir wissen schon, worin er besteht: Das nahe Bevorstehen des Todes wird Garin endgültig von der revolutionären Bewegung trennen und ihn in eine Einsamkeit versetzen, der gegenüber selbst die Vergangenheit jeden echten authentischen Sinn verloren hat. Garin, der im Verlauf der ganzen Erzählung nur für den Triumph der Revolution gelebt hat, wird die rhythmischen Schritte der siegreichen Roten Armee mit dem deutlichen Gefühl vernehmen, daß er seiner Umgebung schon entrückt ist und daß keine wirkliche Beziehung mehr zwischen ihm und dem Kampf besteht.

Setzen wir »Die Eroberer« zum klassischen Roman in Bezug, so weicht u. E. ihr Schluß von dem des klassischen Romans ab und ist ihm doch zugleich analog. Die Mehrzahl der Romane mit problematischen Helden in der Literaturgeschichte läßt den Helden in der Tat am Schluß eine innere Umkehr erleben, in der er die Sinnlosigkeit seiner bisherigen Anstrengungen und Suche erkennt. Der Schluß der »Eroberer« und des »Königsweges« weist – von bestimmten Seiten her betrachtet – einen analogen Charakter auf. Garin und Perken fühlen wie Don Quijote, Julien Sorel, Frédéric Moreau und Emma Bovary an einem Punkte ihres Lebens plötzlich, daß ihr Handeln ihnen keinen eigentlichen Sinn verschaffen kann und daß sie absolut allein sind.

Indessen ist auch der Unterschied zwischen ihnen nicht weniger evident. Während nämlich für Don Quijote, Julien Sorel, Emma Bovary oder Frédéric Moreau die Suche – auch wenn sich der Held dessen nicht bewußt war – seit jeher hoffnungslos und eitel war, bleibt doch die revolutionäre Tat *an sich* gültig; der Tod hat Garin lediglich von der Revolution entfernt und nur rückwirkend seine frühere Bindung an sie in ihrem Wert beeinträchtigt.

Auf der Grundlage der vorangegangenen Analyse dürften diese wenigen Zeilen genügen, um die zentrale Funktion und die Bedeutung des Todes für den Helden des Romans darzulegen. Es scheint uns jedoch wichtig zu unterstreichen, daß Malraux für die beiden ersten, in dieser Sicht geschriebenen Werke den gleichen Modus der Handlungslösung gewählt hat, um die Unvereinbarkeit von Aktion und Tod aufs deutlichste hervorzuheben. Garin lebt schon in Isolation und ist der Aktion durch die drohende Nähe des Todes entrissen, als man ihm meldet, daß Nikolaev soeben zwei Chinesen verhaftet habe, die versucht haben, die Brunnen, aus denen die Armee ihr Trinkwasser schöpft, mit Zyankali zu vergiften. Die Gefahr führt ihn zur Aktion zurück, und augenblicklich treten Isolation und Tod in den Hintergrund, um in dem Moment, da der Schaden der unüberlegten Handlungen Nikolaevs behoben und ein dritter Agent ebenfalls festgenommen, die Gefahr also überwunden ist, erneut in Erscheinung zu treten.

Garin bemerkt, als er wieder in die Einsamkeit zurückgesunken ist, selbst den abrupten Übergang einer Welt in eine andere:

> ». . . Vorhin hat eine einzige Polizeidummheit genügt, mich in das kantonesische Abenteuer zurückzulocken, wie in einen gewohnten Rock; und doch kommt es mir jetzt vor, als sei ich schon in weiter Ferne.«

Danach ist alles zu Ende. Auf die Frage:

»Wohin, zum Teufel, möchtest Du denn gehen?«,

die übrigens bloß formell ist, da feststeht, daß er bald sterben muß, antwortet Garin:

»Nach England! Jetzt weiß ich, was das Empire bedeutet. Eine hartnäckige, unablässig wirkende Gewalt. Lenken! Entscheiden! In Zwang halten! Das *ist* das Leben ...«

Aber er ist schon weit entfernt von Kanton und England, auf der Seite des Nichts und seines gestaltlosen Reiches. Der Erzähler spürt in einer letzten Umarmung den unüberwindlichen Abgrund, der sie trennt, und der Roman endet in den drei Schlüsselworten: Tod, Verzweiflung, brüderliche Gefaßtheit.

». . . Eine unbekannte Trauer wallt in mir auf, tief und verzweifelt, heraufbeschworen durch die Sinnlosigkeit all dieses Geschehens, durch die düstere Nähe des Todes . . . Als wieder helles Licht auf unsere Gesichter fällt, sieht mich Garin an. Ich suche in seinen Augen den Funken von Genugtuung zu finden, den ich trotz allem erhofft hatte. Aber nichts Glückbedeutendes schimmert darin auf: nur eine herbe und brüderliche Gefaßtheit ...«

IV.

Es ist merkwürdig festzustellen, daß Malraux wie in »Monde aus Papier« und im »Königreich Farfelu« so auch in seinen zwei ersten Romanen – wenn auch selbstverständlich mit einer gewissen Zahl von Veränderungen – das gleiche Thema zweimal aufgegriffen hat: Denn Perken stellt ein Homologon zu Garin und der Erzähler ein solches zu Claude dar; der Kampf für die Verteidigung der nichtunterjochten Stämme der Eingeborenen gegen die staatlichen Mächte entspricht dem Aufstand der Chinesen gegen England, und innerhalb dieser beiden verwandten Strukturen hat Perken die gleichen Probleme wie Garin und versucht, sie auf gleiche Weise zu lösen. In seinem Einsatz für den Kampf der nichtunterjochten Stämme gegen die organisierten Staaten hat Perken – ebenso wie Garin in der chinesischen Revolution – sich nicht mit den Eingeborenen identifiziert, sondern in der Organisierung ihres Kampfes und Widerstandes gegen die staatliche Zivilisierung eine vermittelnde Realität gefunden, die es ihm erlaubt, ein Bewußtsein der eigenen Existenz zu erlangen und seinem Leben einen Sinn zu geben[12].

Nehmen wir diese gemeinsame Struktur als Ausgangspunkt

12 Mit folgenden Worten beschreibt er seine Aktion und seine Pläne, die im Augenblick, als die Erzählung beginnt, schon der Vergangenheit angehören:
»König zu sein ist etwas Verrücktes; verlockend aber könnte es scheinen, ein Königreich zu errichten. Ich habe nicht grotesk mit dem Säbel gespielt; kaum, daß ich mich (obgleich ich scharf zielen kann) meines Gewehrs bedient habe. Aber ich bin auf die eine oder andere Weise mit fast allen Führern der freien Stämme verbunden, bis hinauf zum oberen Laos. Das dauert nun schon fünfzehn Jahre. Ich habe sie, den einen nach dem anderen, ins Gebet genommen, ob sie nun mutig waren oder verkommen. Und nicht das Königreich Siam ist es, was ihnen zu einer vertrauten Größe geworden ist, sondern *ich*.«
»Was wollen Sie daraus machen?«
»Ich *wollte* . . . zunächst: eine militärische Macht, groß, aber schnell wandelbar. Und den unvermeidlichen Konflikt hier abwarten: den Konflikt zwischen den Kolonisatoren und den Kolonisierten oder nur zwischen den Kolonisatoren. Dann könnte das Spiel gespielt werden. Weiterexistieren in einer großen Anzahl von Menschen, und vielleicht auf lange Zeit! Ich will eine *Narbe* auf der Karte des Landes zurücklassen. Da ich gegen meinen Tod spielen muß, so will ich lieber mit zwanzig Stämmen spielen als mit einem Kinde . . . Ich begehre das so, wie mein Vater das Gut seines Nachbarn begehrte und wie ich Frauen begehre.«

an, so besteht zwischen den beiden Romanen doch eine gewisse Anzahl von Unterschieden. So wie die beiden Teile der »Monde aus Papier« einmal von der Niederlage und einmal vom Sieg der Schriftsteller erzählen, um zu zeigen, daß in beiden Fällen die grundlegenden Probleme die gleichen bleiben, steht im »Königsweg« dem Sieg der chinesischen Revolution in den »Eroberern« die Niederlage der freien Stämme gegenüber. Andererseits weichen die Perspektiven der beiden Romane, obgleich sie sich auf eine analoge Welt beziehen, voneinander ab: »Die Eroberer« entwerfen die globale Struktur dieses Kosmos und zeigen uns Garin im Mittelpunkt dieses Kampfes zwischen zwei Gruppen von bedeutenden geschichtlichen Kräften. »Der Königsweg« rückt fast ausschließlich die Handlungspartner Claude-Perken ins Licht; was die in Konflikt geratenen Mächte betrifft, die ihren Platz allein an der Peripherie der Romanwelt erhalten haben, so besitzen sie eine quasi abstrakte Wirklichkeit, die eben ausreicht, um auf ihre Existenz hinzuweisen. Daher begegnen wir im Roman weder den von Perken organisierten nichtunterjochten Stämmen noch der Regierung von Siam, obwohl ihr Vorhandensein spürbar ist und ihr Wesen durch die Anwesenheit der ihnen ähnelnden Nachbarn (die Stiengs und die Mois für die freien Stämme, die französische Verwaltungsbehörde für die Regierung von Siam) angedeutet wird.

Der Kampf entfernt sich – in dieser Perspektive – zugleich mit den in Konflikt stehenden Mächten. Seine Stelle wird zum Teil von einer Reihe von Diskussionen und Überlegungen eingenommen. Übrigens hat uns die Tatsache, daß sich die Diskussionen zumeist auf die in den »Eroberern« nur in knappen Zügen umrissenen Ansichten des Helden beziehen, zu der Vermutung veranlaßt, daß das Buch, gewissermaßen mit einem Wunsche nach Ergänzung, gleichzeitig mit oder kurze Zeit nach den »Eroberern« geschrieben worden ist.

Schließlich tritt im »Königsweg« mit Grabot eine scheinbar neue Gestalt auf, die allerdings keine eigene Realität besitzt, sondern nur eine der Hauptgefahren verkörpert, die für die Eroberer vom Typus Garin und Perken eine stete Bedrohung darstellen.

Nach dieser Vorbemerkung soll es genügen, die Fabel des Buches in knappen Zügen wiederzugeben und dabei auf einige besonders bezeichnende Diskussionen und Szenen näher einzugehen.

Den allgemeinen Rahmen der Erzählung bildet der anhaltende Kampf zwischen dem ungeordneten Nichts, das in der Vegetation des tropischen Urwalds seine Verkörperung findet, und dem Bemühen des Menschen, eine sinnvolle Ordnung zu schaffen: der Städte und Tempel verbindende Königsweg, der einst die Wildnis durchzog und danach von der üppigen Vegetation überwuchert und fast unauffindbar wurde, soll durch Claude und Perken wiederbelebt werden und neuen Zwecken dienen, ein Projekt, das dem einen zu Geld verhelfen und dem anderen die materiellen Mittel zur Verteidigung der Freiheit der nichtunterjochten Stämme verschaffen soll.

Gegenstand der Handlung ist – unmittelbar – der Kampf zwischen der Wildnis und dem Königsweg, und Malraux kündigt uns selbst an, daß das Werk den ersten Band einer Reihe mit dem Gesamttitel »Die Mächte der Wildnis« bilden sollte.

Auf einem Schiff mit Kurs auf Indochina begegnet der junge Claude Perken, einem Mann von schon legendärem Ruhm, der lange Jahre unter den nichtunterjochten Wilden gelebt hat, wo er sich eine Art Reich geschaffen hat, das sich dem Königreich Siam und dem Verwaltungsbereich der Franzosen widersetzt. Nach seinem Aufenthalt im Westen reist Perken gegenwärtig nach Indochina; er ist geradezu besessen von einem Problem, das zu lösen ihm nicht gelungen ist: für den Kauf der Maschinengewehre, die er zur Fortführung seiner Aktion braucht, das nötige Geld aufzutreiben.

Perken befindet sich an einem jener psychischen Tiefpunkte, wie sie Garin in den »Eroberern« jeweils vor dem Ausbruch seiner Krankheit kannte; er wird übrigens selbst erklären, daß seine Enttäuschung und seine Entfernung von der Aktion nicht nur eine Folge des fehlgeschlagenen Versuches sind, Geld aufzutreiben, sondern ihren Grund auch, und in erster Linie, im Bewußtsein des Alterns und der Nähe des Todes haben.

Um die Situation zu skizzieren, fügen wir noch hinzu, daß Perken, sofern er trotz seiner gegenwärtigen Stimmungen noch an den Kampf und an sein Reich denkt, das Schicksal Grabots, eines ihm vergleichbaren Mannes, aufzuklären bemüht ist, der ausgezogen ist, sich ein anderes, dem seinen benachbartes Reich zu schaffen, und seit geraumer Zeit verschwunden ist, ohne eine Spur zu hinterlassen.

Claude seinerseits hat sich vorgenommen, in den verwilderten Tempeln des einstigen Königsweges Statuen und Halbreliefs zu suchen, die er zu außergewöhnlich hohen Preisen in Europa absetzen will. Zwischen Claude und Perken bahnt sich rasch und ganz natürlich eine – dem Verhältnis des Erzählers der »Eroberer« zu Garin homologe – Freundschaft an, die nicht allein auf ihre gemeinsame Geldnot, sondern auch auf ihre gleichartigen Charaktere gegründet ist: beide sind Eroberer.

Nach einem satirisch geschilderten Treffen mit dem französischen Verwaltungsbeamten finden Claude und Perken am Rande ihrer Route inmitten des tropischen Urwalds tatsächlich Flachreliefs, werden aber auf dem Rückweg im Gebiet der Wilden von den Wagenführern verlassen. Sie glauben dort die unsichtbare Anwesenheit Grabots zu spüren und wollen die Wahrheit über ihn erfahren. In einem Dorf der Wilden werden sie vom Stammesoberhaupt empfangen und erfahren, daß Grabot, der sich mit der Überzeugung, daß im Notfall immer der Selbstmord als Lösung bliebe, in sein schwieriges und gefahrvolles Unternehmen begeben hatte, nicht den Mut zum Selbstmord gefunden hat und Sklave der Wilden geworden ist. Man hatte ihm das Augenlicht genommen und ihn an einen Mühlstein gefesselt, den zu drehen er gezwungen ist. Claude und Perken bemächtigen sich seiner und entführen ihn in ihre Hütte. Die erwartete Folge tritt ein: Sie werden von den Stiengs umzingelt, die einen solchen Akt von seiten ihrer Gäste nicht zulassen können. Nach mehreren Stunden äußerster Anstrengung, in denen Perken sich beim Fallen am Knie verwundet, gelangt man zu einem Kompromiß: Die Stiengs gewähren den drei Weißen nur unter dem Versprechen, ihnen pro Kopf der Einwohner einen Krug als Entgelt für die Freilassung Grabots zukommen zu lassen, freien Rückzug. Das Versprechen wird gehalten und Grabot, der für die Handlung uninteressant geworden ist, wird in ein Hospital gebracht.

Perken aber wird bald erkennen, daß seine Wunde tödlich ist und daß er nur noch wenige Tage zu leben hat. Mit der Einsicht, durch seine Krankheit der Welt entrissen zu werden, versucht er vergeblich, eine letztes Mal in einer erotischen Szene, auf die wir noch zurückkommen werden, den Kontakt zu ihr wiederherzustellen; zur gleichen Zeit erfährt er, daß die siamesische Regierung, im Begriffe, zur Unterwerfung der freien Stämme eine Eisenbahnstrecke zu legen, die Verstümmelung Grabots zum Vorwand genommen hat, gleichzeitig mit dem Transport der Krüge eine Strafexpedition gegen die nichtunterjochten Eingeborenen zu entsenden. Perken fühlt – wie Garin am Schluß der »Eroberer« –, daß sein Lebenswerk bedroht ist, und findet augenblicklich in den Kreis seiner Aktion zurück. Er macht sich in Begleitung von Claude so schnell wie möglich in die Berge auf, um der Kolonne zuvorzukommen und den Widerstand zu organisieren. Aber der Tod wird ihn erreichen, bevor er sich zum Ziel durchgeschlagen hat, und seine individuelle Niederlage nimmt das nahe und unausweichliche Ende seines Reiches vorweg.

Der Hauptteil des Romans wird durch den Kampf der Menschen – Perken und Claude – gegen die rohen, alle Formen zerstörenden Mächte der Natur gebildet. Man könnte ganze Seiten zitieren; wir wollen uns mit drei Beispielen begnügen:

»Doch stärker als die Unruhe waren Wald und Hitze; wie eine Krankheit schlug fiebrige Schwüle über Claude zusammen – in dieser Gärung, wo alles gedunsen und verzerrt und faulig war und außerweltlich verdüstert ...«

»Gebieterisch offenbarte sich jetzt die Einheit des Waldes; seit sechs Tagen hatte Claude darauf verzichten müssen, die Wesen von den Formen zu unterscheiden, sich regendes Leben von sikkernder, schwitzender Passivität. Eine unbekannte Macht verfilzte die Bäume mit schwammigen Auswüchsen, ließ in dieser von Uranfang rauchenden Buschwelt all die Wesensentwürfe krabbeln und wimmeln auf einem Boden, der gärte wie der Schaum von Sumpf und Morast. Welches menschliche Handeln hatte hier noch einen Sinn? Welcher Wille bewahrte hier noch seine Kraft? Alles verzweigte sich, mühte sich in Einklang zu kommen mit einer Welt, die scheußlich und anziehend zugleich war wie der Blick eines Irren ...«

»... das brandig fressende Geschwür ist ebenso Herr des Urwaldes wie das Insekt.«

Die Gestalt Perkens besitzt – wie wir schon sagten – eine der Person Garins homologe Struktur, eine Struktur mit den gleichen Elementen: Aktion, Erotismus, Krankheit, Bedrohung durch das Nichts, Einsamkeit und Tod. Wir verzichten daher auf eine eingehende Analyse, die doch nur das aufgreifen könnte, was wir bei der Behandlung der »Eroberer« schon angedeutet haben, und wenden uns der Diskussion bestimmter Begriffe zu, die für das Werk richtungweisend sind und uns erlauben, auf die in den »Eroberern« nur schwach angedeuteten Elemente weiter einzugehen.

Der »Königsweg« beginnt mit einer ausgedehnten Diskussion über die Erotik, die hier – im Gegensatz zu den »Eroberern« – eine besonders wichtige Stelle einnimmt; sie erklärt sich vielleicht durch den Wunsch des Autors, ein Element zu entwickeln, das er vorher nur knapp skizziert hatte, und dessen Entfaltung hier auch auf psychologischer und struktureller Ebene gerechtfertigt ist. Wenn nämlich die Beziehungen zwischen Mann und Frau im gesamten Werke Malraux' Widerspiegelungen der Beziehungen zwischen Mensch und Universum sind, und wenn für Garin und Perken im besonderen diese Beziehungen rein erotischer Natur sind, so besitzen sie auch in ihrem Leben eine komplementäre Funktion: Jedesmal wenn die Krankheit die Oberhand gewinnt und ihr Verhältnis zur Gesellschaft und zur Welt in Frage gestellt ist, versuchen sie, den Sinn des Herrschens und Daseins im engeren, aber auch unmittelbareren Bereich der Erotik wiederzufinden. Nun befindet sich Perken im »Königsweg« genau an einem solchen Tiefpunkt; deshalb drängt sich sowohl am Anfang als auch am Ende des Romans, im Augenblick des bevorstehenden Todes, das erotische Verlangen in den Vordergrund. Über die Natur dieses Verlangens bleibt uns zu dem schon bei der Untersuchung der »Eroberer« ausführlich Entwickelten nicht allzuviel hinzuzufügen. Zitieren wir nur einige Sätze, die für unsere Analyse exemplarisch sind. Der ›Erotismus‹, Perkens schließt – wie der Grabots (und wahrscheinlich Garins, wenn er tiefer beleuchtet worden wäre) – Liebe aus und entspringt in erster Linie aus dem Verlangen nach Herrschaft und aus der Angst vor Impotenz. Perken verwendet am Anfang des Buches ausgesprochen radikale Formulierungen:

»Junge Menschen verstehen sich schlecht auf ... wie sagt ihr? ... auf Erotismus. Bis zum vierzigsten Lebensjahr geht man in die Irre, kann sich von der Liebe nicht befreien. Ein Mann, dem die Frau kein Sinnlichkeitsobjekt ist, sondern die Sinnlichkeit ein Attribut der Frau – der ist reif für die Liebe. Schlimm genug für ihn! ... Wesentlich ist, die Partnerin nicht zu kennen. Sie sei: das andere Geschlecht.«

Danach erinnert sich Claude der Szene, die er in Gegenwart von Perken in einem Bordell von Djibouti erlebt hat und die – wie er sagt – »zu einem Fiasko geführt hat«. Diese Stelle ist übrigens besonders bezeichnend. Zu Anfang erklärt Perken, daß er die Aktion aufgegeben habe, weil sie mangels der nötigen Maschinengewehre in jedem Fall zu einer Niederlage geführt hätte, da gegen das Vorantreiben der im Bau befindlichen Eisenbahnlinie der siamesischen Regierung in diesem Gebiet unmöglich Widerstand zu leisten sei. Der relativ skeptische Claude ist der Meinung, daß der wahre Grund dieses Verzichts in der erotischen Impotenz besteht, deren Zeuge er seinerzeit in Djibouti gewesen ist.

Perken, der diesen Gedanken ahnt, wendet ein, daß der tiefste Grund[13] für diesen Verzicht das Bewußtsein eines anderen, unheilbaren Vorgangs sei: des Alterns, dessen er sich durch seine erotische Impotenz plötzlich bewußt wurde und über das er sich, als er seine Lebensgefährtin Sarah betrachtete, zum erstenmal Rechenschaft gab:

»Sind es nur Erwägungen, die Sie von Ihrem Plan abgebracht haben?«

»Ich habe meinen Plan nicht vergessen; falls die Gelegenheit ... Aber ich kann nicht mehr ausschließlich für ihn leben. Ich habe viel darüber nachgedacht, auch nach dem Fiasko im Bordell von Djibouti ... Sehen Sie: was mich ›davon abgebracht hat‹, wie Sie sagen, das sind die Frauen, die ich verfehlt habe. Es handelt sich nicht um Impotenz, verstehen Sie

13 In der Tat existieren für Garin, Perken und Grabot die Schwierigkeiten im Handeln und die Angst vor Impotenz auch zur Zeit der Kulminationspunkte ihrer Aktion als deren konstitutives Element.

wohl! Eine Drohung ... Wie das erste Mal, als ich sah, daß Sarah alterte. Das Ende von irgend etwas ... Ich fühle mich meiner Hoffnung beraubt mit einer Gewalt, die in mir, gegen mich aufsteigt – wie der Hunger.«

Und der gleiche Gedanke an einer anderen Stelle:

»Zwar denken sie alle an die Tatsache – wie soll ich es Ihnen begreiflich machen? – des Getötetwerdens; da liegt's! Aber das hat keinerlei Bedeutung. Der Tod ist etwas ganz anderes: er ist das genaue Gegenteil davon. Sie sind jung. Ich habe den Tod zuerst verstanden, als ich eine Frau altern sah, die ... kurz: eine Frau. (Übrigens habe ich Ihnen ja von Sarah gesprochen ...) Und dann – wie wenn diese Warnung nicht genügt hätte –, als ich mich zum erstenmal impotent fand ...«

Wir erfahren, daß Grabot – was die Analyse bestätigt[14] – nur erotische Befriedigung fand, wenn er sich von Frauen fesseln und peitschen ließ und sich in erschreckender Weise gedemütigt fühlte:

»Ich habe Ihnen von einem Mann gesprochen, der sich in Bangkok nackt von Frauen festbinden ließ ... Das war er. Eine solche Prozedur ist nicht gar so viel törichter als das Unterfangen, mit einer anderen menschlichen Kreatur schlafen und leben – und leben – zu wollen ... Aber er fühlt sich entsetzlich gedemütigt ...«

»Dadurch, daß jemand es erfahren könnte?«

»Niemand hat etwas davon erfahren; nein, dadurch, daß er es tut. Also kompensiert er: er schafft einen Ausgleich. Und diese Notwendigkeit ist es wohl hauptsächlich, die ihn hierher getrieben hat ... Sein Mut bietet ihm Ersatz ...«

Es sei hinzugefügt, daß Perken, als er erfährt, daß seine Verletzung tödlich ist, »Frauen« fordern wird, beim wiedergefundenen Gefühl seiner Existenz im Augenblick des Besitzes aber bald spürt, in welchem Grade dieses ephemer bleibt:

14 Er läßt sich von den Frauen schlagen und demütigen, wie er sich von der Geschichte schlagen und demütigen lassen wird.

»... er entrann ihm (Perken) unwiederbringlich, dieser von sich selbst besessene Körper. Nie, niemals würde er die Empfindungen dieser Frau erspüren; nie würde die Raserei, die ihn schüttelte, ihn etwas anderes entdecken lassen als die schlimmste aller Trennungen. Man besitzt nur, was man liebt. Überwältigt von der eigenen Erregung, nicht einmal fähig, die Frau, sich ihr entreißend, an seine Gegenwart zu erinnern, schloß er die Augen, warf sich auf sich selbst zurück wie auf ein Gift, berauscht von dem Gedanken, dieses anonyme Gesicht, das ihn dem Tod entgegenhetzte, mit irrer Wut zu vernichten.«

Eine andere wichtige und signifikante Stelle enthält die Unterscheidung von zwei Menschentypen, die Malraux zuweilen Abenteurer und Eroberer nennt, denen aber in der Terminologie Claudes zwei Arten von Abenteurern entsprechen: zwischen den Abenteurern und Eroberern, die zwar gleicherweise Konventionen und bürgerliche Gesellschaft verachten, von denen aber die ersten ihre Gedanken auf sich selbst und auf ihren Stil richten, während sich die zweiten für einen wirklichen Kampf einsetzen und alles dem endgültigen Erfolg einer Sache unterordnen, die größer ist als sie selbst.

»›Was man Abenteuer nennt‹, dachte er, ›das ist keine Flucht, sondern eine Jagd; die Ordnung der Welt weicht nicht irgendwelchem Zufall, sondern einem Willen, der sich ihrer zu bedienen weiß.‹ Er kannte diejenigen, für die das Abenteuer nur Nahrung ihrer Träume war; (spiele, du kannst träumen); und andere, denen es als Mittel galt, eine Hoffnung zu haben. Armseligkeiten ...«

Und Perken sagte, als er von Mayrena sprach:

»Ich glaube, das war jemand, den es lockte, seine Biographie zu spielen, gleichwie ein Mime das Spielen einer Rolle verlockend finden mag. Ihr Franzosen habt ja einen Sinn für solche Menschen, denen mehr daran gelegen ist, ihre Rolle gut darzustellen, als siegreich zu sein.«

»Jeder Abenteurer ist erwachsen aus einem Mythomanen«, sagte der Kapitän zu Claude. Aber Perken »legte keinen Wert darauf, seine ›Biographie in Szene zu setzen‹, seine eigenen Taten zu bewundern.«

Und als Perken den Unterschied zwischen sich selbst und Mayrena auszudrücken versucht, fügt er hinzu:

»Ich habe ernstlich das versucht, was Mayrena, der sich auf der Bühne eurer Theater glaubte, auch versuchen wollte. König zu sein ist etwas Idiotisches; verlockend jedoch könnte es sein, ein Königreich zu errichten.«

Einen großen Raum nimmt in diesen Reflexionen die Gestalt des Großvaters von Claude ein. Er hat, ohne sich für eine Sache einzusetzen, isoliert und unabhängig, in Verachtung aller gesellschaftlichen Konventionen gelebt und ist mit dreiundsiebzig Jahren »den Tod eines Wikingers« gestorben; Claude, der ihn sehr bewundert hat, glaubt in Perken eine ihm verwandte Persönlichkeit gefunden zu haben, aber Perken berichtigt:

»Mir scheint, daß Ihr Großvater weniger bedeutsam war, als Sie glauben, daß aber Sie selbst es in weit höherem Maße sind ...«

Mehrere Stellen sind einem anderen besonders signifikanten Problem, dem Problem des Selbstmords, gewidmet, das in den »Eroberern« im Zusammenhang mit dem Attentat Hongs auf Tscheng-Dai, das die Anhänger des Opfers als ideologischen Selbstmord getarnt hatten, schon gestreift worden war. Klein hatte damals seine Zweifel an der Glaubwürdigkeit dieses Selbstmordes »mit einer ganz unerklärlichen, kaum unterdrückten Heftigkeit« zum Ausdruck gebracht, da er nicht an die Möglichkeit eines ideologischen Selbstmords glaubte.

»Der Selbstmord interessiert mich nicht.«

»Weil ...«

»Wer sich tötet, läuft einem Bild nach, das er sich von sich selbst gemacht hat: man tötet sich immer nur, um zu existieren. Es gefällt mir nicht, daß man sich von Gott ›reinlegen‹ läßt.«

Wenn aber der Eroberer den Selbstmord niemals als Mittel des Kampfes betrachtet, so bleibt er doch als Möglichkeit, das

Zerrbild einer Existenz zu verhindern, in der Kampf und Aktion unmöglich wären, ein wirksames Element seines Bewußtseins. Der Selbstbetrug Grabots besteht eben darin, daß er als Eroberer leben und handeln wollte, im entscheidenden Moment aber den Mut zum Selbstmord nicht fand. Es sei nebenbei gesagt, daß seine Schwäche schon in der oben angeführten Stelle über seine besonders gearteten Beziehungen zur Erotik in Ansätzen angekündigt war. Besonders wichtig ist zu diesem Thema auch die folgende Stelle des Buches: Während der Umzingelung durch die Stiengs zieht Claude für sich und Perken in Betracht, bei mißlingendem Rückzug die letzten Kugeln zum Selbstmord zu benutzen.

»Er wies auf die Patronen im Magazin.

›Es bleiben immer noch zwei ...‹

›Uäh?!‹

Es war Grabot. Eine Stimme ohne Worte konnte also einen solchen Haß ausdrücken! Dieser Mann, der da bei ihnen war. Und das war nicht nur Haß, das war auch: Gewißheit. Wie benommen starrte Claude zu ihm hin: diese fahle Haut eines Kellermenschen, aber die Schultern eines Boxers ... Eine kraftstrotzende Ruine. Und er war *mehr* gewesen als nur mutig! Und dieser Mann faulte – wie die alten Tempel – unter dem Fluche Asiens ... Ein Mann, der absichtlich eines seiner Augen zerstört hatte; der sich ganz allein, ohne jeden Rückhalt, in solche Regionen gewagt hatte! ...

›Das Unglück kann niemals weiter reichen als der Lauf meines Revolvers ...‹, hatte er zu Perken gesagt. In dieser Sekunde umschlich Entsetzen ihn ebenso lauernd wie die feindlichen Mois.

›Großer Gott! Es kann doch nicht unmöglich sein ...‹

›Rindvieh!‹

Überzeugender als die Beleidigung, überzeugender sogar als die Stimme bestätigte es Grabots verwüsteter Kopf:

›Man kann nicht, wenn es unnütz ist; und wenn es notwendig ist, passiert es, daß man nicht mehr kann ...‹«

Verweilen wir zum Abschluß dieser Aufzählung von Belegen, die selbstverständlich um ein Beträchtliches zu erweitern wäre, kurz bei einigen Stellen des »Königsweges« über den Sinn des Lebens und bei der Lösung des Handlungsfadens, die in allen Punkten derjenigen der »Eroberer« analog ist.

Der Sinn des Lebens besteht für Garin und Perken im geschichtlichen Handeln als dem einzigen Mittel, die Drohung des Nichts, der Ohnmacht und vor allem des Todes zu überwinden. Zitieren wir – was diese Probleme in ihrer Gesamtheit betrifft – den Dialog mit Claude an Bord des Schiffes, der in einem Augenblick stattfindet, in dem Perken, müde geworden, entschlossen ist, die Aktion aufzugeben.

». . . Die Ankunft, was bedeutet sie im Grunde für Sie?«

»Handeln, anstatt zu träumen. Und für Sie?«

(. . .)

»Zeit verlieren.«

(. . .)

»Sie gehen wieder zu den wilden Stämmen?«

»Das wäre nicht das, was ich ›Zeit verlieren‹ nenne; im Gegenteil.«

(. . .)

»Im Gegenteil?«

»Dort oben habe ich alles gefunden.«

»Außer Geld, nicht wahr?«

Auf einer anderen Seite des Buches:

»›Ich bin es niemals gewesen, der die Wahl traf: es war das Widerstrebende . . .‹

›Wem widerstrebend?‹ . . .

›Dem Bewußtsein des Todes.‹

›Der wahre Tod – das ist der Zerfall . . . Alt werden – das ist sehr viel bedenklicher! Einverstanden sein, mit seinem Schicksal, seiner Funktion, mit der dem einmaligen Leben errichteten Hundehütte . . . Solange man jung ist, weiß man nicht, was ‚Tod' zu bedeuten hat . . .‹ Und plötzlich entdeckte Claude, was ihn mit diesem Mann verband, der ihn in seiner Nähe gelten ließ, ohne daß er bisher recht begriffen hätte, warum – die Besessenheit vom Tode.«

Und weiter:

»Getötet zu werden, verschwinden, bedeutete ihm wenig: er hing nicht sehr viel am eigenen Leben, und er hätte so seinen Kampf gefunden anstelle des Sieges. Aber lebendig die Sinnlosigkeit seiner Existenz hinnehmen wie Krebs, mit dieser Lauheit des Todes in der Hand leben . . . Was war dieses Bedürfnis nach Unbekanntem, diese provisorische Zerstörung der Beziehungen des Gefangenen zum Herrn, das die, die darum nicht wissen, Abenteuer nennen, anders als Verteidigung gegen ihn? . . .«

»Sich befreien von diesem Leben, das der Hoffnung und den Träumen ausgeliefert ist, diesem passiven Schiff entgehen.«

Der Abschluß des Romans ist in seiner Struktur dem der »Eroberer« homolog, und wir sehen in dieser Homologie einen Beweis für das, was Malraux dem Leser – explizit oder implizit – über die Relation zwischen Bewußtsein des Todes und Aktion in der Persönlichkeitsstruktur Garins und Perkens vermitteln will. Isoliert, allein im Angesicht des Todes, hatte Garin während der kurzen Zeit des Verhörs der beiden feindlichen Agenten, die versucht hatten, die Brunnen zu vergiften, den Tod vergessen und sich mit neuer Kraft der Aktion hingegeben, um sich nach dem Abschluß dieser Episode natürlich erneut in radikaler Einsamkeit zu finden. Der Grund für diese Episode scheint uns einleuchtend: Der Leser soll verstehen, in welchem Maße die Teilnahme an der Aktion, so kurz befristet und provisorisch sie sein mag, jedes Auf-sich-selbst-geworfen-Sein, jeden auf die eigene Krankheit, die Einsamkeit, den Tod gerichteten Gedanken ausschließt.

Ebenso stürzt sich Perken, im Bewußtsein seines nahen Todes und der Sinnlosigkeit jedes Versuches, in der Erotik Vergessen zu finden, erneut in die Aktion, als er erfährt, daß *seine* Stämme durch den Anmarsch der Regierungskolonne bedroht sind. Das Bewußtsein des Todes wird, obgleich er sich unheilbar krank weiß, dadurch jede Bedeutung und mithin jede Realität verlieren. Der Text sagt es ausdrücklich: Im Verlaufe des Gespräches mit Savan, dem Oberhaupt der wilden Stämme, der den Kampf aufschieben will, wendet sich Perken auf französisch an Claude:

»Aber bis dahin« sagte er auf französisch zu Claude, »bin ich *vielleicht* schon tot ...«

Ein ergreifender Ton – von neuem glaubte er an sein Leben ...

Und in einem anderen Moment, als die Gefahr besteht, daß ihnen der Weg abgeschnitten wird:

»Bisweilen habe ich den Eindruck, daß diese Geschichte ganz ohne Interesse ist«, sagte er zwischen den Zähnen wie zu sich selbst.

»Abgeschnitten zu werden?«

»Nein: der Tod.«

Aber die Krankheit verfolgt ihren Weg und der Tod kommt unausweichlich näher; Perken, den seine Schmerzen zwingen, sich dessen bewußt zu werden, versucht anfangs, die Krankheit mit der Aktion zu verbinden:

»Verdammtes Fieber ... Wenn es zu Ende geht, so möchte ich wenigstens ... Claude?«

»Ich höre, was du sagst.«

»... so müßte wenigstens mein Tod ihnen eine Verpflichtung auferlegen, frei zu bleiben.«

»Was kann dir das ausmachen?«

Perken hatte die Augen geschlossen: ... unmöglich, sich einem Lebenden verständlich zu machen.

Mit dem Fortschreiten der Krankheit aber verwischen sich in seinem Denken die Konturen der geplanten Aktion, um allein der Einsamkeit Platz zu machen. Perken wollte sein Land noch erreichen, um dort zu sterben, wo sein Dasein eine Bedeutung gefunden hatte, selbst wenn diese Bedeutung ihm jetzt fremd war.

»Er wußte, daß er *bei sich zu Hause* gesund werden würde, und zugleich, daß er sterben würde: daß über dem Bündel Hoffnungen, das er war, die Welt sich wieder schließen würde, durch die Eisenbahnlinie umschnürt wie durch einen Strick, und daß im ganzen Universum nichts je einen Ausgleich bieten werde für sein vergessenes Leid und für seine gegenwärtige Qual: ein Mensch zu sein, was noch absurder war, als ein Sterbender zu sein ...«

Er wird indessen in der Welt des Absurden und des Nichts sterben, in der alles ihn Umgebende, Claude und sein eigener Körper eingeschlossen, ihm fremd geworden ist.

»Neben ihm Claude, der weiterleben würde, der an das Leben glaubte, ebenso wie andere glauben, daß der sie folternde Henker ein Mensch sei: ein hassenswertes Wesen. Er, Perken, war allein. Allein mit dem Fieber, das ihn durchwühlte vom Kopf bis zum Knie, und mit diesem treuen Ding, das da auf seinem Schenkel lag: seiner Hand . . . Nichts würde seinem Leben je einen Sinn geben, nicht einmal dieses Hochgefühl, das ihn der Sonne als Beute hinwarf. Es gab Menschen auf der Erde und sie glaubten an ihre Leidenschaften, an ihre Schmerzen, an ihre Existenz (. . .) Und dennoch war kein Mensch jemals gestorben: sie waren vorübergezogen wie die Wolken, die sich in den Himmel aufgelöst hatten, wie der Wald, wie der Tempel; er allein würde sterben, abgerissen werden.

›. . . Es gibt keinen Tod . . . Es gibt nur . . . mich . . . (. . .) mich . . . der sterben wird . . .‹

Mit Haß dachte Claude an die Worte seiner Kindheit:

›Herr, steh' uns bei in unserer Todesnot . . .‹

Wie hätte er mit den Händen und den Augen – wenn nicht mit Worten – diese verzweifelte Brüderlichkeit ausdrücken sollen, die ihn herausschleuderte aus dem eigenen Selbst. Er packte ihn an den Schultern.

Perken sah hin auf diesen Zeugen – fremd wie ein Wesen aus einer anderen Welt.«

V.

Wir besitzen zu den »Eroberern« zwei Schriftstücke, die nicht nur der außergewöhnlichen Persönlichkeit ihrer Autoren, Trotzkis und Malraux', und der Probleme wegen, die sie aufwerfen, Probleme der revolutionären Strategie und der Relationen zwischen Politik und Literatur, von Interesse sind, sondern wahrscheinlich auch für die Entwicklung, die den Malraux der »Eroberer« und des »Königswegs« zum Roman »So lebt der Mensch« geführt hat. Daß diese Diskussion seine Entwicklung ausgelöst und zum Teil bestimmt hat, läßt sich aus der Tatsache entnehmen, daß der trotzkistischen Sicht im dritten Roman eine beträchtliche Stellung zukommt.

Trotzki, der die »Eroberer« erst zwei Jahre nach Erscheinen las, hat in ihnen vor allem ein mehr oder minder wichtiges *politisches Dokument* gesehen und an die NRF[15] einen Aufsatz geschickt, in dem er das Werk aus dieser Perspektive beurteilt. Man kann sich kaum einen vollkommeneren Mangel an Verständnis für die literarischen Aspekte des Werkes vorstellen. Nach der Feststellung, daß Garin der Wortführer Malraux' sei, behandelt Trotzki den Roman im ganzen Artikel als ein Buch, das »sich einen Roman nennt«. »In der Tat«, so betont er, »finden wir uns einer Romanchronik der chinesischen Revolution in ihrer ersten, Kantoner Periode gegenüber.« An anderer Stelle spricht er vom »Roman« Malraux', wobei er nicht vergißt, das Wort in Anführungszeichen zu setzen. All das macht deutlich, in welchem Maße Trotzki mit der eingeengten Sicht des politisch engagierten Menschen die eigentlich literarische Struktur des Werkes übersieht, das in Wirklichkeit ein Roman ohne Anführungszeichen, und dessen Held nicht die Revolution, sondern Garin ist.

Von da aus entwickelt Trotzki aus seiner Perspektive, die man übrigens kennt (es ist die des revolutionären Proletariats, das eine Offensivpolitik betreiben, alle Kompromisse mit dem Bür-

15 Nouvelle Revue Française (Anm. d. Übersetzers).

gertum ablehnen und sogar radikal bekämpfen muß), seine Kritik, in deren Zentrum Malraux' Beschreibung der chinesischen Revolution steht.

Die Situation in China scheint ihm der revolutionären Situation Rußlands im Oktober 1917 analog zu sein. Trotzki macht dabei Malraux unter anderem zum Vorwurf, daß er Borodin, der in Wirklichkeit nur ein Bürokrat der Komintern und weder an der Revolution von 1905 noch an der von 1917 beteiligt gewesen sei, als Revolutionär geschildert habe. (Wir erinnern daran, weil Borodin in dem späteren Roman »So lebt der Mensch« wirklich als Parteibürokrat erscheinen wird.)

Die wesentlich kürzere Antwort Malraux' besteht aus zwei Teilen und wird auf zwei verschiedenen Ebenen erteilt; im ersten Teil antwortet er Trotzki mit vollem Recht, daß sein Werk ein Roman und nicht eine Chronik der Revolution sei: ». . . dieses Buch ist nicht eine ›Romanchronik‹ der chinesischen Revolution, weil der Hauptakzent auf dem Verhältnis zwischen *den Individuen und einer Gruppenaktion*, nicht auf der Gruppenaktion allein, liegt.«

Malraux behandelt daher das getrennt, was in der Kritik Trotzkis »von den Bedingungen der Fiktion herkommt«, was der Notwendigkeit entspringt, ein ästhetisches Problem zu lösen, das Trotzki als solches nicht wahrgenommen hatte. Hierher gehört an erster Stelle die Gestalt Borodins, der – in der Perspektive Trotzkis möglicherweise ein Bürokrat – in der Sicht Garins und seiner Umgebung als Berufsrevolutionär erscheint. Kurz gesagt, »die Optik des Romans beherrscht den Roman«. Nachdem dies festgestellt ist, geht aber Malraux – da Trotzki den Gestalten »den Wert sozialer Symbole« zuerkennt – auch auf die »Diskussion des Wesentlichen«, d. h. der von Trotzki aufgeworfenen politischen Probleme, ein.

Dieser zweite Teil der Antwort enthält zuvor eine respektvolle, aber nichtsdestoweniger energische Verteidigung der Politik der Internationale. In der Tat vermag Trotzki die Situation in China und in der Welt nicht klar von der im Rußland von 1917 zu unterscheiden. Während die Offensivtaktik in der Situation der Stärke vollkommen gerechtfertigt war, fordert eine Situation der Schwäche im Gegenteil eine Defensivtaktik, wie sie die Kommunistische Internationale zu der Zeit anwandte, als die in den »Eroberern« beschriebenen Ereignisse abrollten. Hierzu möchten wir bemerken, daß Malraux nicht nur im ersten, die ästhetischen und literarischen Probleme betreffenden Teil gegenüber Trotzki, der das Wesentliche überging, vollkommen im Recht war, sondern zweifellos auch zum Teil, als er auf die politischen Probleme einging. Der große Unterschied zwischen der von Trotzki vertretenen und der von der Kommunistischen Internationale gewählten und diktierten politischen Linie bestand in Wirklichkeit in der Wahl zwischen Offensiv- bzw. Defensivpolitik, die einerseits einer optimistischen und andererseits einer pessimistischen Einschätzung der bestehenden Kräfteverhältnisse entsprang.

Aber Malraux beschreibt die Politik der Internationale, als ob es sich nur um eine Einschätzung der Situation in China und das Problem eines *vorübergehenden* Aufschubes mit der Absicht handle, in der Perspektive eines kommenden Angriffs Zeit zum Zusammenziehen der Kräfte zu gewinnen. In Wirklichkeit aber lag der Grund für den Gegensatz zwischen dem Trotzkismus und der Politik der Internationale, die in der darauffolgenden Zeit die stalinistische Politik vertrat, wesentlich tiefer und hatte einen internationalen Charakter. Die von den beiden entgegengesetzten Gruppen benützten Bezeichnungen für ihre Politik bringen die Differenz hinreichend deutlich zum Ausdruck. Beide Richtungen hatten den Gegensatz von Angriff und Verteidigung als ein zweifellos wichtiges Moment erfaßt, ihn aber von einem viel tiefer liegenden Gegensatz hergeleitet: dem Gegensatz zwischen der Strategie der »permanenten Revolution« und derjenigen des »Sozialismus in einem Lande«.

Trotzki wußte, daß das bestehende Kräfteverhältnis für eine Revolution nicht immer günstig war, war aber der Ansicht, daß man die sozialistische Gesellschaftsordnung in einem rückständigen Land wie Rußland nicht aufbauen konnte, ohne von einer siegreichen internationalen revolutionären Bewegung gestützt zu sein, und sah in der politischen Konzeption, die er vertrat, die einzige Chance für eine siegreiche Revolution und dadurch für die Möglichkeit einer sozialistischen Entwicklung der UdSSR.

Die Führung der Internationale dagegen ging von der Ansicht aus, daß das Wesentliche in der Erhaltung der schon bestehenden sowjetischen Bastion bestand, und daß – angesichts des durch die Stabilisierung des Kapitalismus (man sprach damals von der »relativen Stabilisierung« des Kapitalismus) entstandenen ungünstigen Kräfteverhältnisses – jede revolutionäre Bewegung, wenn sie sich nicht auf einen bedeutenden Teil der Welt ausdehnte und siegreich wäre, die Gefahr einer internationalen antisowjetischen Koalition heraufbeschwöre und die Existenz der Sowjetunion selbst aufs Spiel setze.

Von dieser Analyse aus hat man die verschiedenen Etappen der Verteidigungspolitik von der Stalin-Bucharinschen Periode, während deren man noch am Bündnis mit den demokratischen und pseudodemokratischen Kräften (in China mit der Kuomintang und mit Tschang Kai-Tschek) festhielt, bis hin zur rein defensiven, ausschließlichen Verteidigungspolitik der stalinistischen Periode zu verstehen, die zum Nichtangriffspakt mit Hitler-Deutschland im Jahre 1939 führte und sich des Apparates der Internationale und der Kommunistischen Parteien gegen jede Gefahr der Entwicklung und Vertiefung der revolutionären Bewegung in den verschiedenen Ländern bediente.

Wir haben diese Probleme hier erwähnt, weil sie uns für das Verständnis des folgenden Romans von Malraux, »So lebt der Mensch«, dem wir uns jetzt zuwenden, von äußerster Bedeutung zu sein scheinen. Gegenstand dieses Romans ist in der Tat die chinesische Revolution und – innerhalb dieser – der Konflikt zwischen der Gruppe der Revolutionäre von Schanghai einerseits und andererseits der Leitung der Partei und der Internationale, die ihnen vorschreiben, Tschang Kai-Tschek keinen Widerstand zu leisten, der Gegensatz also zwischen den beiden durch diese Kräfte verkörperten Werten: dem trotzkisierenden Wert der unmittelbaren »revolutionären Gemeinschaft« und dem stalinistischen Wert der »Disziplin«[16].

16 »Trotzkisierend« und »stalinistisch« soll hier nicht im absoluten Sinne verstanden sein; denn Trotzki hat den Wert der Disziplin ebensowenig bestritten wie die Stalinisten den der revolutionären Gemeinschaft; jede dieser beiden Richtungen aber hat aus politischen Gründen, die wir angedeutet haben, die Priorität des einen dieser Werte vor dem anderen behauptet.
Malraux ergreift im Roman »So lebt der Mensch« nicht Partei, sondern begnügt sich damit, auf die Argumente, die für den einen oder anderen dieser Werte sprechen,

Dieser dritte Roman Malraux', der nach den »Eroberern« und dem »Königsweg« erschien, fand ein ungewöhnlich großes Echo und machte Malraux zu einem weltberühmten Schriftsteller. Die Welt dieses Romans weicht, obgleich das Buch noch zu den sogenannten Übergangsromanen (zwischen dem Roman mit problematischem Helden und dem Roman ohne handelnde Gestalt) zählt und seine Handlung wie diejenige der »Eroberer« sich in der chinesischen Revolution abspielt, vollständig von der Welt der beiden vorangegangenen Romane ab.

Ist der Autor durch seine Diskussion mit Trotzki beeinflußt worden? Es ist selbstverständlich unmöglich, eindeutig auf diese Frage zu antworten. Es ist aber auf jeden Fall deutlich, daß das Werk in gewissen Aspekten, aber auch nur *in gewissen Aspekten,* der trotzkistischen Perspektive nahesteht. Aber so viel Platz auch die »Chronik der Revolution« in diesem Werk einnimmt (und sie nimmt in »So lebt der Mensch« einen viel größeren Raum als in den »Eroberern« ein), so bleibt sie doch letzten Endes für eine strukturalistische oder einfach literarische Analyse sekundär. Das eigentlich Neue dieses Buches liegt in der Tatsache, daß die Welt von »So lebt der Mensch« im Vergleich zu der des »Königswegs« und der »Eroberer«, die um das Problem der individuellen Realisierung des Helden kreist, von gänzlich verschiedenen Gesetzen und vor allem von einem ganz anderen Wert, dem der *revolutionären Gemeinschaft*, beherrscht ist.

Kommen wir sogleich zum Wesentlichen: Als Roman im strengen Sinne des Wortes hat »So lebt der Mensch« einen problematischen Helden; aber dieser Held ist kein Individuum mehr, sondern eine *problematische Kollektivgestalt:* die Gemeinschaft der Revolutionäre von Schanghai, die in der Erzählung in erster Linie durch drei Einzelgestalten, Kyo, Katov und May, aber auch durch Hemmelrich und durch all die ano-

und auf die Konsequenzen ihrer jeweiligen Vorherrschaft hinzuweisen, wobei aber seine Sympathie sichtlich den Revolutionären von Schanghai gilt. Im Roman »Die Hoffnung« hingegen ist – obwohl in Wirklichkeit die Probleme, die in Spanien auftraten, denen des revolutionären China verwandt waren – der Konflikt zwischen der Disziplin und dem Willen, die Revolution voranzutreiben, verschwunden, und das Werk ist von dem ausschließlichen Wert der Disziplin beherrscht, der hier als rein militärisches und nicht politisches Problem behandelt wird.

nymen Kämpfer, von denen wir sie umgeben wissen, vertreten wird[17].

Wir sprachen vom kollektiven und problematischen Helden, der den Roman »So lebt der Mensch« zu einem echten Roman macht. Für die Revolutionäre von Schanghai resultiert die Problematik ihrer Situation daraus, daß sie sich gleichzeitig an zwei wesentliche und in der Romanwelt kontradiktorische Forderungen gebunden fühlen: an die Forderung, die Revolution zu vertiefen und voranzutreiben, und an die Forderung der Disziplin gegenüber der Partei und der Internationale.

Nun sind aber Partei und Internationale mit ihrer Defensivpolitik strikte Gegner einer jeden revolutionären Aktion in der Stadt, ziehen die ihnen treugebliebenen Truppen zurück und

17 Es scheint uns allerdings wichtig, daß beim Übergang vom Individuum zur Gemeinschaft der problematische Charakter des Romanhelden sich bis zu einem gewissen Grade wandelt; die persönlichen Probleme von Kyo, May und Katov finden in »So lebt der Mensch« ihre Lösung, und ihr Leben ist gänzlich sinnvoll; dagegen ist das Handeln der ganzen Gruppe problematisch, da diese an die sich widersprechenden Werte der unmittelbaren revolutionären Aktion, welche die Gemeinschaft schafft, und der Parteidisziplin innerhalb der Internationale gebunden ist, ein Widerspruch, der das klare und begriffliche Bewußtwerden dieser Einstellung verhindert.
Hieraus resultiert eine wichtige Änderung in der Lösung der Romanhandlung: Der Roman »So lebt der Mensch« weist in der Tat keine ›Umkehr‹, kein Bewußtwerden des provisorischen oder problematischen Charakters der früheren Suche auf. Die Lösung besteht hier in einer maximalen Intensivierung der Situation, die den ganzen Handlungsfaden kennzeichnet: die Apotheose der Einzelgestalt und das totale Scheitern der äußeren Aktion der Gruppe zumindest auf absehbare Zeit (die Zukunft, die sich auf den letzten Seiten abzeichnet, ist – wie wir zeigen werden – nicht nur eine Beigabe; sie entspricht auch der Zukunft einer anderen Gemeinschaft als der Gruppe der Revolutionäre von Schanghai).
Eine weitere Präzisierung der Romanstruktur hat sich bei der Diskussion dieses Textes mit unseren Mitarbeitern in Brüssel als notwendig erwiesen.
Wenn in der Struktur des Romans »So lebt der Mensch« die Gruppe der Revolutionäre von Schanghai den Helden verkörpert, so wird die Welt nicht nur durch Tschang Kai-Tschek, Ferral und die explizit und bewußt konterrevolutionären Kräfte, sondern auch durch die kommunistische Führung in Han-Keou gebildet, die – subjektiv revolutionär eingestellt – in der begrenzten Zeit, die die Romanhandlung einnimmt, objektiv den Untergang der Revolutionäre von Schanghai und den Sieg Tschang Kai-Tscheks begünstigt.
Die Verbindung nun, die zwischen der Gruppe von Schanghai und der Parteiführung von Han-Keou als kommunistischen Gruppen besteht, die sich gegen die kapitalistische Unterdrückung erheben, gibt genau die von Lukács so gut beschriebene dialektische Beziehung zwischen dem Helden und der Welt wieder, die die Romanstruktur ermöglicht.

fordern die Auslieferung der Waffen an Tschang Kai-Tschek, obgleich dieser offensichtlich ein Massaker unter den kommunistischen Führern und Kämpfern vorbereitet[18].

Unter diesen Bedingungen gehen die revolutionären Kämpfer von Schanghai unausweichlich der Niederlage und dem Blutbad entgegen.

Man sieht, weshalb das Buch, sofern es unter anderem auch eine »Chronik der Revolution« ist, in seiner Perspektive dem oppositionellen Denken nahesteht. Da es aus der Sicht von Kyo, May, Katov und ihren Kameraden geschrieben ist, setzt es implizit den Akzent auf die Tatsache, daß ihr Kampf durch die Parteileitung sabotiert wird, und daß diese Parteileitung die Verantwortung für die Niederlage, das Blutbad und die Folterung der Revolutionäre trägt[19].

Der Wert, der die Welt des Romans »So lebt der Mensch« regiert, ist der Wert der *Gemeinschaft*, die in diesem Werk nur als *Gemeinschaft des revolutionären Kampfes* bestehen kann.

Die Welt, in der die Handlung abläuft, ist die gleiche wie die Welt der »Eroberer«, und auch die Gestalten sind deshalb – mit geringen Änderungen – notwendig die gleichen, wenn sie auch aus einer ganz anderen Perspektive gesehen sind. Um sie besser erhellen zu können, ist es daher nicht ohne Nutzen, sie in der Weise zu analysieren, daß sie nacheinander zur jeweils entsprechenden Gestalt des vorangegangenen Romans in Beziehung gebracht werden.

Selbstverständlich werden wir mit der Hauptgestalt, der Gruppe der Revolutionäre, beginnen. Sie war in den »Eroberern« durch Borodin vertreten[20]. Hier besteht ein sichtbarer, auffallender

18 Angesichts des Widerstandes der Kämpfer von Schanghai wird die Partei ihnen lediglich erlauben, die noch nicht ausgelieferten Waffen zu vergraben.

19 Es muß indes betont werden, daß Malraux der Position Trotzkis und der Opposition, die vom »Verrat« der Bürokratie sprachen, auf der Ebene seiner bewußten politischen Konzeption nicht folgt, da er in der Einstellung der Internationale eine – wie es diese übrigens explizit behauptete – vorübergehende Taktik sah, über deren richtigen oder irrigen Charakter er die Diskussion offenließ. Der letzte Teil des Romans verteidigt die offizielle Perspektive des »Sozialismus in einem Lande« und spricht davon, daß der Aufbau der Sowjetunion und der weitere Kampf der kommunistischen Partei den Kampf der Aktivsten von Schanghai in sich integrieren und auf höherer Ebene fortsetzen wird.

20 Borodin tritt in »So lebt der Mensch« wieder in Erscheinung, aber es handelt sich

Unterschied, der aber durch die unterschiedliche Perspektive gerechtfertigt ist.

Für den Individualisten Garin ist auch der Revolutionär nur ein Individuum. Es ist nun aber die Besonderheit des Revolutionärs, dem Proletariat und der die Revolution leitenden Organisation nicht nur eng verbunden zu sein, sondern sich mit diesem Proletariat und dieser Revolution zu identifizieren. Und genau diese Besonderheit verwandelt, wenn sie von innen und nicht von außen gesehen wird, die Individuen in eine Gemeinschaft.

Deshalb erzählt der Roman nicht allein die Geschichte der Aktion von Kyo, May, Katov und ihren Kameraden, die Geschichte ihrer Niederlage und ihres Todes, sondern auch die Geschichte ihrer eng mit dieser Aktion verknüpften Gemeinschaft, die eine psychische, lebendige und dynamische Realität ist.

Neben ihnen begegnen wir, wenn wir die episodischen Gestalten außer Betracht lassen, vier Personen, die in keine Gemeinschaft eingefügt sind und mehr oder minder isolierte Individuen bleiben: ein Verbündeter, der Terrorist Tschen, ein Feind, Ferral, und zwei Zwischengestalten, Clappique und Gisors.

Wir haben von dem chinesischen Terroristen Tschen als »einem Verbündeten« gesprochen, während Hong in den »Eroberern« trotz allem ein *Feind* blieb, den Garin – trotz all seiner Sympathie und seines Verständnisses für ihn – ausschalten mußte und hinrichten ließ. Der Unterschied ergibt sich aus der Tatsache, daß Tschen keinesfalls eine Hong homologe Figur ist, sondern als eine Mischung dieser letzten Gestalt und der Gestalt Garins zu betrachten ist; die Garin verwandten und für seine Persönlichkeit konstitutiven Elemente sind in Tschens Persönlichkeitsstruktur dominant, was übrigens im gleichen Unterschied der Perspektive Erklärung und Rechtfertigung findet. In Garins Augen besteht zwischen ihm selbst und Hong natürlich ein beträchtlicher Unterschied. Die Einstellung Hongs ist

hier um eine von der früheren ganz verschiedene Gestalt. Borodin ist jetzt einer der Leiter der Kommunistischen Internationale, der Bürokrat, als welchen ihn Trotzki gesehen hatte, und hat mit dem an die Revolution gebundenen Kämpfer der »Eroberer« nur noch den Namen gemein; dem Borodin der »Eroberer« entsprechen – wie wir gerade sagten – die revolutionären Kämpfer von Schanghai.

in der Tat abstrakt, jeder Sorge um Wirksamkeit fremd, während Garin den – schwankenden und provisorischen – Sinn seiner Existenz nur in einer revolutionären Aktion finden kann, *die der Wirksamkeit des Kampfes völlig untergeordnet ist.*

In Borodins Sicht indessen (oder in derjenigen der revolutionären Gemeinschaft) verliert diese Verschiedenheit stark an Bedeutung; Hong und Garin sind von hier aus gesehen insofern ähnlich, als beide Individuen sind, die – obwohl erklärte und aktive Feinde des Bürgertums – sich nicht mit der Revolution identifizieren.

Auf seiten der Gegner der Revolution tritt im Roman nur eine einzige Gestalt wirklich in Erscheinung: Ferral, der als Leiter eines Industriekonsortiums an der Änderung der Bündnisverhältnisse Tschang Kai-Tscheks beteiligt ist und diesem zum Einvernehmen mit der Bourgeoisie von Schanghai verhilft. Er ist eine Gestalt vom Typus des *Eroberers,* wenngleich viel oberflächlicher als Garin und Perken; denn er hat sich anstelle einer Bindung an die Revolution auf die Seite der falschen Werte geschlagen, die im Roman das Böse und die Lüge verkörpern. Er verkörpert letztlich eine Gefahr, der dieser Menschentypus strukturell ausgesetzt ist, die Gefahr, die Nikolaev in den »Eroberern« im Gespräch mit dem Erzähler beim Namen nannte; Garin hätte »Mussolinianer« werden können.

Schließlich nehmen im Roman zwei zwischen den Revolutionären und der Reaktion stehende Gestalten einen recht wichtigen Platz ein; es sind dies Gisors, der Vater Kyos, und Clappique.

Clappique ist uns seit langem bekannt, war aber in den zwei vorangegangenen Romanen Malraux' nicht in Erscheinung getreten; er ist die Personifizierung der Luftballons und der Todsünden der »Monde aus Papier«, der Mensch, der in der Einbildung lebt, der nichtkonformistische Künstler, der Hanswurst.

Wir wollen betonen, daß Malraux zum Zeitpunkt der Konzipierung von »So lebt der Mensch« weit mehr Sympathie für diese Gestalt empfand als einst in der Epoche der »Monde aus Papier«. Auch hierfür gibt es übrigens eine Erklärung: Es war die Absicht der »Monde aus Papier«, diejenigen zu entlarven, die vorgaben, die einzig wahren Revolutionäre in einer Welt zu sein, in der für eine gültige Hoffnung kein Platz war; Clappique ist dagegen jetzt zwischen den Revolutionären auf der einen und Tschang Kai-Tschek oder Ferral auf der anderen Seite mehr oder minder als ein Außenseiter gesehen.

Dabei muß dem Schriftsteller zugute gehalten werden, daß er trotz seiner Sympathie für Clappique schonungslos die Tatsache aufdeckt, daß seine von der Realität abgewandte Einstellung für die Revolutionäre, die einen Kampf um authentische Werte führen, ebenso nützlich wie unheilvoll und sogar fatal sein kann. Gisors schließlich verkörpert die alte chinesische Kultur; jede Gewaltanwendung – seitens der Reaktion oder der Revolutionäre – muß ihn letzten Endes befremden. Er entspricht trotz aller sich aus der veränderten Situation ergebenden Unterschiede der Gestalt Tscheng-Dais in den »Eroberern«.

Diese Zuordnung ist aber ebenso komplex und vermittelt, wie bei den anderen Gestalten. Tscheng-Dai widersetzte sich der revolutionären Gewalt aus Prinzip; Gisors fühlt sich im Gegenteil nicht direkt, aus politischen Gründen, sondern aus Gründen der Anhänglichkeit an seinen Sohn[21], der sich ihr mit ganzem Herzen verschrieben hat, an die Revolution gebunden.

Wir sind der Auffassung, daß in beiden Gestalten zwei sich ergänzende Aspekte des alten China angedeutet sind und daß es nicht unmöglich wäre, sich Gisors in den »Eroberern« und Tscheng-Dai in »So lebt der Mensch« vorzustellen.

Die von Malraux gewählte Lösung ist nichtsdestoweniger strukturell bedingt und gerechtfertigt: »Die Eroberer« erzählen den Sieg der Revolution, »So lebt der Mensch« ihre Niederlage; und es gehört zum Wesen Gisors' und Tscheng-Dais, sich der triumphierenden Gewalt zu widersetzen und sich – auf zweifellos wenig wirksame Weise – auf die Seite der Besiegten zu stellen.

Die Fabel des Romans ist zwar ergreifend und tragisch, aber wenig verwickelt und verzweigt:

Angesichts des Anrückens der Kuomintang (der noch sowohl Tschang Kai-Tschek als auch die chinesische KP angehören) bereitet die Geheimorganisation der Kommunisten von Schanghai mit Unterstützung der Gewerkschaften einen Aufstand vor, der

21 Erinnern wir uns daran, daß Tscheng-Dai in den »Eroberern« auch von den Söhnen seiner *Freunde* spricht, deren Eintritt in die Kadettenschule er veranlaßt hatte.

zugleich den Sieg der anstürmenden Truppen erleichtern und ihr die Leitung der Bewegung *nach* dem Sieg sichern soll. In Wirklichkeit hat sich der Konflikt zwischen Tschang Kai-Tschek und den Kommunisten in gleichem Maße zugespitzt, wie der Sieg der Kuomintang näherrückte. Einst Verbündete im Kampf gegen den gemeinsamen Feind, stehen sie jetzt vor der Frage der sozialen und politischen Struktur des neuen China, welche durch die Niederlage des Feindes in den Vordergrund rückt.

Ein bedeutender Teil der Aktivisten, die das Fundament der chinesischen kommunistischen Partei ausmachen, und unter ihnen die Revolutionäre von Schanghai, organisieren die Bauern und die Gewerkschaften, indem sie jenen die Agrarreform und diesen die Machtergreifung in den Städten versprechen. Um ihnen Widerstand zu leisten und die Oberhand über die Kuomintang zu behalten, bereitet Tschang Kai-Tschek ein Bündnis mit seinen ehemaligen Feinden, den Bruch mit den Kommunisten und ein Blutbad unter deren Mitgliedern vor. Die Führung der Internationale und die chinesische kommunistische Partei beschließen – da sie sich für zu schwach halten, um den Kampf siegreich auszutragen, und in der Hoffnung, Tschang Kai-Tschek durch diese zurückhaltende Politik davon zu überzeugen, daß eine Repression unnötig sei und seine frühere Politik aufrechterhalten oder wenigstens eine Änderung der bestehenden Bündnisverhältnisse aufgeschoben werden könne –, jede revolutionäre Aktion zu untersagen und Tschang Kai-Tschek freie Hand zu lassen.

Die Kämpfer von Schanghai jedoch, die alle Vorbereitungen zum Kampf getroffen haben, sind mit Recht vom Gegenteil überzeugt. Sie können aber aus materiellen und ideologischen Gründen nicht isoliert oder in Opposition zur Partei handeln. Es bleibt ihnen kein anderer Ausweg, als sich besiegen und hinschlachten zu lassen. Der Roman erzählt von ihrer Aktion am Vorabend des Einmarsches der Kuomintang in Schanghai, ihrer Reaktion auf die Beschlüsse der Parteileitung, ihrer Niederlage nach dem Machtantritt Tschang Kai-Tscheks und schließlich von den durch Tschang Kai-Tschek veranlaßten Folterungen und Ermordungen der Kommunisten, in denen unter vielen anderen auch zwei der drei Hauptgestalten des Romans, Kyo und Katov, den Tod finden.

Das Werk beginnt mit einer berühmten Episode: dem Mord an einem Waffenhändler, oder, genauer gesagt: einem Unterhändler, den Tschen begeht, um in den Besitz des Dokuments zu gelangen, das es den Revolutionären ermöglichen soll, sich einer bestimmten Anzahl von Pistolen zu bemächtigen.

Die Stelle dieses Mordes in der Gesamtstruktur des Romans weist von vornherein auf den Unterschied zwischen Tschen und Hong hin: Psychologisch ist dieser Mord ein Terrorakt, der Tschen seine persönlichen Probleme bewußt machen wird; objektiv ist er eine durch die revolutionäre *Organisation* angeordnete Tat, die sich in eine organisierte Aktion einfügt. Ein Absatz des Buches weist zugleich auf die Bedeutung dieses Attentats für den gemeinsamen Kampf und auf die besondere Bedeutung hin, die es für Tschen erhält.

> »Der Aufstand, der Schanghai in die Hände der revolutionären Truppen bringen sollte, verfügte nicht einmal über zweihundert Gewehre. Wenn die dreihundert Revolver, über deren Verkauf dieser – der soeben getötete Mittelsmann – heute mit der Regierung verhandelt hatte, in den Besitz der Aufständischen gelangten, so verdoppelten sich die Aussichten der Rebellion (deren erster Akt die Entwaffnung der Polizei und die Bewaffnung der eigenen Truppen sein mußte). Aber seit zehn Minuten hatte Tschen nicht ein einziges Mal darüber nachgedacht.«

Nach vollführter Tat muß Tschen, um hinabzugelangen, ein Hotel passieren, in dem das Leben seinen gewohnten Lauf nimmt. Die Episode gibt einer bemerkenswerten Schilderung des Gegensatzes zwischen zwei Welten von unterschiedlicher Qualität Raum: es sind dies die Welt der revolutionären Aktion und die des täglichen Lebens, das den Ideen und der Politik gegenüber indifferent ist. Diese Gegenüberstellung dient in »So lebt der Mensch« dazu, die Art zu schildern, in der sich Tschen des Unterschieds zwischen der Welt der terroristischen Aktion, zu der er gehört, und der des »Lebens der Menschen, die nicht töten«, bewußt wird. Einige Jahre später wird Malraux sich in den »Nußbäumen von Altenburg« einer analogen Schilderung bedienen, um eine Entdeckung Viktor Bergers zu beschreiben, die er in Marseille in dem Augenblick macht, da er den Kampf für den *Turanismus* (das Wort muß u. E. selbstverständlich als »Kommunismus« gelesen werden) aufgibt: die Entdeckung der Existenz einer Welt des täglichen Lebens, das den Ideen und der Tat gegenüber gleichgültig ist, und in die er sich trotz gewisser jetzt günstiger Voraussetzungen nicht einfügen kann. Tschen, der im Fahrstuhl einem »etwas angetrunkenen Birmanen oder Siamesen« begegnet, der ihm sagt, daß »das rote Dancing-Girl ... verdammt aufregend« ist, hätte ihn – wie Malraux andeutet – »durch eine Ohrfeige zum Schweigen bringen, gleichzeitig aber inbrünstig umarmen mögen, weil er ein lebendiges Wesen war«. Während wir aber in den »Nußbäumen von Altenburg« allein dem Gegensatz zwischen den beiden Welten der Aktion und des täglichen Lebens begegnen, ist der gegenüber der Politik indifferenten Welt des täglichen Lebens und der isolierenden Welt der terroristischen Aktion in »So lebt der Mensch« eine dritte beigegeben und entgegengesetzt, deren Entwicklung zum eigentlichen Gegenstand des Romans wird: die Welt der revolutionären Gemeinschaft, der zum Teil die Aktion Tschens angehört, und deren Funktion und Ziel eben darin besteht, die anderen beiden Welten in sich zu integrieren. Nach dem Mord an dem Mittelsmann und dem Gang durch das Hotel, das voll ist von gleichgültigen Vergnügungssüchtigen, findet Tschen seine Genossen wieder:

»Durch die Anwesenheit dieser Kameraden wurde Tschen ganz leise aus seiner schrecklichen Einsamkeit befreit – so wie eine Pflanze vorsichtig aus dem Erdboden gezogen wird, an den ihre feinsten Wurzelfasern sich noch klammern. Und wie er ihnen allmählich näher kam, war es ihm, als ob er sie eigentlich erst entdecke – wie er seine Schwester ›entdeckt‹ hatte, damals, als er zum ersten Mal aus einem Freudenhaus heimgekommen war.«

Wir haben gesagt, daß Tschen viel mehr der Gestalt Garins als der Hongs entspricht und daß er letzten Endes eine Synthese aus beiden darstellt. Sein erster Mord wird – wie bei Hong – ein Rausch, eine entscheidende Wende in seinem Leben sein. Er findet jedoch wie Garin nach dem Attentat wieder zur Organisation der aktiven Revolutionäre, zu der Hong niemals zurückgekehrt ist, und wird im Verlauf des Romans niemals in Widerspruch zu ihr handeln. Wie Garin fügt er sich in den kollektiven Kampf ein, identifiziert sich aber niemals mit ihm[22].

Tschen, der nach dem Attentat die Gemeinschaft der Revolutionäre wiederfindet, begegnet in ihrer Mitte unter anderen Kameraden zwei Männern, die – nicht als Einzelgestalten, sondern als Repräsentanten der revolutionären Gemeinschaft – im Brennpunkt des Romans stehen: Katov und Kyo.

Das für beide Gestalten entscheidende Charakteristikum ist ihr ausschließlicher Einsatz für die Aktion. Katov erscheint in

22 Er sagt übrigens im Laufe eines Gespräches, das er danach mit dem alten Gisors, seinem geistigen Vater hat, selbst: »Ich bin unendlich allein.«

Gisors war bestürzt (. . .) Was er . . . nicht verstand, war, daß Tschen, der – da er ja Kyo inzwischen gesehen hatte – im Laufe der Nacht zweifellos mit seinen Genossen zusammengetroffen war, innerlich so weit entfernt von ihnen zu sein schien.

»Aber die anderen?« fragte er (. . .)

»Sie wissen nicht . . .«

»Daß du es bist?«

»Doch, das wissen sie; aber das ist bedeutungslos (. . .) . . . daß es das erste Mal ist. (. . .) Sie haben nie jemanden getötet, nicht wahr?«

Dieses Gespräch hebt noch einen anderen, Garin verwandten Zug hervor. Die erste Frau, mit der er geschlafen hat, war eine Prostituierte (Kyo sagt an einer anderen Stelle, daß Tschen »Grauen vor der Liebe« habe). Die Beziehungen zu den Prostituierten, mit denen er schläft, sind ihrem Wesen nach eine Synthese aus Herrschen und Solidarität:

»Was hast du nachher empfunden?« fragte Gisors. (. . .)

»Stolz.«

»Ein Mann zu sein?«

»Keine Frau zu sein.«

Seine Stimme drückte keine Bitterkeit mehr aus, sondern eine vielfältige Verachtung.

»Ich vermute, daß Sie darauf hinauswollen«, fuhr er dann fort, »daß ich mich . . . abgesondert hätte fühlen müssen? (. . .) . . . Ja. Schrecklich. Und Sie haben recht, von Frauen zu sprechen. Vielleicht verachtet man den sehr, den man tötet. Immerhin jedoch weniger, als man die anderen verachtet.« (. . .)

»Als die, die nicht töten?«

»Als die, die nicht töten: die Unschuldigen.«

Tschen ist — in weit höherem Maße als Chinese — wie Garin vor allem Intellektueller, ein Mensch, dessen Leben durch eine Idee strukturiert ist.

»Ich bin Chinese«, antwortete Tschen mit Bitterkeit.

›Nein‹, dachte Gisors; abgesehen vom Sexuellen, vielleicht, war Tschen kein Chinese. Die Emigranten aller Länder, von denen Schanghai wimmelte, hatten Gisors gezeigt, wie vielfältig die Weise sein kann, in der ein Mensch sich von seiner Nation trennt. Aber Tschen gehörte China nicht einmal mehr durch die Art an, in der er sich von ihm gelöst hatte: eine absolute, beinahe unmenschliche Freiheit hatte ihn bedingungslos in das Reich der Ideen entlassen.

dem Werk – im Kampf, im Augenblick seiner Verhaftung und schließlich zur Zeit seiner Exekution – allein als der »Aktivist«. Kyo dagegen wird gleicherweise in seinem privaten Leben, seinen Beziehungen zu May beleuchtet; aber es handelt sich nicht um die bloße Hinzufügung eines neuen und abgetrennten Bereiches, denn May und Kyo werden durch die organische Synthese ihres öffentlichen und ihres privaten Lebens oder – um einen Ausdruck von Lukács zu gebrauchen – die Synthese von Individuum und Citoyen, charakterisiert; und gerade weil eine solche Synthese im wirklichen, alltäglichen Leben äußerst selten ist (sie war auch in den früheren Romanen Malraux' nicht gegeben), ist es wichtig, den Grad des vollkommenen Engagements für die Aktion im Denken und Bewußtsein Kyos zu unterstreichen. Daher wird Malraux vielfach darauf zurückkommen, daß jede Reflexion Kyos organisch durch den unmittelbar bevorstehenden Kampf strukturiert und bestimmt ist.

Kyo trifft nach dem Beschluß, sich des Schiffes zu bemächtigen, um in den Besitz der Waffen zu gelangen, im chinesischen Viertel ein:

»Ein gutes Viertel, dachte Kyo. Seit der Zeit, wo er (es war etwas mehr als ein Monat) von Komitee zu Komitee den Aufstand vorbereitete, hatte er aufgehört, die Straßen zu sehen: er ging nicht mehr durch den Schmutz der Gassen, sondern über einen Plan (...) Am Ausgang eines Gäßchens grub sich sein Blick in die Tiefe der Lichter einer großen, breiten Straße. Verschleiert von dem strömenden Regen, hinterließ sie in seinem Geist eine horizontale Perspektive; denn man würde sich beim Angriff Gewehren und Maschinengewehren gegenübersehen, die horizontal schießen ...«

Nach dem Gang durch das chinesische Viertel erreicht er die Konzession:

»Zwei anamitische Tirailleure und ein Sergeant der Kolonialarmee prüften seine Papiere: er hatte seinen französischen Paß bei sich. Um den Posten in Versuchung zu führen, hatte ein chinesischer Kaufmann kleine Pasteten auf die Spitzen des Stacheldrahtes gespießt. (Ein praktisches System, um gelegentlich einen Posten zu vergiften! dachte Kyo.)«

Er sucht in der Konzession nach Clappique. Dieser lebt – wie gesagt – nicht in der Wirklichkeit, sondern im Imaginären, was unter anderem in der Beschreibung seines Äußeren Ausdruck findet:

»Wie auch immer der Baron de Clappique gekleidet sein mochte – in dieser Nacht trug er einen Smoking –: er sah stets *verkleidet* aus.«

Kyo findet ihn damit beschäftigt, vor zwei Tänzerinnen eine Fiktion vom Einmarsch Tschang Kai-Tscheks zu entwerfen. Wie sieht er sich selbst in diesem Bild?

»Und Sie – was werden Sie bei alledem tun?«

Jammernd, schluchzend:

»Das ahnen Sie nicht, liebe Freundin?! Ich werde Sterndeuter bei Hofe werden, und ich werde sterben beim Pflücken des Mondes in einem Teich – eines Abends, wenn ich betrunken bin: vielleicht heute abend.«

Wir werden später auf zwei andere Gestalten zurückkommen, deren Charakterisierung noch aussteht: Gisors und Ferral.

Der Roman »So lebt der Mensch« ist im Vergleich zu den früheren Romanen Malraux' in erster Linie durch das Fehlen eines Elementes bestimmt, das dort von größter Wichtigkeit und für Garin, Perken und selbst Borodin das eigentliche Charakteristikum war: die Krankheit. Selbstverständlich tritt diese auch in »So lebt der Mensch« in Erscheinung, aber nur, sofern das Werk *auch* den Aspekt einer Gesellschaftschronik aufweist; es ist darin die Rede von der Krankheit der Kinder aus dem Volke, den Folgen des mißlungenen Selbstmordversuches einer jungen Frau, die sterben wollte, um der Ehe mit einem reichen Alten zu entgehen etc. Die Helden jedoch, die Aktivisten der Revolution, können hingeschlachtet und gemartert werden; sie bleiben trotzdem in ihrem Wesen gesund. Ja, es gelingt ihnen, durch ihre Existenz den Gipfel des menschlichen Seins und damit auch ein Höchstmaß an Kraft zu erreichen. Ist von Krankheit die Rede, so wird nicht die Einzelperson, wohl aber das revolutionäre Kollektiv, der eigentliche Held des Romans, von ihr betroffen; wir haben vom problematischen Charakter dieses Kollektivs gesprochen. Wenn wir zur Psychologie dieser Gemeinschaft übergehen, so werden wir sie, da wir sie nicht Schritt für Schritt verfolgen können, im Zusammenhang mit zwei besonders bedeutenden Ereignissen behandeln: der Liebe, am Beispiel der Beziehung zwischen Kyo und May, und dem Tod, am Beispiel der Folterung und der Hinrichtung der Revolutionäre nach dem Sieg Tschang Kai-Tscheks.

In der Tat sind Liebe und Tod zwei für die Charakteristik der Romangestalten im allgemeinen und für diejenige der Romanhelden Malraux' im besonderen bedeutende Elemente. Allein in »So lebt der Mensch« besitzen sie eine von den vorausgegangenen Werken verschiedene Natur und Funktion. Wir haben bereits gesagt, daß in der Welt Malraux' die Beziehung zwischen Mann und Frau immer die Gesamtbeziehung zwischen Mensch und Universum widerspiegelt. Deshalb begegnen dem Leser im Kosmos Garins und Perkens nur »Erotismus« und die Beziehungen des Herrschens, während in »So lebt der Mensch«, dem Roman der echten revolutionären Gemeinschaft, der »Erotismus« wie das Individuum in eine höhere und authentische Gemeinschaft, die Gemeinschaft der Liebe, integriert und – im Hegelschen Sinne – aufgehoben wird.

Ein einziger Satz kündigt im »Königsweg« die Möglichkeit einer solchen Beziehung an, wie sie im Zentrum des Romans »So lebt der Mensch« stehen wird: Perken versucht, sich – als er sich seines nahen Todes bewußt wird – erneut in die Erotik zu flüchten, wird aber im Augenblick, da er die Unmöglichkeit jedes dauerhaften erotischen Besitzens erlebt, verstehen, »daß man nur das besitzt, was man liebt«. Dieser Satz, *dem in der Welt des »Königsweges«, in der keine Liebe existiert, kein Sinn zukommt*, kündigt im voraus den Roman »So lebt der Mensch« an, in dem Malraux in Kyo und May das erste Liebespaar seines Gesamtwerkes und eine der größten und reinsten Liebesgeschichten der Literatur des 20. Jahrhunderts[23] geschaffen hat.

Daneben treffen wir selbstverständlich auch Stellen an, deren

23 In Anbetracht sowohl der besonderen Bedeutung der Liebe zwischen Kyo und May im Gesamtwerk Malraux' als auch der Schwierigkeit, in einer begrifflichen Analyse einen Eindruck von ihr wachzurufen, werden wir den Text selbst in einem ausführlichen Zitat zu Wort kommen lassen.

Inhalt in »Erotismus« und Beherrschen besteht; die beiden, geradezu berühmten Szenen dieser Art aber betreffen nicht Kyo und May, die Romanhelden, sondern die periphere Gestalt Ferrals, die – wie gesagt – in gewissen Zügen Garin und Perken entspricht. Wir werden andererseits – in einem zweifellos menschlicheren Zusammenhang – das gleiche, rein erotische Verhältnis zu Frauen bei Tschen wiederfinden, einer Gestalt, die (wir erinnern daran) ebenfalls in hohem Maße Garin entspricht.

Bei alldem besteht jedoch zwischen »Erotismus« und Herrschen in den vorausgegangenen Romanen und denselben in »So lebt der Mensch« ein wichtiger, für das Verständnis der Gestalten wesentlicher Unterschied.

In den frühen Romanen Malraux' bilden die beiden Elemente zwar vorläufige, bedrohte, aber nichtsdestoweniger positive Werte, während sie in »So lebt der Mensch«, dem Roman der revolutionären Gemeinschaft, durch die Gegenwart der Liebe vollkommen verändert und vor allem entwertet sind. Wir werden hierauf zurückkommen.

Wenden wir uns jedoch vorläufig der Liebe zwischen Kyo und May zu, die im vorliegenden Roman die Geschichte einer Liebe im 20. Jahrhundert ist, einer Epoche, in der nicht mehr jedem beliebigen Manne, jeder beliebigen Frau ein solches Gefühl zugänglich ist. Sie ist hier nur möglich, insofern sie organisch mit dem revolutionären Kampf der beiden Partner verbunden ist.

Die Geschichte der Liebe zwischen Kyo und May ist die eines vollkommen neuen Gefühls, das zu den bei beiden noch bestehenden Überresten eines traditionellen Typs von Gefühlen und Erotik, den sie in Wahrheit schon überwunden haben, in Konflikt gerät. Kyo und May stehen – mit anderen Worten – nicht immer am Höhepunkt der eigenen Existenz, und die in beiden noch verbliebene Schwäche wird nur durch den Kampf und den bevorstehenden Tod, die ihnen dazu verhelfen und sie sogar zwingen, die ihnen angemessene Höhe zu erreichen, endgültig überwunden werden.

Die Ereignisse sind bekannt; May, die weiß, daß in ihrer Bindung jeder seine eigene Freiheit zugleich bewahrt und die des anderen zu achten entschlossen ist, hat in einem Moment der Müdigkeit und auch bewegt durch Mitleid und Solidarität zu einem Menschen, der – wie sie weiß – in einigen Stunden ermordet werden kann, mit einem Mitkämpfer, der sie begehrte, geschlafen, obwohl sie ihn nicht liebte. Sie erzählt es Kyo in der Überzeugung, daß dies für ihre Beziehung zu ihm keinerlei Bedeutung habe, während diese andererseits durch die geringste Lüge entwürdigt wäre; Kyo empfindet jedoch einen heftigen Schmerz, ein Gefühl der Eifersucht.

»Kyo litt unter dem erniedrigendsten aller Schmerzen: den zu empfinden man sich verachtet. Natürlich war sie frei, zu schlafen, mit wem sie wollte. Woher kam also dieser Gram, auf den er sich nicht das geringste Recht zuerkannte, der sich aber so viel Recht auf ihn anmaßte?

(...)

›Kyo, ich will Dir etwas Seltsames sagen, was trotzdem wahr ist ... Bis vor fünf Minuten glaubte ich, daß es Dir ganz gleichgültig sein würde. Vielleicht paßte es mir gerade, das zu glauben ... Es gibt, zumal wenn man dem Tode so nahe ist (nur mit dem Tod der anderen bin ich vertraut, Kyo...), Rufe, die nichts mit der Liebe zu tun haben ...‹

Die Eifersucht jedoch war da, und zwar um so verwirrender, als das sinnliche Verlangen, das May in ihm erweckte, auf Zärtlichkeit beruhte. Mit geschlossenen Augen, immer noch auf den Ellbogen gestützt, versuchte er – ein klägliches Unternehmen – zu begreifen. Er vernahm nur Mays beklommenes Atmen und das Kratzen der Hundepfötchen. Sein Schmerz kam zunächst daher, daß ... (ach, diesem ›zunächst‹ würden noch viele ›alsdann‹ folgen; er fühlte sie in sich lauern, wie seine Kameraden hinter der noch verschlossenen Tür lauerten) – also sein Schmerz kam zunächst daher, daß er dem Mann, der mit May geschlafen hatte (›Ich kann ihn doch nicht ihren Geliebten nennen!‹), Verachtung für sie unterstellte. Es war ein früherer Kollege von May gewesen, er kannte ihn kaum. Aber er kannte die fundamentale Frauenverachtung fast aller Männer. ›Der Gedanke, daß er, nachdem er mit ihr geschlafen hat, *weil* er mit ihr geschlafen hat, denken kann: Diese kleine Dirne! macht mir Lust, ihn niederzuschlagen. Ist man eigentlich immer nur eifersüchtig wegen dem, wovon man denkt, daß der andere es denke? Armselige Menschheit!‹ ... Für May hatte die Sexualität nichts Verpflichtendes. Das mußte dem Kerl beigebracht werden. Daß er mit ihr schlief – gut, aber er sollte sich nicht etwa einbilden, daß er sie besitze! . . . ›Ich werde geschmacklos!‹ . . . Aber er vermochte nicht dagegen anzugehen. Und außerdem war *das* nicht das Wesentliche, er wußte es wohl. Das Wesentliche – das, was ihn aufwühlte bis zum Entsetzen – das war, daß er plötzlich von ihr getrennt war, nicht durch Haß (obwohl auch Haß in ihm war), auch nicht durch Eifersucht (oder bestand Eifersucht nicht gerade darin?), sondern durch ein Gefühl, das keinen Namen hatte, oder so zerstörerisch war, wie Zeit und Tod: Es gelang ihm nicht, sie wiederzufinden.«

Und Kyo wird gehen, ohne daß das alte Verhältnis wiederhergestellt wäre.

»Er war fertig. May bot ihm die Lippen. Kyos Seele wollte sie küssen; sein Mund nicht (als ob dieser, selbständig, Groll bewahrt hätte). Endlich küßte er sie doch: schlecht. Sie sah ihn traurig an, mit halbgesenkten Lidern. Ihr umflorter Blick wurde in bannender Weise ausdrucksvoll, sobald der Ausdruck von den Muskeln kam. Er ging.«

Erst auf der Straße – als er wieder in der Aktion steht – wird er sich der Tiefe ihrer gegenseitigen Liebe bewußt:

»Die Menschen sind nicht meinesgleichen: Sie beobachten und kritisieren mich. Meinesgleichen sind Wesen, die mich lieben, ohne nach mir zu sehen, die mich lieben allem zum Trotz, die mich lieben trotz Verkommenheit, Schmach, Verrat, mich selbst und nicht das, was ich getan habe oder tun werde, Wesen, die mich lieben würden, solange ich mich selbst lieben würde – bis zum Selbstmord, einschließlich . . . Mit ihr allein habe ich diese – zerrissene oder nicht zerrissene – Liebe gemeinsam, wie andere miteinander kranke Kinder haben, die sterben können . . . Das war sicherlich nicht das Glück, sondern etwas Primitives, der Finsternis Verwandtes. Dieses Urgefühl ließ eine Wärme in ihm aufsteigen, die in ein starres Umarmen (gleichsam Wange an Wange) überging; und diese Vereinigung war das einzige, das in ihm so stark war wie der Tod.

Schon huschte und glitt er gespenstisch über die Dächer: schon sah er die Schatten auf ihren Posten.«

Erst im Augenblick der Niederlage, in dem Moment, als Kyo zur Sitzung des Zentralkomitees geht, wird die Krise überwunden sein:

»›Wohin gehst du?‹

›Mit dir, Kyo.‹

›Wozu?‹

Sie antwortete nicht.

›Wir können leichter erkannt werden, wenn wir zusammen sind als einzeln‹, sagte er.

›Inwiefern? Wenn du schon angezeigt bist, bleibt sich das ja gleich ...‹

›Du kannst uns nichts nützen.‹

›Und was sollte ich inzwischen hier zu Hause nützen?‹

Die Männer wissen nicht, was es bedeutet: warten müssen ...

Er machte ein paar Schritte; blieb stehen; wandte sich wieder zu ihr:

›Hör zu, May: als es sich um *deine* Freiheit handelte, habe ich sie anerkannt.‹

Sie verstand, worauf er anspielte, und wurde ärgerlich: sie hatte es vergessen. Und wirklich fügte er dumpf hinzu:

›... und du hast sie dir zu nehmen gewußt. Jetzt handelt es sich um die meine.‹

›Aber Kyo, welchen Zusammenhang hat das ...?‹

›Die Freiheit eines anderen anerkennen, heißt, ihr gegen den eigenen Schmerz recht geben. Ich weiß es aus Erfahrung.‹

›Bin ich *ein anderer,* Kyo?‹

Er schwieg. Ja, in diesem Augenblick war sie ›ein anderer‹. Etwas hatte sich in ihrer Beziehung geändert.

›Also‹, sagte sie, ›weil ich ... also deshalb können wir nicht einmal mehr zusammen in Gefahr sein?! ... Denk nach, Kyo: Es sieht fast so aus, als wolltest du dich rächen ...!‹

›Etwas nicht mehr können, und es wollen, obgleich es unnötig ist – das ist zweierlei.‹

›Aber wenn du mir deswegen so böse warst, hättest du dir doch nur eine Geliebte zu nehmen brauchen ... Aber nein! Was sage ich da? Das ist nicht wahr! Ich habe mir keinen Geliebten genommen! Und du weißt, daß du schlafen kannst, mit wem du willst ...!‹

›Du genügst mir‹, sagte er bitter.

Sein Blick setzte May in Erstaunen: Alle denkbaren Empfindungen spielten darin. – Was sie am meisten verwirrte, auch eine beunruhigende Wollust, deren er sich selbst nicht bewußt war.

›Es handelt sich jetzt wirklich nicht darum, mit jemandem ins Bett zu gehen. Ich behaupte nicht, daß du unrecht hast, ich will aber allein bleiben. Du bist ebenso frei wie ich, frei zu tun, was dir beliebt. Freiheit ist kein Tauschgeschäft, Freiheit ist eben Freiheit.‹

›Du willst mich ... im Stich lassen ...‹

Schweigen.

›Warum sind zwei Liebende dem Tode nahe, Kyo, wenn nicht, um ihm gemeinsam entgegenzugehen?‹

Sie spürte, daß er ohne weitere Erörterungen gehen wollte, und stellte sich vor die Tür.

›Du hättest mir diese Freiheit nicht geben dürfen‹, sagte sie, ›wenn sie jetzt nur dazu dienen soll, uns zu trennen.‹

›Du hast nicht darum gebeten.‹

›Du hast sie mir von Anfang an zugestanden.‹

– Du hättest mir nicht glauben sollen –, dachte Kyo. Es war die Wahrheit: Er hatte sie ihr stets zuerkannt. Aber daß sie in diesem Augenblick über »Rechte« diskutierte, das entfremdete sie ihm.

›Es scheint also Rechte zu geben‹, sagte sie bitter, ›die nur deshalb erteilt werden, damit man sich ihrer nicht bediene.‹

›Wenn ich sie dir nur deshalb zuerkannt hätte, damit du dich in diesem Augenblick daran klammern könntest: das wäre so übel nicht ...‹

Dieser Augenblick riß sie weiter auseinander, als der Tod es gekonnt hätte. Auf dem Antlitz einer Toten bleiben ja die Augenlider sichtbar, der Mund und die Schläfen, all diese vertrauten Stätten der Zärtlichkeit; und diese hohen Wangen und diese langen Augenlider gehörten nur noch zu einer fremden Welt. Aus gekränkter Liebe jedoch wird heißer Haß.

Sollte sie so nahe dem Tod an der Schwelle jener Feindseligkeit zurückweichen, die plötzlich aufbrach.
Sie sagte: ›Ich klammere mich an nichts, Kyo. Sagen wir, daß ich unrecht gehabt habe – alles, was du willst. Aber jetzt in diesem Augenblick, jetzt sofort will ich mit dir gehen. Ich bitte dich darum.‹
Er schwieg.
›Wenn du mich lieb hättest‹, fuhr sie fort, ›so könntest du nicht das geringste dagegen einwenden, daß ich mit dir ginge ... Also? ... Warum uns solche Leiden schaffen? – Als ob das der richtige Moment wäre‹, setzte sie müde hinzu.
(...)
›Gehen wir?‹ fragte sie ...
›Nein.‹
Zu ehrlich, um ihren Instinkt zu verbergen, kam sie mit katzenhafter Beharrlichkeit (die ihn oft gequält hatte) auf ihre Wünsche zurück. Sie hatte sich von der Tür entfernt; aber er wurde gewahr, daß er nur so lange Lust gehabt hätte, durch diese Tür zu gehen, als er sicher gewesen war, daß er es nicht tun würde.
›May, wollen wir in Lug und Trug auseinandergehen?‹
Sie standen einander gegenüber. Sie wußten sich nichts mehr zu sagen und ertrugen dieses Schweigen nicht. Sie empfanden, wie dieser Augenblick, einer der ernstesten ihres Lebens, benagt wurde von der verrinnenden Zeit. Kyos Platz war nicht hier, sondern im Komitee, und hinter allem, was er dachte, lauerte die Ungeduld.
Sie wies ihm mit dem Gesicht die Tür.
Er sah sie an, nahm ihren Kopf zwischen seine Hände und preßte ihn sanft, ohne sie zu küssen, als ob er in dieses Umfangen ihres Gesichtes alles hineinzulegen vermöchte, was die Liebe eines Mannes in einer Mischung von Zärtlichkeit und Gewalt vermag. Endlich gaben seine Hände sie frei.
Die beiden Türen schlossen sich wieder, May lauschte noch lange, als erwarte sie, daß sich eine dritte, nicht vorhandene Tür schließen werde. Offenen, weichen Mundes, trunken vor Kummer, erkannte sie plötzlich, daß, wenn sie ihm durch ein Zeichen zu erkennen gegeben hatte, er solle allein gehen,

sie damit die letzte, die einzige Geste zu machen hoffte, die ihn noch hätte bestimmen können, sie mitzunehmen.«

Aber draußen empfindet Kyo von neuem die Stärke seiner Bindung an May:

»Die Trennung hatte Kyo nicht erlöst. Im Gegenteil. In dieser einsamen Straße gewann May, die in sein Weggehen eingewilligt hatte, größere Macht als vorhin, als sie ihm widerstrebte. Er betrat jetzt die chinesische Stadt, nicht unversehens, wohl aber, ohne sich irgendwelche Gedanken darüber zu machen.

›Habe ich gelebt wie eine Frau, die man schützt? . . .‹

Mit welchem Recht übte er seinen erbärmlichen Schutz über eine Frau aus, die sogar eingewilligt hatte, daß er von ihr wegging? Aus welchem Grunde verließ er sie? War er sicher, daß nicht Rache im Spiel war? Gewiß saß May noch auf dem Bett, erdrückt von einem Schmerz, der sich jeder Deutung verschloß.

Er stürzte nach Hause zurück.

Das Phönix-Zimmer war leer: der alte Gisors ausgegangen. May war noch in dem Zimmer, wo er sie verlassen hatte; bevor er die Tür öffnete, hielt er inne. Ihn überwältigte das brüderliche Gefühl der Gemeinschaft im Tode, er begriff, wie nebensächlich das Fleisch ist angesichts dieser großen letzten Gemeinschaft. Er begriff jetzt, daß die Bereitschaft, ein geliebtes Wesen in den Tod mitzunehmen, vielleicht die äußerste, unüberbietbare Form der Liebe ist. Er öffnete die Tür.

Sie warf hastig ihren Mantel über die Schultern und folgte ihm, ohne ein Wort zu sagen.«

Kurz vor dem Versammlungsgebäude wird May niedergeschlagen und Kyo festgenommen. Unmittelbar vor seiner Exekution das Zyankali schluckend, das für diesen Fall die meisten der revolutionären Führer bei sich trugen, tötet sich Kyo, um der Folter zu entgehen und fühlt sich im Augenblick des Todes mit May und allen Kampfgefährten wieder im vollen Sinne, ohne jeden Vorbehalt, vereint:

». . . mit geschlossenen Augen lag Kyo da. (. . .)

Er hatte viele Menschen sterben sehen, und unter dem Einfluß seiner japanischen Erziehung hatte er oft gedacht, wie schön es sein müsse, seinen *eigenen* Tod zu sterben: einen Tod, der dem Leben entspricht. Sterben ist passiv, sich töten aber etwas Aktives. Sobald die Soldaten kämen, um den ersten der Genossen zu holen, würde er sich in voller Bewußtheit töten. Er dachte stockenden Herzens an die Schallplatten zurück. Eine Zeit, wo es noch einen Sinn hatte, Hoffnungen zu hegen! . . . May würde er nicht wiedersehen, und der einzige Schmerz, für den er empfänglich war, war *ihr* Schmerz – so als ob sein eigener Tod ein Fehler wäre.

›Gewissensbisse wegen des Sterbens!‹ dachte er mit gequälter Ironie.

Nichts Ähnliches empfand er bei dem Gedanken an seinen Vater, der ihm immer den Eindruck nicht von Schwäche, sondern von Kraft erweckt hatte. Seit mehr als einem Jahr hatte May ihn von all seiner Einsamkeit befreit, wenn auch vielleicht nicht von aller Bitterkeit. Die reißende Flucht zweier Körper in die Sphären der Zärtlichkeit tauchte, sooft er ihrer gedachte, vor ihm auf – vor ihm, der dem Leben kaum noch angehörte.

›Jetzt muß sie mich vergessen . . .‹

Hätte er ihr das geschrieben: Er hätte ihre Qual nur verschlimmert – und ihr Zusammengehörigkeitsgefühl noch vertieft.

›Und außerdem hätte es bedeutet, daß sie einen anderen lieben solle . . .‹

O Gefangenschaft: Welt, wo die *Zeit* aufhört – die für alle anderen fortdauert!«

Neben dieser vollkommenen Einheit von May und Kyo, in welcher das persönliche Verhältnis keinesfalls von der revolutionären Aktivität getrennt werden kann, neben dieser Verwirklichung der Totalität, ist das andere Verhältnis zwischen Mann und Frau im Roman, das Verhältnis von Ferral und Valérie (darüber hinaus gibt es nur einige Anspielungen auf die erotischen Beziehungen Tschens zu Prostituierten) natürlich entwertet und entwürdigt; es ist nicht verwunderlich, daß diese Entwertung im Roman »So lebt der Mensch« notwendig auch eine Verände-

rung in der Natur der Beziehung nach sich zieht. Der Mann ist nicht mehr der Beherrschende, der Bestimmende. Valérie wird gegen Ferral aufbegehren und ihn – um ihn zu demütigen – gleichzeitig mit einem anderen Mann aus dem gleichen Milieu mit einem Kanarienvogel in die Hotelhalle bestellen. Sie selbst erscheint nicht, und die beiden Männer stehen sich, in einer lächerlichen Situation, Auge in Auge gegenüber, gefolgt von ihren, die Vogelkäfige tragenden Boys. Aus Rache füllt Ferral das Zimmer Valéries in ihrer Abwesenheit mit Vögeln. Über die Folge wird nicht gesprochen; sie ist übrigens auch nicht von Interesse: das Verhältnis geht in Nichtigkeit unter.
In den »Eroberern« und im »Königsweg« stellte noch das Herrschen im erotischen Verhältnis, im Bereich des persönlichen Lebens den Wert par excellence dar, der Garin und Perken Selbstbestätigung und das Gefühl der eigenen Existenz finden ließ.

Neben der Liebe ist der Tod ein weiteres, für die Existenz der Hauptgestalten des Romans konstitutives Element. Wir haben bereits von dem Augenblick gesprochen, in dem Kyo das Gift nahm und intensiv die Gegenwart Mays wiederfand, und haben dabei Sinn und Funktion des Todes für die Revolutionäre des Romans berührt. Sie weichen vom Sinn und von der Funktion für Garin und Perken in den früheren Romanen ab und sind ihnen geradezu entgegengesetzt. Dort war der Tod die unausweichliche Realität, die alle innerweltlichen, an die Aktion gebundenen Werte unsicher und provisorisch werden ließ, sie *rückwirkend* vernichtete und den Helden in das Nichts und die absolute Einsamkeit zurückstieß, während der Tod im dritten Roman das Moment ist, das eine vollkommen organische Einheit von Aktion und Gemeinschaft mit den anderen Genossen herstellt. In den früheren Romanen zerriß der Tod alle Beziehungen zwischen Individuum und Gemeinschaft; hier gibt der Tod die Gewähr für die endgültige Überwindung der Einsamkeit. Aus der Gruppe der Revolutionäre sind Kyo und Katov im Erlebnis ihres Todes geschildert:

Kyo stirbt, indem er nicht nur May, sondern auch Katov, seine Kampfgefährten und vor allem den Sinn seines Kampfes und seiner Existenz findet. Sein Tod ist deshalb kein Ende, denn sein Leben und sein Kampf werden von all denen fortgesetzt, die die Aktion weitertragen:

»Er hatte für das gekämpft, was in seinem Zeitalter mit dem bedeutendsten Sinn, mit der herrlichsten Hoffnung befrachtet gewesen war; er starb inmitten derer, mit denen er hätte leben wollen. Was wäre auch ein Leben wert gewesen, für das man nicht bereitwillig in den Tod gegangen wäre? Es ist leicht zu sterben, wenn man im Sterben nicht allein ist. Ein Tod, umklungen von diesem zitternden brüderlichen Geräusch, umhegt von dieser Gemeinschaft der Besiegten, in denen Tausende einst ihre Märtyrer erkennen würden, von dieser blutigen Legende, aus der die goldenen Legenden der Zukunft hervorgehen würden! Wie hätte er, schon vom Tode aufgerufen, es nicht vernehmen sollen – dieses Gemurmel der Opferwilligkeit, das ihm kündete, des Menschen Mut sei eine ebenso zuverlässige Zuflucht für die Toten wie des Menschen erhabenster Geist! ...

Nein, ›Sterben‹ konnte ein ekstatisches Handeln sein, die höchste Offenbarung des Lebens, dem dieser Tod so ähnlich war. Und es bedeutete auch die Rettung vor diesen beiden Soldaten, die sich ihm zögernd zu nähern begannen. Er zermalmte das Gift zwischen den Zähnen, wie wenn es einen Befehl gegeben hätte, hörte Katovs ängstliches Fragen, spürte sein Tasten, und in dem Augenblick, wo er sich – schon erstickend – an ihn klammern wollte, fühlte er alle seine Kräfte über sich hinausbranden zu einer übermächtigen Konvulsion.«

Desgleichen ist der Tod für Katov der Augenblick, in dem er mit der Gemeinschaft der Revolutionäre am engsten verbunden ist. Auf dem Boden neben ihm liegen zwei chinesische Aktivisten, die durch das Pfeifen der Lokomotive, in deren Kesseln Tschang Kai-Tschek die Gefangenen bei lebendigen Leib verbrennen läßt, in Schrecken versetzt sind. Katov gibt ihnen, in einem Akt *höchster Brüderlichkeit*, sein Zyankali. Der eine der Chinesen, der an der Hand verwundet ist, läßt es unglücklicherweise fallen. Für einige Augenblicke könnte man glauben, daß diese Tat Katovs sinnlos und unwirksam sei. Aber die Brüderlichkeit ist über diese materielle Wirklichkeit hinaus stärker gegenwärtig als je. Seine zwei Kameraden fühlen sich nicht mehr allein:

> »Die Hände der beiden Unglücklichen streiften die seine. Und plötzlich fühlte er seine Hand, von einer der anderen ergriffen, gepreßt, festgehalten.
> ›Selbst wenn wir nichts finden ...‹, sagte eine Stimme.«

Aber das Gift wird wiedergefunden und die beiden Kameraden entgehen der Folter; Katov wird zur Lokomotive geführt. Es ist dies vielleicht der intensivste und feierlichste Augenblick der Handlung. Katov schleppt sich durch den Saal, umgeben von der brüderlichen Solidarität all der Gefangenen, die verwundet auf dem Boden hingestreckt liegen und dem gleichen Schicksal geweiht sind.

> »Wie vorhin auf die weiße Wand, so warf die Laterne den jetzt sehr schwarzen Schatten Katovs auf die großen nächtlichen Fenster. Von den Wunden behindert, kam er nur langsam weiter, schwer von einem Bein auf das andere fallend. Als das wiegende Schwanken an der Laterne vorbeikam, glitt die Silhouette seines Kopfes oben an der Decke. Die ganze Finsternis des Saales war in Aufregung geraten und folgte ihm mit dem Blick, Schritt für Schritt. Die Stille hatte sich so vertieft, daß der Boden jedesmal erdröhnte, wenn Katovs Schreiten ihn berührte. Alle Köpfe, sich andächtig von oben nach unten bewegend, folgten dem Rhythmus seines Ganges, folgten ihm mit Liebe, mit Entsetzen, mit Resignation, als ob jeder einzelne sein besonderes Wesen offenbart hätte im Mitgehen mit diesem schwankenden, tappenden Auszug. Schließlich blieben alle Köpfe erhoben: die Tür hatte sich wieder geschlossen. Ein Geräusch tiefer Atemzüge, wie im Schlaf, stieg vom Boden auf. Durch die Nase atmend, die Kinnbacken angstgepreßt, regungslos, harrten alle, die noch nicht tot waren, des Pfeifens der Lokomotive.«

Die Chronik der Ereignisse von Schanghai bildet offenbar nicht den alleinigen Inhalt des Romans; neben ihr steht die außergewöhnliche Verwirklichung der revolutionären Gemeinschaft in der Niederlage der Kämpfenden und das Überleben all der Taten im revolutionären Kampf, der nach ihrem Tode fortgesetzt werden wird. Auch das weitere Schicksal der anderen Gestalten wird durch das Verhältnis zu diesem Kampf seine Richtung erhalten. Zwei von ihnen, Hemmelrich und Tschen, werden für den Kampf wiedergewonnen werden. Der erste hatte sein Leben lang unschlüssig zwischen seinen Pflichten gegenüber Frau und Kind, passiven Opfern, die unfähig waren, sich gegen eine barbarische und ungerechte Welt zur Wehr zu setzen, und seinen revolutionären Sehnsüchten geschwankt; die Niederschlagung des Aufstandes wird ihn frei machen. Sie gibt ihm, indem sie die Seinen hinmordet, die Freiheit, von der zu träumen er nie aufgehört hatte und die ihm erlaubt, sein Leben ganz dem Kampf zu widmen. Tschen nun, der – indirekt von der Gruppe der Revolutionäre unterstützt – zweimal versucht hat, ein Attentat auf Tschang Kai-Tschek zu organisieren, dessen Körper beim zweiten Versuch zerfetzt wird und der Selbstmord begeht, findet sich, sowohl beim Werfen der Bombe als auch im Sterben, vollkommen allein und wird sich dessen bewußt, daß ihm in dieser Welt »sogar der Tod Tschang Kai-Tscheks gleichgültig geworden ist«. Unmittelbar ist dieser Tod demjenigen Garins und Perkens homolog; am Ende des Romans aber erfahren wir, daß sein Schüler Pei, von dem er die Fortsetzungen seiner anarchistischen Aktionen erhofft hatte, nach Rußland aufgebrochen und zu den Kommunisten übergegangen ist. So sind selbst die Tat Tschens und die totale Einsamkeit, in die er sich im Augenblick des Todes zurückgestoßen fand, durch die historische Aktion überwunden und in diese integriert.

Drei Gestalten werden aus dem Kreis der Aktion ausscheiden:
Gisors, für den mit dem Tode Kyos jedes Band zur Revolution gerissen ist, kehrt zum passiven Pantheismus der traditionellen chinesischen Kultur zurück;
Ferral wird durch ein Konsortium von Bankiers und Administratoren, die sein Werk übernehmen, ausgeschaltet[24];
Clappique verkleidet sich, um der Repression zu entgehen, die

24 Auch Saint-Exupéry stellt diesen Vorgang dar; in der Gesellschaft bereiten die Eroberer den Technokraten den Weg und werden von diesen beseitigt und ersetzt.

– sofern er Kyo geholfen hat – auch sein Leben gefährdet, als Seemann und findet in der Verkleidung den wahren Sinn seines Lebens.

Es bleiben die Kämpfer, May und – im Hintergrund – Pei und Hemmelrich, bei denen wir kurz verweilen müssen.

Es wird berichtet, daß alle drei in die UdSSR gegangen sind, von wo aus sie den Kampf fortführen und später nach China zurückkommen werden, da für den jetzigen Zeitpunkt der Aufbau des Sowjetstaates und die Verwirklichung des Fünf-Jahres-Planes zur »Hauptwaffe des Klassenkampfes« geworden sind.

Daraus läßt sich erkennen, daß die Ideologie Malraux' zur Zeit der Entstehung des Romans nicht trotzkistisch, sondern im Gegenteil der stalinistischen Position recht nahe war. Und ebenso trifft zu, daß die beiden Kapitel, die darüber Aufschluß geben, die fünf Seiten des dritten Teils, die in Han-Keou spielen, und die letzten sechs Seiten des Werkes, weit abstrakter und schematischer gehalten sind als der übrige Text, und daß sie – bis zu einem gewissen Grade – in ihm eine Art Fremdkörper, einen vom Text nicht geforderten Zusatz darstellen[25].

Wenn die Einheit des Romans hierunter nicht leidet, wenn »So lebt der Mensch« ein kohärenter und einheitlicher Roman bleibt, so liegt der Grund dafür vor allem darin, daß diese fragmentarischen Einschübe kaum ein Zehntel des Romans ausmachen: und übrigens nicht in ihrer Gesamtheit dem Zweck dienen, Malraux' bewußte ideologische Konzeption auszudrücken.

Mit einem Wort: Die Stellen, die die Ideologie Malraux' zum Ausdruck bringen, nehmen im Roman einen gänzlich untergeordneten Platz ein, während die eigentliche Perspektive, in der das Werk geschrieben ist, die nichtorthodoxe Sicht der Revolutionäre von Schanghai ist.

Als Schriftsteller sah sich Malraux jedoch beim Einfügen der zwei genannten Stellen gezwungen, einen Übergang zwischen

25 Es ist dies ein in der Literaturgeschichte häufiges Phänomen, das sich aus dem Einfließen ideologischer Überzeugungen des Schriftstellers in die dichterische Schöpfung ergibt, die im Gegenteil dazu tendiert, ihren eigenen Gesetzen zu folgen, und die auf eigene Kohärenz gerichtet ist; der Literaturhistoriker und -soziologe könnte analoge Fälle im Werke der größten Schriftsteller (z. B. im Werk von Goethe und Balzac) anführen.

den beiden schwer miteinander zu vereinbarenden Einstellungen zu finden. Das geschieht in dem in Hang-Keou spielenden Kapitel dadurch, daß Malraux auf die Zweifel Vologins, des Vertreters der Internationale, hinweist, dem »viel unbehaglicher zumute war, als er es sich anmerken ließ«; diese Zweifel nehmen u. a. darin Gestalt an, daß Vologin, der erklärte Gegner jedes Einzelattentats und namentlich des Attentats auf Tschang Kai-Tschek, das ihm Tschen vorschlägt, diesen dennoch weggehen läßt und damit den Terrorakt begünstigt.

Ein ähnlicher Übergang kommt auch am Schluß des Werkes in der psychologischen Schilderung Mays zum Ausdruck; sie nimmt – nachdem sie den Weg zur Partei und zur Internationale gefunden hat – an einem Kampf teil, der im Prinzip den Kampf der Revolutionäre von Schanghai als Vorstufe dieses (eigentlichen) Kampfes in sich einbeziehen und ihm so nachträglich zum Erfolg verhelfen soll. May wird – wie uns der letzte Satz eröffnet – mit schwerem Herzen und offenbar ohne ihre Probleme gelöst zu haben – ein neues Leben beginnen, aber ein Leben »ohne Begeisterung«:

»Ich weine fast nie mehr«, sagte sie mit bitterem Stolz.

Obgleich Malraux mit den Romanen »Die Eroberer« und »So lebt der Mensch« die ersten zwei französischen Romane der proletarischen Revolution des 20. Jahrhunderts geschrieben hat, identifiziert er sich in diesen Werken nicht mit der kommunistischen Partei, die diese Revolution führt. Wir sehen, daß die fundamentalen, die Struktur des Universums beider Werke bestimmenden Werte von den Werten dieser Partei verschieden sind, obgleich die Partei selbst in beiden Fällen eine positive Funktion besitzt, und – allem Anschein nach – der Übergang vom Roman Garins zu dem der Gemeinschaft der Revolutionäre von Schanghai einen wichtigen Schritt auf dem Wege zu einer revolutionären Perspektive darstellt.

VI.

Im Vergleich zu diesen beiden Romanen zeichnet sich in »Die Zeit der Verachtung« und in »Die Hoffnung« eine bedeutsame Veränderung ab: Die kommunistische Partei wird hier vollkommen akzeptiert.

Es sei allerdings betont, daß die Strukturen des Universums in beiden Schriften nicht homolog sind.

»Die Zeit der Verachtung« ist die Erzählung einer Episode des revolutionären Kampfes, der Menschenwürde, unmittelbare Gemeinschaft und Aussöhnung des Menschen mit dem Universum ermöglicht; die kommunistische Partei verkörpert darin, sofern sie diesen Kampf organisiert und lenkt, natürlich und implizit einen positiven Wert, während sie in »Die Hoffnung« bewußt als Organisation bewertet wird, die entgegen den spontanen Erhebungen des Volkes im allgemeinen und des Proletariats im besonderen die militärische Disziplin des Kampfes sichert.

Man könnte – wie uns scheint – die vier Erzählungen im Werke Malraux', die die proletarische Revolution zum Gegenstand haben, auf folgende Weise charakterisieren:

»Die Eroberer« sind der Roman der Beziehungen zwischen dem problematischen Individuum, Garin, und der Revolution, die ihm erlaubt, seiner Existenz einen – wenn auch nur provisorischen und schwankenden – authentischen Wert zu verleihen[26];

»So lebt der Mensch« ist der Roman der Beziehungen zwischen der problematischen Gemeinschaft der Revolutionäre von Schanghai, die als Individuen im Kampf und in der Niederlage für ihr persönliches Leben definitiv einen echten Sinn finden, und der Gesamtheit der revolutionären Aktion, innerhalb deren die Taktik der kommunistischen Internationale ihre Niederlage und ihren Tod unumgänglich machen;

26 Wir präzisieren zur Vermeidung jeden Mißverständnisses, daß wir den Terminus der problematischen Gestalt nicht im Sinne *der* Gestalt verwenden, »die Probleme stellt«, sondern einer solchen, deren Existenz und Wert sie vor unlösbare Probleme stellt, von denen sie kein klares und eindeutiges Bewußtsein erlangen kann (wobei der letztbeschriebene Zug den Romanhelden vom tragischen Helden trennt).

»Die Zeit der Verachtung« ist die Erzählung der unproblematischen Beziehung des Individuums, Kassner, zur unproblematischen Gemeinschaft der revolutionären Kämpfer und implizit der kommunistischen Partei, die ein Teil dieser Gemeinschaft ist und sie leitet;

»Die Hoffnung« schließlich hat das unproblematische Verhältnis des spanischen Volkes und des internationalen Proletariats zur disziplinierten und jede revolutionäre Spontaneität ablehnenden kommunistischen Partei zum Gegenstand.

Diese Aufzählung wirft sofort zwei Komplexe von Fragen auf: die Frage des Überschreitens der Distanz zur kommunistischen Partei bis hin zu ihrer *rückhaltlosen* Annahme und – parallel dazu – die des Verschwindens des problematischen Helden und mit ihm der Romanform im strengen Sinne. Die erste Frage scheint auf den ersten Blick biographischer und psychologischer Natur zu sein, so daß wir zu ihrer Beantwortung nicht viel beitragen können. Es ist allerdings nicht ausgeschlossen, daß ihr ein allgemeineres Phänomen zugrunde liegt, das über die bloße Biographie des Schriftstellers hinausgeht.

Der 1933 veröffentlichte Roman »So lebt der Mensch« wurde in den Jahren vor 1933 geschrieben. »Die Zeit der Verachtung« stammt aus dem Jahre 1935. Zwischen diesen beiden Werken liegt die Machtergreifung der Nationalsozialisten in Deutschland, die tiefgreifende Rückwirkungen in den Kreisen der Intellektuellen und der Politiker der europäischen Linken auslöste. Viele der aktiven Kämpfer vertraten die Ansicht, daß die Forderungen des antifaschistischen Kampfes sie nach dieser Machtergreifung zwangen, ihre Vorbehalte gegenüber der kommunistischen Partei in den Hintergrund zu stellen, um so mehr, als diese sich von 1934 an unter der gänzlichen Absage an die Theorie und Politik des »Sozialfaschismus« auf eine Politik des antifaschistischen Kampfes und der Volksfront hinorientierte.

Wir führen – um uns auf international bekannte Namen der unabhängigen Linken und der kommunistischen Opposition zu beschränken – neben Malraux drei weitere Persönlichkeiten an; Georg Lukács und Ilja Ehrenburg schlossen sich kurz nach der Machtergreifung Hitlers 1933, und Christian Rakovskij, einer der Hauptführer der russischen Opposition, kurze Zeit später den offiziellen Positionen der kommunistischen Partei an. Selbstverständlich hat diese Annäherung, die sich – über diese vier genannten Namen hinaus – wahrscheinlich auf einige Tausende weniger bekannter oder unbekannter Aktivisten erstreckt hat, in jedem Einzelfall andere Formen angenommen; denn jeder dieser Kämpfer hat auch mehr oder minder explizite Vorbehalte gegenüber der Doktrin oder dem »offiziellen« Denken bewahrt.

Und selbst wenn wir uns auf die vier oben genannten Namen beschränken, bewahren offensichtlich die beiden Theoretiker Lukács und Rakovskij auf der expliziten Ebene ihrer Schriften und ihrer Glaubensbekenntnisse weit stärkere Vorbehalte als die Schriftsteller Ehrenburg und Malraux.

Man müßte die Rückwirkungen des Nationalsozialismus und der Machtergreifung Hitlers auf die marxistischen und paramarxistischen Intellektuellen näher untersuchen, um feststellen zu können, inwiefern die Entwicklung Malraux' ein bloß biographisches Faktum oder aber das Sichtbarwerden einer tieferliegenden Tendenz ist, die gewissen Strömungen im Kollektivbewußtsein entspricht.

Auf der Stufe der literarischen Form scheint uns das Verschwinden des problematischen Helden natürlicherweise die Preisgabe der eigentlichen Romanform nach sich zu ziehen; so sind weder »Die Zeit der Verachtung« noch »Die Hoffnung« im engen Sinne des Wortes noch Romane, sondern Schriften, deren Form zwischen dem Epischen und dem Lyrischen liegt[27]. In diesen Werken läßt das Nichtvorhandensein ebensowohl der Leichtigkeit des epischen Gedichts als auch der strukturierten »Geschichte« des Romans nur noch der knappen, isolierten oder sich wiederholenden Episode Raum, die allein zugleich der Inkohärenz und der Abstraktion zu entgehen vermag.

Aus diesem Grunde ist u. E. »Die Zeit der Verachtung« zu einer Novelle und »Die Hoffnung« zu einer Folge von Episoden geworden, zwischen denen nur lockere Bindungen bestehen.

»Die Zeit der Verachtung« besteht aus drei Teilen, die eng

27 Wobei das Epische durch die Bejahung der Einheit von Individuum und Gemeinschaft gefordert und beabsichtigt und das Lyrische als ergänzender Aspekt der trotz allem nur postulierten und nicht organisch vorhandenen Einheit gegenwärtig ist.

miteinander verbunden sind, ohne daß dadurch ein Roman zustande käme. Man könnte diesen Text als eine Novelle mit Tendenz zum Lyrischen charakterisieren, und wir haben bereits die Hypothese formuliert, daß die Kürze der Erzählung und ihr lyrischer Charakter der Differenz zwischen der gewollten Struktur, der totalen Einheit von Individuum und Gemeinschaft und dem realen Gehalt des Buches entspringt, in welchem diese Einheit nur als Endergebnis eines Kampfes erscheint, in dessen Verlauf sie mehrmals bedroht ist. (Das eigentliche epische Poem hingegen könnte keine derartige Bedrohung ertragen.)

Wie Lukács einst schrieb, »kennt die Epopöe nur Antworten, aber keine Fragen«; während Malraux' Erzählung zum größten Teil das Aufwerfen einer Frage ist, durch die der Held während des ganzen Buches anhaltend bedroht ist, selbst wenn er die Bedrohung am Ende überwindet.

Es handelt sich, wenn dieser Ausdruck erlaubt ist, letztlich um eine vorepische Erzählung, die auf den Augenblick bezogen ist, da – wie es Malraux sagt – »ein Gott«, oder – was dem auf der Ebene der Literatur entspricht – das epische Gedicht *geboren wird*.

Wir verfügen übrigens über einen Kommentar zu Wesen und Welt dieser Erzählung, der von besonderer Bedeutung ist, da es sich um ein kurzes Vorwort Malraux' selbst handelt, das eine Art literarisches Manifest darstellt.

In der Tat kommt hier Malraux' Bewußtsein zum Ausdruck, mit dieser Schrift an der Wende zwischen zwei Formen der erzählenden Literatur zu stehen: der Romanform mit problematischem Einzelhelden und der Form, an welche sein neues Werk anknüpft und die er – unserer Meinung nach zu Unrecht – tragisch nennt, während es sich in Wirklichkeit lediglich um eine Welt der totalen und unproblematischen Größe des Menschen handelt, die aus seinem Vermögen, eine organische Bindung an die Gemeinschaft herzustellen und aufrechtzuerhalten, hervorgeht.

Wenn uns auch der Begriff »tragisch« hier unpassend erscheint, so sind wir jedoch mit Malraux einig, wenn er eine Unterscheidung zwischen zwei literarischen Formen vornimmt, von welchen die eine (die des Individualismus der Schriftsteller und Künstler des 19. Jahrhunderts, etwa Flaubert oder Wagner) vor allem auf die innere Welt und die individuellen Verschiedenheiten gerichtet ist, und die andere (die er zu Recht oder Unrecht mit dem Namen Aischylos, Homer, Chateaubriand, Nietzsche und sogar Dostojewski in Zusammenhang bringt) durch ihre Kunst den Menschen das Bewußtsein ihrer inneren Größe, deren sie sich nicht bewußt sind, vermittelt. Selbstverständlich zählt das Buch zur letzten Kategorie. Malraux, der so sein Werk in eine Art historischer Typologie der Romanform eingeordnet hat, zählt nun die für die Welt eines Werkes konstitutiven Komponenten auf, und zwar eines Werkes, das – wie er uns sagt – nur zwei Gestalten umfaßt: »den Helden und den Sinn seines Lebens«, und in der man keine Einzelantagonismen findet, die »dem Roman seine Komplexität einräumen«. Diese Komponenten sind: »der Mensch, die Menge, die Elemente, die Frau und das Schicksal«.

Diese Analyse scheint uns gültig zu sein; stellen wir fest, daß der Tod, eines der wichtigsten, für die Welt der ersten Romane konstitutiven Elemente, hier nicht mehr in Erscheinung tritt, und daß Malraux ihn zu Recht, sowohl in dieser Aufzählung als auch in der Erzählung selbst, ausließ; denn der Tod verliert, in eben dem Maße, wie es dem Individuum gelingt, sich organisch in die Welt einzuordnen, die von überindividuellen Werten regiert ist (wir haben bereits im ersten Teil dieser Untersuchung davon gesprochen) – ob es sich nun um transzendente oder immanente Werte, um Gott oder um die Gemeinschaft handelt –, zweifellos nicht seine empirische Realität, wohl aber seine vorrangige Bedeutung.

Weisen wir noch auf zwei besonders wichtige Gedanken hin, die in diesem Vorwort zum Ausdruck kommen:

1. Der organisch mit der Gemeinschaft verbundene Kosmos des Menschen, der Kosmos der wiedergefundenen Einheit, der nicht mehr um die Psychologie der individuellen Verschiedenheiten und die Originalität des Helden kreist, wird in unserer Zeit notwendigerweise zu einem Kosmos *der Aktion und des Kampfes*.

2. Malraux ist überzeugt, in der Beschreibung der tiefen Menschlichkeit des *kämpferischen Kommunisten Kassner*, zu deren Zweck er mit den Alexandrinern und mit den Schriftstellern

des 18. und 19. Jahrhunderts gebrochen hat, die Tradition der großen Epochen der Einheit zwischen Individuum und Totalität, die Tradition der christlichen persona, des römischen Imperiums und der Soldaten der Rheinarmee wiedergefunden zu haben.

Die Zusammenfassung dieses einführenden Textes ist schon ein Abriß der wesentlichen Struktur einer Welt, die Malraux als die der *männlichen Brüderlichkeit* kennzeichnet.

Kommen wir nun zum Werk selber.

Die Schrift erzählt uns die Geschichte des kommunistischen Intellektuellen Kassner, der beschlossen hat, sich in ein von Nazi-Polizei umstelltes Haus zu schleichen, um dort eine Namensliste unschädlich zu machen, die ein unachtsamer Kamerad vergessen hat, und der sofort gefangengenommen und in ein Konzentrationslager gesperrt wird. Er wird dank der Hilfe eines Genossen befreit, der – entweder spontan oder auf Grund eines Parteiauftrages (man erfährt es nie) – Kassners Stelle einnimmt und sich der Polizei unter dessen Namen stellt; Kassner selbst geht nach Prag, wo er seine Frau, sein Kind und die anderen Kameraden wiederfindet, mit denen er erneut den Kampf aufnimmt.

Die drei die Fabel konstituierenden Episoden sind die des Konzentrationslagers, der Flugreise und der Ankunft in Prag.

Im Vorwort hatte uns Malraux gesagt, daß das Buch nur zwei Gestalten enthielte: *den Helden und den Sinn seines Lebens.* Das ist insofern wahr, als das eigentliche Thema des Werkes in der Tat *aus der Perspektive des Helden* gesehen wird. Aber der Sinn des Lebens besteht für ihn – selbst im kritischsten Moment (in dem er in einem Kerker eingeschlossen und allein den Nazi-Bestien ausgesetzt ist) in der Frage der Lösung oder der Aufrechterhaltung seiner Bindungen an die revolutionäre Gemeinschaft (die im Unterschied zu den anderen Werken Malraux' – »Die Hoffnung« einbegriffen – hier *natürlich und unproblematisch* durch die kommunistische Partei verkörpert wird).

Es gilt daher zu wissen, in welchem Grade die männliche Brüderlichkeit, die Kassner an seine Kameraden und durch sie an die Menschheit und den Kosmos bindet, auch in der Einsamkeit des Lagers aufrechterhalten bleibt, angesichts der Polizisten, die ihn foltern kommen, die ihn in jedem Augenblick töten können und es auch höchstwahrscheinlich tun werden, und denen gegenüber er nur den Schein seiner falschen Identität und die Kraft seines körperlichen und seelischen Widerstandes besitzt; einen Widerstand, der – um es zu präzisieren – nichts mit der individualistischen Einstellung des Stoikers gemein hat, der der Realität der menschlichen Welt und des Kosmos seine Autonomie entgegenhält, sondern allein auf das Bewußtsein der Gemeinschaft mit den anderen Menschen gestützt ist, ein Bewußtsein, das vom Vermögen des Individuums abhängt, sich in der Welt ›zu Hause‹ zu fühlen, und sich im gleichen Maße abschwächt, wie dieses sich im Gegenteil einsam und fremd fühlt.

Das Schlüsselwort der Erzählung ist der Satz, den Kassner im Traum die tatarischen Kameltreiber unter dem Himmel der Mongolei sagen hört:

»Und wenn diese Nacht eine Schicksalsnacht ist – gebenedeit sei sie, bis die Morgenröte anhebt ...«,

denn in seinem Kerker fühlt auch er sich in eine Nacht versenkt, die für ihn vielleicht schicksalhaft sein wird, wobei er – wie die Kameltreiber – des kommenden Morgenrotes, nicht aber der Tatsache sicher ist, daß er es noch sehen wird.

Wird er in dieser Situation die Kraft finden, den Satz der Kameltreiber aufzugreifen und die Ereignisse – was auch immer kommen mag – zu bejahen?

Der ganze erste Teil ist ein beständiges Schwanken zwischen dem Gefühl der Verlassenheit und der Einsamkeit und – im Gegensatz dazu – der Nähe und Gegenwart, der männlichen Gemeinschaft der Kämpfer. Es ist ein Schwanken, das zunächst durch die unmittelbare Umgebung und durch das Verhalten seines Körpers bestimmt ist. Wenn er von weitem die Schritte der Wärter, das Krachen ihrer Schläge in der Nachbarzelle, das Stöhnen seines gefolterten Kameraden hört, fühlt er sich allein und schwach; sobald aber die Gefangenenwärter in seine Zelle treten und ihn zu schlagen beginnen, wird sein Widerstand stärker und er findet seine lebendigen Kräfte von neuem wieder. Ist er danach wieder allein, so spürt er nach einigen Augenblicken, in denen »sein erstes Gefühl das der Stärke war«, erneut, daß sein Wille zerrinnt.

»Seine Kraft, die jetzt nutzlos geworden war, wühlte hartnäckig in ihm herum. Er hatte einen tierischen Tatendrang, und die Dunkelheit fraß ihm den Willen weg. Er mußte warten. Das war alles.
Leben wie ein Nachtlicht, wie die Gelähmten, mit dem gleichen hartnäckigen, verschütteten Willen, dem Gesicht am äußersten Rande des Dunkels.
Sonst kam der Wahnsinn.«

Als er sich in einer Anwandlung von Schwäche töten will und über die Zeit nachdenkt, die er braucht, um seinen Fingernagel an der Mauer so spitz zu wetzen, daß er sich mit seiner Hilfe die Adern öffnen kann, genügt es, daß die Wärter – in der Hoffnung, ihn zum Selbstmord zu bewegen – einen Strick in seine Zelle werfen, um alle seine Kräfte neu erwachen und als einzige wirkliche Unruhe nur noch die Frage übrigzulassen, ob die anderen Kameraden in den Nachbarzellen in Gefahr kommen, dem Druck der Folterer nachzugeben.

Wenn in seiner Einsamkeit der beängstigende und unmittelbare Eindruck in ihm wach wird, seine Frau sei tot oder sie habe ihn verlassen, so wird er eine aktive Abwehrreaktion finden müssen, wird mehrere Male in der Zelle auf und ab gehen und zwischen dem zweimaligen Vorbeigehen des Wächters bis hundert zählen, um wieder zu der Überzeugung zu gelangen, daß sie lebt, und daß ihre Gemeinschaft fortbesteht.

Die Nähe, in der er sich zu den Kameraden fühlt, wird im Gefängnis auch in seinen Versuchen, durch Klopfzeichen gegen die Mauer mit anderen Sträflingen Kontakt aufzunehmen, durch das Klopfen seines Nachbarn, das er schließlich wahrnimmt, durch die Schwierigkeit, dessen Botschaft zu verstehen, durch die Bedeutung, die dieses Verstehen erlangt, und durch das Bewußtsein der Brüderlichkeit deutlich, die ihn an den Kameraden bindet, der – von den Wachen entdeckt – von ihnen weggeschleppt wird. Sie kommt auch in den Inschriften zum Ausdruck, die die vor ihm in dieser Zelle Eingekerkerten an den Wänden hinterlassen haben, Inschriften, in denen ihre Erschöpfung, ihr Mut, ihr Wille, in dem Kampf standzuhalten, Ausdruck fanden, und denen er die seine hinzufügt, die an jeden einzelnen kommenden Sträfling gerichtet ist:

»Wir sind mit dir.«

Die endgültige Entscheidung zwischen den beiden Polen dieser Alternative, der Depression, der Drohung des Nichtseins und des Wahnsinns einerseits, und dem Mut, der Bejahung des eigenen Loses andererseits, wird letzten Endes von der Tatsache abhängen, ob es Kassner gelingt oder nicht gelingt, in sich das Bewußtsein des Kampfes lebendig zu erhalten, den all diejenigen in der ganzen Welt und namentlich in Rußland zur Zeit der Revolution, an der er teilgenommen hat, geführt haben, mit denen ihn eine männliche Brüderlichkeit verbindet, die allein der menschlichen Existenz einen Sinn zu geben vermag. Seine Phantasie zeigt ihm den Feind in der Form eines Geiers:

»... Kassner hatte immer einen Geier vor sich gesehen, der mit ihm in einen Käfig eingesperrt war und ihm mit jedem Hieb seines Hakenschnabels ein Stück aus dem Fleisch riß, wobei er unverwandt nach seinen Augen blickte,«

eines Geiers, der sich jedesmal entfernt, wenn in seinem Traum die innere Musik, die in ihm ertönt, den Kampf und die Brüderlichkeit neu lebendig macht. Er sieht die verwundeten Kämpfer, die Toten und auch die Sieger; er denkt an die Kälte und an die Unmenschlichkeit dieser Welt, gegen die er gemeinsam mit ihnen kämpft. Es ist die Welt, die die Menschen zur psychischen Verarmung und Vereinsamung verurteilt. Er sieht den endlosen Zug der Jungkommunisten über den Roten Platz, den Aufmarsch, der länger als sieben Stunden dauert und an dem Hunderttausende junger Mädchen und Männer teilnehmen, die dank der Revolution weder die Schwierigkeiten noch den Kampf erlebt haben und die Zeit der Verachtung nicht kennen; er sieht den Leichnam Lenins auf dem Roten Platz und hört die Worte seiner Frau:

»Genossen, Vladimir Iljitsch hat das Volk tief geliebt ...«

Und als die Wächter seinen Nachbarn wegschaffen, der die Klopfzeichen an der Mauer gegeben hatte, und er von neuem die drohende Einsamkeit fühlt, findet er – um gegen sie anzukämpfen – eine Stütze in dieser anderen, endgültig triumphierenden Wirklichkeit, in der brüderlichen Gemeinschaft all derer, die überall in der Welt in dieser Zeit der Verachtung gegen die Barbarei kämpfen:

»Der Brüderlichkeit beraubt, wie er der Träume und der Hoffnungen beraubt war, lauschte Kassner wieder der Stille nach, die über dem angespannten Willen der hundert und aberhundert in dem schwarzen Termitenhügel lag. Zu Menschen reden, auch wenn sie ihn niemals hören sollten!

›Genossen rings um mich in der Dunkelheit.‹

So viele Stunden, so viele Tage auch nötig wären, er würde die Rede ausarbeiten, die er der Nacht halten könnte.«

Und diese Brüderlichkeit wird sich schließlich in ihrer höchstmöglichen Form manifestieren: ein Mann, den Kassner nicht kennt, hat sich – vielleicht spontan, vielleicht auf Grund eines Parteiauftrages – der Polizei gestellt und behauptet, der gesuchte Kassner zu sein; er nimmt es hin, für Kassner getötet zu werden und öffnet diesem den Weg in die Freiheit und in den Kampf.

Den zweiten Teil der Erzählung bildet die Flucht im Flugzeug in die Tschechoslowakei. Kassner, der weiß, daß er nicht in Freiheit leben kann, solange er nicht die Grenze überschritten hat, verläßt Deutschland, um später unter fremder Identität zurückzukehren und den Kampf wiederaufzunehmen. Die Geheimorganisation beschafft ihm ein Flugzeug und einen Piloten. Aber der Himmel bewölkt sich, und ein Unwetter steht bevor. Dennoch muß man so schnell wie möglich aufbrechen, und erneut setzt ein Mensch, ein Genosse, sein Leben aufs Spiel, um Kassner zu retten und ihn dorthin zu führen, wohin es die Brüderlichkeit des Kampfes verlangt. Die bemerkenswerte Schilderung vom Kampf des Flugzeuges mit dem Sturm ist – allem Anschein nach – von Saint-Exupéry beeinflußt[28].

Es scheint uns daher interessant, die Flugszenen von Saint-Exupéry und diese erste Flugszene Malraux' zu vergleichen. Bei

28 Ebenso wie Saint-Exupéry sein Bild des Eroberers wahrscheinlich in implizitem Bezug auf dieses Bild bei Malraux entwickelt hat.

Saint-Exupéry scheint – um nur auf das Wesentliche einzugehen – der Kampf gegen die natürlichen Hindernisse das Element zu sein, das sowohl die männliche Brüderlichkeit unter den Kämpfern als auch die Einheit zwischen ihnen und der Natur hervorruft und sie der kleinmütigen Welt der Spießbürger und Bürokraten entgegenstellt, während es bei Malraux die männliche Brüderlichkeit im Freiheitskampf ist, die sich – hier im Kampf gegen den Orkan Wirklichkeit geworden – in universeller Brüderlichkeit und kosmischem Pantheismus entfaltet.

Im Flugzeug fühlt Kassner auf dem Höhepunkt der Gefahr, daß seine sicherste Stütze in diesem Kampf gegen die entfesselte Natur noch immer das gleiche brüderliche Gefühl ist, das ihn von Anfang an mit dem Piloten, und darüber hinaus mit all denen in der Welt verbunden hatte, die in Gefängnissen und unter Foltern den gleichen Kampf führen:

> »Kassner hatte plötzlich das Gefühl, als seien sie der Anziehungskraft der Erde entronnen und als hingen sie, einsame Brüder, irgendwo zwischen den Welten, in einem Kampf auf Leben und Tod an die Wolken geklammert, während die Erde mit ihren Gefängnissen unten ihren Weg fortsetzte, den sie niemals wieder kreuzen würden ...
>
> Die Inschriften an den Wänden der Zellen, die Klopfzeichen gegen die Mauer, das Bedürfnis nach Rache waren mit ihnen in der Kabine, im Kampf gegen den Sturm ...«

Der dritte Teil der Handlung berichtet von der Ankunft Kassners in Prag, wo er zuerst dem täglichen Leben, den Menschen auf der Straße, der Arbeit, den Händen wiederbegegnet, die all die Gegenstände herstellen, die man alltäglich benutzt. Er kauft Zigaretten und versucht, zu seiner Frau und seinem Kinde zu gelangen; aber das Haus ist verschlossen. Ein Zettel an der Tür läßt ihn wissen, daß Anna auf eine Versammlung zur Befreiung der gefangenen Antifaschisten in Deutschland gegangen ist.

In den schlimmsten Augenblicken der Depression hatte er sie tot, hatte er sich von ihr getrennt geglaubt. In Wahrheit hatte sie den Kampf für ihn und mit ihm immer fortgesetzt. Auf der Versammlung trifft er Hunderte von Männern und Frauen und glaubt mehr als einmal, Anna unter ihnen zu entdecken.

Ein Mensch hatte sich für ihn geopfert; ein anderer hatte sein Leben gewagt, um ihn hierhergelangen zu lassen; Tausende von Menschen kämpften um seine Freiheit und um die Freiheit aller Menschen:

»Oh, wie lächerlich, Brüder die zu nennen, die nur vom selben Blut sind ...!«

Hier findet er die wahre Brüderlichkeit, die leidenschaftliche, innige Begeisterung der Menge wieder,

»... und ihre harte Inbrunst antwortete, mit der unsichtbaren Anna in ihrer Mitte, endlich dem Erschlagenen an der Mauer ...«

Er hatte sich oftmals gefragt, was – angesichts des Todes – das Denken für einen Wert habe:

»Kein menschliches Wort war so tief wie die Grausamkeit, aber die männliche Brüderlichkeit dringt zu ihr bis in die tiefste Tiefe des Blutes, bis zu den geheimsten Stellen des Herzens, wo die Folter und der Tod hocken.«

Er trifft später, bei seiner Heimkehr, Anna und ihr Kind wieder; erneut erfährt er die Intensität ihrer Bindung und wird sich dessen bewußt, daß diese Bindung allein durch ihre gemeinsame Teilnahme an einer umfassenden Brüderlichkeit aller lebt, die für die Menschenwürde und gegen die Unterdrückung kämpfen. Zusammen werden sie das feierliche Gebet der mongolischen Kameltreiber wiederholen:

»›... und wenn diese Nacht eine Schicksalsnacht ist ...‹ Sie nahm seine Hand und hob sie an ihre Schläfe, und indem sie zärtlich ihr Gesicht an ihr rieb:

›Gebenedeit sei sie, bis der Morgen anhebt ...‹, murmelte sie.«

Und um diesen Kulminationspunkt der Erzählung zu gestalten, greift Malraux das Schlüsselbild seines Romanwerkes, von dem wir schon gesprochen haben, das Bild vom Leben und Tod der Götter, auf, das allerdings in diesem neuen Zusammenhang neue Gestalt und neue Bedeutung erhält; der Tod der Götter ist durch ihre Geburt ersetzt worden.

»Einer der Augenblicke, in denen die Menschen gern glauben, Gott sei geboren, umspielte dieses Haus.«

Nachdem Anna und Kassner zu diesem augenblicklichen Höchstmaß an Fülle gelangt sind, das nicht nur Gipfelpunkt dieser Handlung im besonderen, sondern vielleicht des ganzen Romanwerkes Malraux' und aus einer Brüderlichkeit geboren ist, die frei ist von jeder Sorge um Originalität und jedem Egoismus, spüren sie deutlich, daß sie nicht allein bleiben können, sondern die anderen, das eigentliche Fundament, den Nährboden ihrer Existenz finden müssen.

»›Ich möchte hinaus, mit dir irgendwohin gehen, ganz gleichgültig wohin ...‹

Und jetzt würden sie dazu kommen zu sprechen, Erinnerungen auszutauschen, zu erzählen ... und so würde es wieder zum Alltagsleben werden, Seite an Seite die Treppen hinuntersteigen, Gang durch die Straßen, unter dem Himmel, der der gleiche ist, seitdem das Wollen des Menschen stirbt oder siegt.«

»Die Zeit der Verachtung« und »So lebt der Mensch«, die beiden Romane der revolutionären Gemeinschaft, sind im Gesamtwerk Malraux' auch die einzigen Erzählwerke, in denen man zwei Wesen antrifft, die einander lieben, was sich übrigens natürlich und kohärent aus der Struktur der Werke ergibt, da die Liebe den Aspekt bildet, den die echte revolutionäre Gemeinschaft der Menschen im persönlichen Leben annimmt. Aus diesem Grunde wird verständlich, daß Mann und Frau gleichermaßen am Kampf beteiligt sind. Es gibt übrigens zu diesem Punkt einen Hinweis, der den Unterschied zwischen dem Humanismus Malraux' und dem Saint-Exupérys besonders gut erhellt:

Perken, Garin und Claude kennen die Liebe nicht und lehnen sie ab; wenn in diesem Werk aber die Liebe erscheint, so ist es die Liebe von zwei gleichen Wesen, die beide am Freiheitskampf beteiligt sind. Die Gestalten von Saint-Exupéry dagegen sind von aristokratischer und konservativer Struktur. Für sie, als der modernen Luftfahrt verbundene mittelalterliche Ritter, ist die Liebe das wesentliche Element ihrer Existenz. Die Frau, die sie lieben, bindet sie an das Leben, verhilft ihnen dazu, die härtesten Prüfungen zu bestehen, und hindert sie jedesmal daran, den Kampf aufzugeben. Und doch bleibt diese Frau trotz allem ein zweifellos idealisiertes, aber doch abhängiges Wesen; keiner dieser Helden würde jemals akzeptieren, daß die Frau, die er liebt, aktiv am Kampfe teilnimmt. Brüderlichkeit und Liebe sind in diesem Werke sich ergänzende, wesentliche Realitäten, die aber auf unterschiedlicher Ebene liegen, während sie in den beiden Romanen Malraux' innig miteinander verwoben sind.

Kommen wir aber auf die revolutionäre Gemeinschaft im Werke Malraux' und auf ihre Entsprechung im persönlichen Leben, die Liebe, zurück. Wir wissen, daß wir beide in »So lebt der Mensch« und in der »Zeit der Verachtung« antrafen. Der strukturelle Unterschied der Gemeinschaft in beiden Romanen zieht jedoch auch eine homologe Veränderung der Liebe nach sich. Die Revolutionäre von Schanghai bilden – wie bereits gesagt – eine *problematische*, zukunftslose Gemeinschaft, die alle Einzelgestalten – wenn sie auch ihrem Leben einen vollständigen Sinn verleiht – gemeinsam nur zu Niederlage und Tod führen kann[29].

Daher ist auch die Liebe zwischen Kyo und May eine tiefe, intensive, kaum überschreitbare Liebe, die aber keine Zukunft hat und mit ihrem Leben enden wird. Weder Kyo noch May können – aus Gründen der ästhetischen Kohärenz des Romans – Kinder haben[30].

Die *unproblematische* Gemeinschaft der revolutionären Kämpfer in der »Zeit der Verachtung« hingegen öffnet sich der Zukunft, was die Existenz des Kindes von Anna und Kassner zu einer ästhetischen Notwendigkeit des Werkes werden läßt.

29 Die Wiederaufnahme ihres Kampfes in der Kommunistischen Internationale und beim Aufbau Sowjetrußlands scheint – wie gesagt – eine eher künstliche Ergänzung zu sein.

30 Es genügt, an die Rolle der Kinder der Aktivisten zu denken, denen wir im Kampf begegnen: das Kind von Hemmelrich hindert ihn, am Kampf teilzunehmen, und wird beim Niederschlagen des Aufstandes getötet; Pei, der die Funktion eines Kindes von Tschen erfüllt, geht zum Kommunismus über, findet seinen Weg in der aktiven Teilnahme am Aufbau der Sowjetunion und trennt sich dadurch von Tschen, der in ihm sein Werk fortgesetzt zu sehen gehofft hatte.

VII.

Wie die Romane »Die Eroberer«, »So lebt der Mensch« und »Die Zeit der Verachtung«, stellt auch »Die Hoffnung« eine neue Etappe im Werke Malraux' dar, die Etappe der expliziten Identifizierung mit der Sicht der Kommunistischen Partei, und zwar als Partei, die sich den spontanen Tendenzen der revolutionären Gemeinschaft entgegenstellt.

Es ist letztlich die Welt von »So lebt der Mensch«, die nicht aus der Perspektive der Gruppe der Revolutionäre von Schanghai, sondern aus der der leitenden Männer in Hang-Keou gesehen ist. Es muß höchstens hinzugefügt werden, daß Malraux ein Schriftsteller ist, der alle Konsequenzen aus seiner Position zieht, darunter auch die Konsequenzen, die die stalinistischen Führer vielleicht im Auge hatten, die explizit zu formulieren sie sich aber weigerten, und schließlich – zum erstenmal in seinen Romanen der Revolution – den absoluten, privilegierten und unbestreitbaren Charakter der Revolution als obersten und grundlegenden Wert verneint.

Malraux wird, nachdem er im Verlauf des ganzen Buches der Disziplin im Namen der Wirksamkeit und des Sieges einen gegenwärtig vorrangigen Wert zuerkannt und – aus dieser Sicht – die Aufopferung aller *unmittelbaren* Werte der echten revolutionären Gemeinschaft gerechtfertigt hatte, schließlich mit den Worten des Kommunisten Garcia feststellen, daß der eigentliche Kampf nicht zwischen Revolution und Reaktion, zwischen Humanismus und Barbarei, ja, nicht einmal zwischen Nationalismus und Kommunismus oder Nationalismus und Proletariat geführt wird, sondern daß es der Kampf zwischen organisierten Parteien ist, von denen es wenigstens zwei gibt: die kommunistische und die faschistische Partei, denen es in diesem Kampf gleichermaßen um die Eroberung der Welt geht:

> »Am Anfang des Krieges starben die aufrechten Falangisten mit dem Ruf: ›Es lebe Spanien!‹, aber später mit dem Ruf: ›Es leben die Falangisten!‹ ... Sind Sie sicher, daß unter Ihren Fliegern der Typ des Kommunisten, der zu Anfang mit dem

Ruf: ›Es lebe das Proletariat!‹ oder: ›Es leben der Kommunismus!‹ gestorben ist, nicht heute unter den gleichen Umständen ruft: ›Es lebe die Partei!!‹ ...« – »Sie haben nicht mehr viel zu rufen, denn sie sind fast alle im Hospital oder unter der Erde. Es ist vielleicht individuell verschieden. Atteignies würde ohne Zweifel: ›Es lebe die Partei!‹ rufen, andere etwas anderes ...«
»Das Wort ›Partei‹ täuscht übrigens. Es ist ziemlich schwer, die verschiedenen Menschen, die durch ihr Votum vereint sind, und die Parteien, deren Hauptwurzeln alle in den tiefen und irrationalen Elementen des Menschen ihren Halt haben, mit dem gleichen Anhängeschild zu versehen ... Das Zeitalter der Parteien beginnt, mein Freund ...« (...)
»Wir wollen unseren Sieg nicht überbewerten; die Schlacht ist keine Marneschlacht. Aber schließlich ist sie immerhin eine Schlacht. Hier standen mehr Arbeitslose gegen uns als Schwarzhemden, weshalb ich – wie Sie wissen – die Propaganda in den Lautsprechern in Gang gebracht habe. Aber schließlich waren die Führer Faschisten. Wir können dieses Dorf ansehen und dabei die Brauen bewegen, mein Lieber; das ist unser Valmy. Zum erstenmal haben sich hier die beiden wahren Parteien gegenübergestanden ...«

Man darf die Bedeutung dieses Abschnitts selbstverständlich weder über- noch unterschätzen; der gesamte Roman fußt auf dem *Wesensunterschied* zwischen den »beiden wahren Parteien«, dem barbarischen Faschismus, der die Interessen einer privilegierten Minderheit vertritt, und dem revolutionären Kommunismus, der für den Triumph der Menschenwürde und einer weltweiten Brüderlichkeit kämpft. Malraux wird jedoch, nachdem er im Verlaufe der ganzen Handlung den Akzent auf den – im Vergleich zu allen anderen Werten – vorrangigen Charakter der Disziplin gesetzt hat, am Ende des Werkes, in dem Moment, da – nach seinen Worten – »der Kampf in eine neue Phase eintritt«, die äußersten Konsequenzen dieser Sichtweise ahnen.

Der Bezug der eben zitierten Stelle zur Gesamtheit des Romans ist – wenn auch inhaltlich entgegengesetzt – formal dem Bezug analog, in dem der isolierte Satz über die Liebe im Roman »Der Königsweg« zum Universum dieses Romans stand, das nicht um die Existenz der Liebe wußte und sie ausschloß. In beiden Fällen handelt es sich um Elemente, die nicht zur Welt des Romans gehören, wohl aber auf den verlängerten Linien der Entwicklungstendenzen dieser Welt ihren Platz einnehmen, indem die Welt des Romans einmal im Sinne der menschlichen Freiheit und das andere Mal im Sinne strenger Disziplin und Barbarei über sich hinausgeführt wird.

Kommen wir jedoch auf den Roman »Die Hoffnung« zurück; er ist unter den erzählenden Schriften Malraux' das umfangreichste und zugleich auf Grund der strukturellen Schlichtheit und Armut der in ihm dargestellten Welt am schwierigsten zu analysierende Werk. Der Schriftsteller Malraux hat diese – beabsichtigte oder zufällige – Armut und Einfachheit in jedem Falle spüren müssen, da er, anstelle einer kohärenten Fabel, die denen der früheren Werke vergleichbar wäre, eine Anzahl isolierter Teilszenen aneinanderreiht, deren Anzahl sich unbegrenzt erweitern ließe.

Aus diesem Grunde lassen sich auch die Gestalten der Handlung nur schwer ins Gedächtnis zurückrufen. Es gibt letztlich keine Einzelgestalten, sondern Personengruppen, in denen sich die Einzelgestalten bis zur Verwechslung ähnlich sind und jede wiederum Teil einer abstrakten Kollektivgestalt ist; die wichtigsten dieser Personengruppen sind die mutigen, aber disziplinlosen *Anarchisten*, die disziplinierten und wirksamen, aber durch ihre Gewissenskonflikte im Handeln am meisten beeinträchtigten *Katholiken* und die bewußt disziplinierten *Kommunisten*, die höchst wirksam sind, sofern sie alle Überlegungen in den Hintergrund drängen, die geeignet sind, ihre Wirksamkeit zu hemmen. Neben diesen drei wesentlichen Archetypen begegnen wir noch anderen, weniger wichtigen Gruppen: den Künstlern, den Söldnern, dem Volk usw.

Nun entsprechen diese drei schematisierten Gruppen genau dem schematisierten Bild, das die Kommunistische Partei bemüht war, von der spanischen Revolution zu zeichnen und zu verbreiten, ein stereotypes Bild, das – sofern es überhaupt eine gewisse Wahrheit enthielt – jedenfalls nur eine entstellende Teilansicht gab.

Wie es aber um die Richtigkeit oder Unrichtigkeit des Bildes bestellt sein mag, für die Welt der Erzählung ergeben sich aus dieser Sicht zwei Konsequenzen: die eine ist von zentraler, die andere von mehr peripherer Bedeutung.

Die erste Konsequenz ist, daß die politische Dimension der Konflikte ausgeschaltet wird und daß diese vollständig auf die militärische Ebene übertragen werden, während sie in »So lebt der Mensch« in all ihrer Komplexität gesehen wurden.

Begnügen wir uns damit, den Gegensatz zwischen den Anarchisten (denen man den P.O.U.M. hinzufügen müßte, den Malraux kaum erwähnt) und den Kommunisten erneut zu betrachten. In Wirklichkeit ging es dabei selbstverständlich nicht allein um eine Frage der Disziplin, sondern auch um das Problem zweier Konzeptionen der revolutionären Strategie, derselben, die im Roman »So lebt der Mensch« zum Widerspruch zwischen der Gruppe der Schanghaier Revolutionäre und der Leitung in Hang-Keou führte. Mußte man die Revolution vorantreiben, das Land unter die Bauern aufteilen, den Arbeiterräten die Leitung der Betriebe übertragen und dadurch alle antisozialistischen Kräfte gegen sich verbünden, denen man nur noch die Einheit der nationalen und internationalen revolutionären Kräfte hätte entgegenstellen können? Oder hätte man sich besser in China auf den Kampf mit dem ausländischen Imperialismus, in Spanien auf den Kampf gegen den Faschismus, beschränken sollen, in der Hoffnung, ein Bündnis zwischen Kommunisten und bürgerlichen Demokraten (den Nationalisten in China und den Republikanern in Spanien), zwischen dem Proletariat und dem demokratischen und nationalistischen Bürgertum zustande zu bringen?

Über diesen Punkt bestand zwischen der nichtkommunistischen Linken und der stalinistischen Richtung ein radikaler Gegensatz. Welche Position man aber auch in dieser Frage einnahm oder einnimmt, beide Seiten waren sich darüber im klaren, daß es sich um ein gleichzeitig politisches und militärisches Problem handelte, das die nichtkommunistische Linke öffentlich zu diskutieren bemüht war, während die kommunistische Leitung im Gegenteil versuchte, seinen wirklichen Aspekt zu verbergen, indem sie es – gegenüber den Anarchisten – auf die Ebene der militärischen Diskussion und – gegenüber den oppositionellen Kommunisten – auf das Niveau der Anschuldigung von Sabotage und Verrat verlagerte. In diesem Sinne war der Roman »So lebt der Mensch«, der die weitreichenden politischen und militärischen Implikationen dieser Divergenz ins Licht rückte, ein trotzkistisches Werk (obgleich sich Malraux eher den Positionen der kommunistischen Parteileitung anschloß), während »Die Hoffnung«, die diese Frage allein auf der Ebene von Disziplin und Organisation stellt und ihren politischen Aspekt fast völlig eliminiert, ein in stalinistischer Perspektive verfaßtes Buch ist. Daher ist der kurz nach Erscheinen des Buches berühmt gewordene Satz, in welchem Malraux den Kommunisten Garcia sagen läßt, das Beste, was der Mensch in seinem Leben tun könne, sei

> »eine Erfahrung, die so reich wie möglich ist, in Bewußtsein umzuformen«,

streng gesehen den Werten des Buches entgegengesetzt, da z. B. zwölf Zeilen davor der gleiche Garcia gesagt hat, daß für einen Intellektuellen

> »der politische Chef notwendigerweise ein Betrüger ist, da er lehrt, die Fragen zu lösen, indem man sie nicht stellt«,

und da das Werk auf der positiven Bewertung der Disziplin und des Führers fußt: Das zentrale Thema der Handlung ist die Umwandlung Manuels aus einem begeisterten und spontanen Revolutionär in einen politischen Führer[31].

Einige wenige Abschnitte, in denen politische Probleme heraufbeschworen sind, erscheinen heute zumindest überraschend. Zwar gibt es auch eine Seite, wo der Intellektuelle Alvear die grundlegenden menschlichen Werte gegen die Notwendigkeit der Aktion verteidigt; aber Alvear ist eine sekundäre Gestalt, und es stehen dieser Stelle eine Reihe von Angriffen gegen Intellektuelle und Stellungnahmen zugunsten Stalins gegenüber:

> »›Die Intellektuellen glauben immer ein wenig, eine Partei –

31 Wir stellen mit Interesse fest, daß Sartre fast zur gleichen Zeit in der Novelle »Die Kindheit eines Führers« das gleiche Problem in diametral entgegengesetzter Perspektive behandelt. Trotz des Gegensatzes, in dem die beiden Texte zueinander stehen, ist es wichtig festzustellen, daß sich dieses Problem einer Anzahl von Intellektuellen, unter anderen auch Paul Nizan, stellte.

das seien Menschen, die um eine Idee vereinigt sind. Eine Partei ähnelt viel mehr einem handelnden Charakter als einer Idee!‹ (...)

›Der große Intellektuelle ist der Mann der Nuance, des Grades, der Mann von Qualität, von Wahrheit an sich, von Komplexität. Er ist per definitionem wesentlich antimanichäisch. Nun sind aber die Aktionsmittel manichäisch, weil jede Aktion manichäisch ist; am heftigsten von dem Augenblick an, in dem sie die Massen berührt. Jeder echte Revolutionär ist ein geborener Manichäer. Und jeder Politiker.‹ (...)

›Denken Sie darüber nach, Scali: In allen Ländern – in allen Parteien – haftet den Intellektuellen der Geschmack von Dissidenten an: Adler contra Freud, Sorel contra Marx. Nur sind in der Politik die Dissidenten die Ausgeschlossenen. Der Hang zu den Ausgeschlossenen ist in der Intelligenzia stark: aus Edelmut, aus Geschmack am Erfinderischen. Sie vergißt, daß recht haben für eine Partei nicht heißt: guten Grund haben, sondern daß es heißt, etwas erkämpft haben.‹

›Diejenigen, die – menschlich und technisch – eine Kritik der – wenn Sie wollen – revolutionären Politik versuchen könnten, verkennen den Gegenstand der Revolution. Diejenigen, die die Erfahrung der Revolution haben, besitzen nicht das Talent von Unamuno und oft nicht einmal die Mittel sich auszudrücken ...!‹

›Wenn es – wie man sagt – in Rußland zu viele Stalinbilder gibt, so bestimmt nicht deshalb, weil der böse Stalin, in eine Ecke des Kremls geduckt, beschlossen hätte, daß dem so sei. Sehen Sie doch selbst hier in Madrid die Verrücktheit der Ehrenzeichen; und Gott weiß, ob die Regierung ihnen gegenüber gleichgültig ist! Interessant wäre es, zu erklären, warum die Bilder da sind. Man muß, um vor Verliebten über die Liebe zu sprechen, nur selbst verliebt gewesen sein; man braucht nicht eine Umfrage über die Liebe gemacht zu haben. Die Kraft eines Denkers, mein Freund, liegt weder in seiner Zustimmung noch in seinem Protest; sie liegt in seiner Deutung der Dinge. Ein Intellektueller erkläre, weshalb und wie die Dinge so sind; und er protestiere danach, wenn er es für nötig hält (das wird übrigens nicht der Mühe wert sein).

Die Analyse ist eine große Kraft, Scali. Ich glaube nicht an eine Ethik ohne Psychologie.‹«

Zitieren wir schließlich eine der seltenen Stellen, die den politischen Aspekt des Konflikts zwischen Anarchisten und Kommunisten streift und die Konsequenzen, die sich aus der Sichtweite der Erzählung ergeben, extrem weit zieht. Es handelt sich um ein Gespräch zwischen dem Kommunisten Garcia und dem christlichen Revolutionär Hernandez; Hernandez spricht von den Schwierigkeiten, auf die er in seinen Beziehungen mit den Kommunisten trifft, obgleich er sich politisch in den wesentlichen Punkten mit ihnen einverstanden erklärt. Da es sich um einen Christen handelt, sind seine Skrupel vor allem moralischer Natur:

»›In der letzten Woche ist einer meiner . . . na . . . entfernteren Kameraden, Anarchist oder wie man so sagt, beschuldigt worden, er habe die Kasse geplündert. Er war unschuldig. Er hat mich zum Zeugen angerufen. Ich verteidige ihn natürlich. Er hatte die Zwangskollektivierung des Dorfes durchgeführt, für das er verantwortlich war, und seine Leute haben angefangen, die Kollektivierung auf die Nachbardörfer auszudehnen. Ich gebe zu, daß diese Maßnahmen schlecht sind, daß ein Bauer, der zehn Scheinchen für eine Sichel geben muß, in Wut gerät. Ich gebe auch zu, daß demgegenüber das Programm der Kommunisten in dieser Frage gut ist.

Ich stehe, seitdem ich ausgesagt habe, mit ihnen auf schlechtem Fuße . . . Desto schlimmer; was wollt ihr denn, ich würde doch nicht zulassen, daß man einen Menschen wie einen Dieb behandelt, von dem ich weiß, daß er unschuldig ist.‹

›Die Kommunisten (und die, die im Moment vorhaben, etwas zu organisieren) denken, daß die Herzensreinheit ihres Freundes ihn nicht hindert, Franco objektiv Hilfe zu leisten, wenn es zu Bauernaufständen kommt . . .

Die Kommunisten wollen etwas *tun.* Ihr und die Anarchisten wollt – aus verschiedenen Gründen – etwas *sein* . . . Das ist das Drama jeder Revolution. Die Mythen, aus denen wir leben, sind kontradiktorisch: Pazifismus und Notwendigkeit der Verteidigung, Organisation und christliche Mythen, Wirksamkeit und Gerechtigkeit und so fort. Wir müssen sie ordnen, unsere Apokalypse in eine Armee umformen, oder verrecken. Das ist alles.‹«

Von dem Gesagten ausgehend, könnten wir ohne Mühe Seiten um Seiten mit Zitaten füllen, die die Grundthemen des Werkes betreffen: Mut, Desorganisation und Disziplinlosigkeit auf seiten der Anarchisten; Sinn für Verantwortlichkeit, Wirksamkeit und Disziplin auf seiten der Kommunisten; moralische Schwierigkeiten auf seiten der Katholiken, die sie allerdings unter dem Einfluß der aus Wirklichkeit und Kampf gezogenen Lehren überwinden; die Gefahr, Ethik und Gefühlsbewegungen in die politischen und militärischen Überlegungen einfließen zu lassen; die wiederholte Versicherung, daß jede Krise letzten Endes eine Krise der Führung ist, die Notwendigkeit der Organisation und der Disziplin; und schließlich die zwischen den Kämpfern lebendige Brüderlichkeit.

Wir werden uns selbstverständlich mit einigen Beispielen begnügen:

Über die Anarchisten und Kommunisten:

»Zum ersten Mal fühlte sich Puig anstelle eines verzweifelten Versuchs wie 1934 – wie immer – einem möglichen Sieg gegenüber. Trotz allem, was er von Bakunin wußte (und er war zweifellos der einzige in der Gruppe, der etwas von ihm gelesen hatte), war in seinen Augen die Revolution immer ein Pöbelaufstand gewesen. Angesichts einer Welt ohne Hoffnung erwartete er von der Anarchie nur beispielhafte Revolten; denn für ihn löste sich jedes politische Problem durch Kühnheit oder durch Charakter.«

Puig stellt im Laufe eines Gespräches mit Ximenez fest, daß der Angriff gut gewesen sei. Sein Partner antwortet ihm:

». . . Ja, eure Männer verstehen sich zu schlagen, aber sie verstehen nicht zu kämpfen.«

Oder weiterhin in einem Gespräch zwischen Manuel und Ramos:

»›Ich habe gerade eine halbe Stunde damit verbracht, wie ein Idiot mit meinen Kumpanen zu feilschen‹, sagte Ramos: ›es gibt mehr als zehn, die bei sich essen wollen; und drei in Madrid!‹

›Es ist Jagdzeit, sie geraten durcheinander. Ergebnis deines Feilschens?‹

›Fünf bleiben, sieben gehen. Wenn sie Kommunisten wären, blieben sie alle . . .‹«

Oder in einem Gespräch zwischen Hernandez und Garcia:

»›Was halten Sie von den Barrikaden?‹ fragte Garcia . . .

›Dasselbe wie Sie. Aber wir werden sehen. (. . .) Man müßte die Barrikade um 50 cm erhöhen, die Schützen weniger eng zusammenziehen, und Fenster hineinbringen, in V-Form.‹

›Aus . . wei . . se . . .?‹ brummte der Mexikaner in ein recht nahes Getrommel von Schüssen hinein.

›Was?‹

›Dein Ausweis, hä, deine Papiere!‹

›Hauptmann Hernandez, Kommandant der Abteilung von Zocodover.‹

›Ah, du bist nicht von der C.N.T. Was geht dich meine Barrikade an?‹«

Man entdeckt einen Verräter:

»›(. . .) ich habe drei von unseren Leuten geschickt, um ihm zu verabreichen, was er verdient.‹

›Ich hatte ihn abgesetzt, was meinen Sie! Und wenn die F.A.I. ihn nicht wieder eingesetzt hätte . . .‹«

Garcia im Gespräch mit Magnin:

»›Für mich, Monsieur Magnin, stellt sich die Frage ganz einfach: eine *Volksaktion* als solche – oder eine Revolution – oder sogar ein Aufstand, erhält ihren Sieg nur durch eine Technik, die den Mitteln, die ihr den Sieg gebracht haben, entgegengesetzt ist. Und manchmal sogar den Gefühlen. Denken Sie darüber nach, auf Grund Ihrer eigenen Erfahrung. Denn ich bezweifle, daß Sie Ihr Geschwader allein auf die Brüderlichkeit gründen.

Die Apokalypse will alles, sofort; die Revolution erhält wenig – langsam und mühsam. Die Gefahr liegt darin, daß jeder Mensch in sich den Wunsch nach einer Apokalypse trägt; und daß im Kampf dieser Wunsch, wenn er eine recht kurze Zeit angehalten hat, die sichere Niederlage ist. Aus einem ganz einfachen Grunde: die Apokalypse hat – ihrem Wesen nach – keine *Zukunft*.

Selbst wenn sie beansprucht, eine zu haben. (...) Unsere bescheidene Funktion, Monsieur Magnin, ist die Organisation der Apokalypse ...‹«

Oder mit den Worten von Enrique:

»›Die Kommunisten sind diszipliniert. Sie haben den Sekretären der Zelle Gehorsam geleistet, sie leisten ihn den Militärdelegierten; das sind oft dieselben. Viele Menschen, die kämpfen wollen, kommen aus Sinn für strenge Disziplin zu uns. Ehemals wurden unsere Leute diszipliniert, weil sie Kommunisten waren; heute werden viele Kommunisten, weil sie diszipliniert sind ...‹«

Oder mit den Worten Sembranos:

»›Wie – glaubst du – haben sie's gemacht, in Rußland?‹ (...)
›Sie hatten Gewehre. Vier Jahre Disziplin und Front. Und die Kommunisten, die ... *waren* eine Disziplin ...‹«

Zur Bedeutung der Führung:
Ximenez:

»›Über ihre Schwächen zu diskutieren ist ganz und gar unnütz. Von dem Augenblick an, wo sich die Leute schlagen wollen, ist jede Krise eine Krise der Führung.‹«

Heinrich:

»›In einem Fall wie diesem ist die Krise *immer*[32] eine Führungskrise.‹«

Manuel:

»›Sie haben das Lager in Verwirrung gebracht, weil sie keine Leitung hatten. Davor haben sie sich genauso gut geschlagen wie wir.‹«

32 Von Malraux selbst kursiv gestellt.

Die zahlreichen Episoden, die den Mut der Kämpfer und die männliche Brüderlichkeit beschreiben, die sie aneinander und damit an das Volk bindet, machen die eigentliche Schönheit des Buches aus. Welche Vorbehalte man auch immer gegen den literarischen Wert des Ganzen geltend machen könnte, bei der Lektüre einer gewissen Zahl von Szenen wird man sie wahrscheinlich mehr als einmal vergessen; Beispiele hierfür sind der Sturzflug der verwundeten Flieger im Gebirge, der Angriff auf Alcazar, das Empfinden des Bauern, der vom Flugzeug aus sein Dorf identifizieren soll und es aus der Höhe, in der sich das Flugzeug befindet, nicht mehr erkennt, usw. Indem wir aber dies feststellen, stellen wir sogleich fest, daß Malraux, der ein sehr großer Schriftsteller ist, durch diese Reihen von Skizzen, die zweifellos ergreifend und wundervoll geschrieben sind, in ihrer Aneinanderreihung aber nicht einmal eine echte Montage bilden können, – vorsätzlich oder zufällig –, die Unmöglichkeit kompensiert hat, eine dichte und strukturierte Erzählung zu schaffen.

Kehren wir nun zu einigen Elementen der Erzählung zurück, die uns besonders wichtig und charakteristisch zu sein scheinen. Das Schema des Romans, das reichlich vage angedeutet ist und sich in der Masse der einzelnen Episoden ständig aufzulösen droht, ist der doppelte Übergang

a) der spanischen Revolution von der Anarchie zur Organisation, von der Apokalypse zur Disziplin, von der Guerilla zur Armee;
b) der Persönlichkeit des gefühlsmäßigen Revolutionärs Manuel, der voll Liebe und Begeisterung ist, zum bewußten Kommunisten, der Herr über seine Gefühle ist, und zum militärischen Führer.

Dieser Übergang zieht für die revolutionären Kräfte eine immer strengere Organisation, und für Manuel, der einer der Führer dieser Organisation ist, eine fortschreitende Entfernung von den Menschen und eine immer größere Isolierung nach sich.

Betrachten wir Manuel an vier verschiedenen Zeitpunkten des Geschehens:

Ximenez sagt ihm im Laufe eines Gespräches:

»›Bald werden Sie selbst junge Offiziere auszubilden haben. Sie wollen geliebt werden. Das entspricht der Natur des Menschen. Und es gibt nichts Besseres, vorausgesetzt, daß man ihnen das begreiflich macht: Ein Offizier muß entsprechend seiner Führung geliebt werden – je gerechter, je wirksamer, desto besser – und nicht gemäß den Zufälligkeiten seiner Person. Mein Kind, verstehen Sie mich, wenn ich Ihnen sage, daß ein Offizier niemals verführen darf?‹ (...)

›Es ist immer gefährlich, geliebt werden zu wollen. (...) Es ist mehr Adel darin, ein Führer zu sein, als ein Einzelmensch (...): Es ist schwieriger ...‹«

Im Verlaufe der Szene, in der Manuel vom Kriegsgericht kommt, das die Fahnenflüchtigen zum Tode verurteilt hat, und sich zwei junge Verurteilte an seine Fersen heften:

»›Man kann uns nicht erschießen!‹ schrie einer von ihnen.

›Wir sind Freiwillige! Man muß es ihnen sagen!‹ (...)

›Man kann nicht! Man kann nicht!‹ schrie der andere. (...)

›Ich bin nicht der Kriegsrat‹, hätte Manuel fast geantwortet; aber er schämte sich dieser Verleugnung. (...)

›Was sage ich nur?‹ dachte Manuel. Die Verteidigung dieser Männer lag in dem, was man niemals hätte sagen können, in diesem triefenden Gesicht, dem offenen Mund, der Manuel hatte verstehen lassen, daß er sich dem ewigen Gesicht dessen gegenüberfand, der zahlt. Niemals hatte er bis zu diesem Punkte gespürt, daß es zwischen *Sieg und Mitleid* zu wählen galt.«

Als er später dieselbe Szene Ximenez erzählt:

»›Ich wußte, was es zu tun galt, und ich habe es getan. Ich bin entschlossen, meiner Partei zu dienen und werde mich nicht durch psychologische Reaktionen aufhalten lassen. Ich bin nicht ein Mann von Gewissensbissen. Es geht um etwas anderes. (...) Ich nehme diese Hinrichtungen auf mich: Sie sind vollstreckt, um die anderen zu retten, die *Unseren.* Nur eines sollen Sie wissen: Es gibt nicht eine der Stufen, die ich im Sinne größerer Wirksamkeit, einer besseren Führung erklommen habe, die mich nicht noch mehr von den Menschen entfernt hätte.

Ich bin jeden Tag etwas weniger Mensch.‹«

Und schließlich gegen Ende des Buches:

»Die letzten Schläge der Schlacht krachten von ferne. Manuel machte, nachdem er seine Reihen aufgestellt hatte, im Dorf die Runde, um Lastwagen zu organisieren; hinter ihm sein Hund. Er hatte einen prächtigen, exfaschistischen Wolfshund zu sich genommen, der viermal verwundet war. Je mehr er sich von den Menschen getrennt fühlte, desto mehr liebte er die Tiere: Stiere, Militärpferde, Wolfshunde, Kampfhähne.«

Die Art dieser Erziehung Manuels, der revolutionären Kämpfer und des spanischen Volkes durch die Realität des Kampfes tritt deutlich hervor: Alles, was unmittelbar und spontan menschlich ist, muß im Namen der ausschließlichen Suche nach Wirksamkeit zurückgedrängt und sogar beseitigt werden. Das eigentliche Thema der »Hoffnung« wird von Garcia knapp formuliert:

»Es gibt gerechte Kriege (. . .) – unserer in diesem Moment –, es gibt keine gerechten Armeen. Und daß ein Intellektueller, ein Mensch, dessen Funktion es ist zu denken, schließlich – wie Miguel – sagt: Ich verlasse Euch, weil Ihr nicht gerecht seid!, finde ich unmoralisch, lieber Freund! Es gibt eine Politik der Gerechtigkeit, aber es gibt keine gerechte Partei.«

Er hat zweifellos recht, vielleicht aber nur zum Teil; denn zwischen einer kraftlosen Moral, die Malraux immer den Katholiken und den Anarchisten zuzuschreiben scheint, und der Unterordnung der Mittel unter den Zweck, in der immer die Doktrin der Staatstheoretiker von Machiavelli bis Stalin bestand, ist noch eine dritte Position möglich, die in der Relation Mittel-Zweck eine Totalität sieht, in welcher der Zweck auf die Mittel wirkt, und die Mittel auf den Zweck. Aber es geht uns hier nicht um die Frage, die im Rahmen einer literaturkritischen Untersuchung völlig fehl am Platze wäre, ob die Sicht Malraux' richtig ist und ob wir mit ihr einverstanden sein können. Wir wollen vielmehr aufzeigen, daß die Struktur dieser Sicht als solcher eine der wichtigsten Dimensionen der im Werk geschilderten Ereignisse gänzlich aufhebt.

Wir wollen, um diese mehr schematische Analyse – und wir geben zu, daß sie, was nicht wenig besagt, noch schematischer ist als die Analyse der anderen Schriften – abzuschließen, noch zwei Charakteristika des Romans hervorheben, die u. E. in seiner Struktur begründet sind. Erstens besteht – wie in allen anderen Werken Malraux' – zwischen den allgemeinen Anschauungen und dem persönlichen Leben der Gestalten eine strenge Kohärenz. Daher bleibt, sofern sich der Mensch im sozialen und politischen Leben auf den disziplinierten Kampf und auf die militärische Organisation beschränkt, für Liebesbeziehungen und erotische Verhältnisse zwischen Mann und Frau, welcher Art sie auch im privaten Leben sein mögen, kein Platz mehr.

»Die Hoffnung« ist ein Buch des Kampfes, in dem Elemente wie Liebe, Erotismus, Familie etc. nicht mehr, oder genauer: nur noch als den eigentlichen Werten der Erzählung entgegengesetzte Hindernisse in Erscheinung treten.

»Der Krieg macht keusch«,

sagt Manuel einmal; und außer der Episode, in der der Frau des Kommandanten von Alcazar ein Brief übermittelt wird, der Episode der Milizsoldatin, die den Kämpfern ihre Speiseration bringt, und einer Anspielung auf den Sohn des Caballero, der Gefangener der Faschisten in Segovia ist und erschossen wird, sagen alle Szenen, die von Frauen und Familie sprechen, tatsächlich aus, daß deren Anwesenheit für die Kämpfer schädlich und sogar fatal wäre.

In dieser Hinsicht ist die Episode der Frau, die in der Nähe ihres Mannes bleiben will, besonders charakteristisch:

»›Du glaubst, ich müsse gehen?‹

›Das ist eine deutsche Genossin‹, sagte, ohne der Frau zu antworten, Guernico zu Garcia.

›Er sagt, ich müßte gehen‹, sagte sie erneut. ›Er sagt, daß er nicht gut kämpfen kann, wenn ich hier bin.‹

›Er hat sicher recht!‹

›Aber ich kann nicht leben, wenn ich weiß, daß er hier kämpft, ... wenn ich nicht einmal weiß, was vorgeht ...‹ (...)

›Sie sind alle gleich‹, dachte Garcia. ›Wenn sie geht, wird sie es mit viel Aufregung tragen, aber überstehen; wenn sie bleibt, wird er getötet.‹

(...)

›Warum willst du bleiben?‹ fragte Garcia freundlich.

›Mir ist es gleich, ob ich sterbe. Das Unglück ist, daß ich mich gut ernähren muß, und hier kann man das nicht mehr; ich bin schwanger ...‹«

Und als sich später Garcia und Guernico allein wiedertreffen:

»›Das Schwierigste‹, sagte Guernico dumpf, ›ist diese Frage von Frau und Kindern ...‹

Und noch tiefer: ›Immerhin habe ich eine Chance: sie sind nicht da ...‹«

Oder auch im Munde von Manuel, als er Ximenez die Episode der Flüchtlinge erzählt:

»›Ich habe in der letzten Woche mit einer Frau geschlafen, die ich unerwidert geliebt hatte, na ... jahrelang; und ich hatte Lust zu gehen. Ich bedaure nichts von alledem; aber wenn ich darauf verzichte, dann *für* etwas. Man kann nur führen, um zu dienen, wenn nicht ...‹«

Zweitens muß die Tatsache berücksichtigt werden, daß »Die Hoffnung« nicht die wirkliche Niederlage der spanischen Revolution, sondern deren Sieg in einer Schlacht zum Inhalt hat, und daß dieser Sieg dem Leser im Kontext der gesamten Erzählung den Eindruck des Sieges der spanischen Revolution vermittelt.

Hierzu wäre selbstverständlich eine sehr einfache Erklärung denkbar, diejenige nämlich, daß Malraux, der diesen Roman 1937, vor der Beendigung des Krieges veröffentlicht hat, nachträglich keine Veränderung an seinem schon publizierten Werk hat vornehmen wollen.

Es ist dies – wie wir gern zugeben – eine einleuchtende Hypothese. Aber – und wir halten diese Bemerkung für nützlich – diese Weigerung, die späteren Ereignisse zu berücksichtigen, rührt möglicherweise aus einer inneren Notwendigkeit der Struktur der Erzählung her: Da die Welt dieses Buches auf die Notwendigkeit zentriert ist, der Disziplin im Namen der Wirksamkeit alle anderen Werte zu opfern, gerät dieses Opfer tatsächlich in Gefahr, ungerechtfertigt und nichtig zu erscheinen, wenn es – weit davon entfernt, wirksam zu sein – nicht zum Sieg, sondern zur Niederlage führt.

Vielleicht münden aus diesem Grunde die das Buch abschließenden, kurzen Episoden in eine Vision des Friedens und sogar der Zukunft ein, die den Krieg in die Vergangenheit verweist. Während des Kampfes hatte Manuel mit der Musik, mit den Frauen, mit alldem, was ihm persönlich Freude bereitete, gebrochen; zu Gartner hatte er davon gesprochen, daß er sich von der Musik getrennt hätte, aber in dem Moment, als er allein auf der Straße einer eingenommenen Stadt stand, nahm er wahr, daß er sich nichts mehr wünschte, als jetzt Musik zu hören, nicht die »Internationale« oder irgendein anderes Kampflied, sondern die Symphonien Beethovens und »Les Adieux«:

»Er fühlte das Leben um sich herum, reich an Vorzeichen, als ob ihn hinter diesen tiefen Wolken, die die Kanone nicht mehr erschütterte, schweigend irgendwelche blinden Geschicke erwartet hätten. Der Wolfshund horchte auf, gestreckt wie diejenigen auf den Halbreliefs. Eines Tages würde Frieden sein. Und Manuel würde ein anderer Mensch, sich selbst noch unbekannt, wie der Kämpfer von heute dem unbekannt war, der einen kleinen Wagen gekauft hatte, um in den Bergen Ski zu laufen.

Und zweifellos ging es jedem dieser Männer so, die durch die Straße gingen, die mit dem Finger auf den Klavieren unter offenem Himmel ihre hartnäckigen Romanzen schlugen, die gestern unter den schweren spitzen Kapuzen gekämpft hatten ...

(...)

Man entdeckt den Krieg nur einmal, aber man entdeckt das Leben mehrmals.

Die musikalischen Tempi, die, in seiner Vergangenheit abgerollt, aufeinander folgten, sprachen, wie diese Stadt hätte sprechen können, die einst die Mauren aufgehalten hatte, und dieser Himmel und diese ewigen Felder; Manuel hörte zum erstenmal die Stimme dessen, was schwerwiegender als das Blut von Menschen, beunruhigender als ihre Anwesenheit auf Erden ist – die unendliche Möglichkeit ihres Schicksals; und er spürte in ihr diese den Lärm der Bäche und den Schritt der Gefangenen vereinigende Gegenwart, die dauerhaft und tief war wie das Schlagen seines Herzens.«

Wie »Die Zeit der Verachtung« ist »Die Hoffnung« ein Buch, das sich dem Epischen nähert, dem es aber – wenn auch aus wesentlich anderen und sogar entgegengesetzten Gründen – u. E. noch nicht gelungen ist, das Epische zu erreichen. In der »Zeit der Verachtung« stellte die Überschreitung des Individuellen ein Problem dar; aber selbst, wenn man aufwiese, daß dieses Problem lösbar, diese Überschreitung des Individuellen realisierbar sei, war mit dem bloßen Vorhandensein des Individuums selbst und der Notwendigkeit seiner Überschreitung bereits eine vorepische Welt gegeben. Das Buch schloß – um die Formulierung Malraux' aufzunehmen – in dem Augenblick, da »ein Gott geboren ward«, während die Epopöe, die keine Fragen stellt und keine von der Gemeinschaft getrennten Individuen kennt, gerade die reale, unbestreitbare und unproblematische Gegenwart der Götter voraussetzt.

Umgekehrt könnte man die Welt des Romans »Die Hoffnung« als »postepisch« bezeichnen, sofern sich das Individuum, anstelle der Selbstrealisierung in der Gemeinschaft und der Bildung einer organischen Einheit mit ihr, durch Disziplin und Organisierung in seiner Spontaneität und seiner Fülle negiert sieht.

Malraux ist mit den zwei Erzählwerken, deren Welt um die Wiederversöhnung des Individuums mit der Gemeinschaft kreist, von dem Stadium, das dieser Aussöhnung unmittelbar vorhergeht, zu dem Stadium übergegangen, auf dem er die politische und militärische Technokratie zum eigentlichen Subjekt der Geschichte macht. Für den Soziologen allerdings ist das Problem dieses Übergangs viel weniger das der persönlichen Entwicklung Malraux' als das eines angenommenen und möglicherweise nachweisbaren allgemeineren Prozesses in der Epoche, in die beide Werke fallen. Es muß noch einmal daran erinnert werden, daß der Schriftsteller nicht abstrakte Ideen zum Ausdruck bringt, sondern eine dichterische Wirklichkeit schafft, und daß die Möglichkeit dieser Schöpfung nicht in erster Linie von seinen bewußten Absichten, sondern von der gesellschaftlichen Wirklichkeit, in deren Mitte er lebt, und von den psychischen Kategorien abhängig ist, zu deren Hervorbringung sie beigetragen hat. Daher wird der erste Schritt zur Beantwortung der gestellten Frage ohne Zweifel darin bestehen, die französische Literatur zwischen den beiden Weltkriegen unter dem Aspekt kritisch durchzusehen, inwieweit hier genügend bedeutende Schriften zu finden sind, in denen die dargestellte Welt statt auf Werte wie Disziplin und Wirkungsfähigkeit auf den Wert der revolutionären Spontaneität oder wenigstens auf die Einheit von Mensch und Gemeinschaft konzentriert ist.

VIII.

Zum Abschluß dieser Studie bleibt uns noch die Analyse des letzten dichterischen Werkes Malraux', der »Nußbäume von Altenburg«, das 1943 erschien. Das Werk erweckt beim ersten Anblick den merkwürdigen Eindruck, daß beim Lesen zwar eine strenge und durchgängige innere Einheit spürbar ist, daß es aber aus einer Folge isolierter Szenen besteht, die zu verschiedenen Epochen spielen, mindestens zwei verschiedene Helden haben und in einer keinesfalls ins Auge springenden Verbindung zueinander stehen. Wir werden versuchen aufzuweisen, daß die Einheit des Textes sichtbar wird, sobald man berücksichtigt, daß es sich um ein besonderes literarisches Genre handelt, das dem Essay sehr viel näher steht als dem Roman.

Der Essay ist – wie Lukács in seiner berühmten Studie gezeigt hat – eine selbständige literarische Form, die ihren Platz auf halbem Wege zwischen der Philosophie als dem in Begriffe gefaßten Ausdruck einer Weltanschauung und der Literatur als der dichterischen Schöpfung eines Universums von Individuen und konkreten Situationen hat. Zwischen beiden liegt der Essay als intermediäres Genre, sofern es – bei Gelegenheit dieser oder jener *konkreten Situation* oder dieses oder jenes *Individuums* – *begriffliche Probleme* stellt (und die großen Essayisten der Weltliteratur werfen mehr Probleme auf, als sie Antworten geben). Deshalb besitzt der Essay immer eine ironische Dimension, da er scheinbar vom Leben oder Denken dieser oder jener Persönlichkeit handelt oder erzählt, wie sich diese oder jene Ereignisse zugetragen haben, der Essayist aber in Wirklichkeit die Gestalten und Ereignisse nur als *Gelegenheit benutzt*, eine gewisse Zahl allgemeiner Probleme zur Sprache zu bringen. Die Form des Essays ist – um es genauer zu sagen – vom historischen oder biographischen Standpunkt aus betrachtet, sehr oft eine Übergangsform, zu der der Autor greift, weil weder die Fragen noch die Antworten in ihm schon genügend gereift sind, um in direkter begrifflicher Form ausgedrückt zu werden.

Die Form der »Nußbäume von Altenburg« steht u. E. dem

Essay sehr nahe, ohne aber ein Essay im strengen Sinne des Wortes zu sein. Sie hat mit dem Essay die zweifache Dimension gemein, d. h. sie stellt wie dieser – *anläßlich* einer Reihe von *individuellen und konkreten Erscheinungen – begriffliche Fragen;* sie weicht darin vom Essay ab, daß Malraux, statt diese Einzelgestalten oder konkreten Situationen aus der Wirklichkeit der Gegenwart oder der Vergangenheit zu nehmen, wie es einige große Essayisten getan haben, oder aus der Literatur, wie es die Mehrzahl von ihnen tat, als Schriftsteller selbst eine Reihe von Episoden und konkreten Situationen erfunden und gestaltet hat, die er zum Anlaß nimmt, um den Lesern gewisse Probleme vorzulegen; ein weiterer Unterschied zur Essayform liegt darin, daß sich die Erzählung nicht mit dem Aufwerfen der Probleme begnügt, sondern auch eine mehr oder weniger ausgearbeitete Antwort vorlegt. Dadurch wird die der Mehrzahl der Essays eigene Ironie aufgehoben und durch eine nahezu kohärente Beweisführung ersetzt. Unter diesem Gesichtswinkel gelesen, erlangen u. E. die verschiedenen Episoden des Buches eine stringente und irreversible Reihenfolge, die den eigentlichen Gegenstand, Malraux' Konzeption vom Menschen, offenbaren und die Gründe, die ihn zur Absage an die kommunistische Bewegung und Ideologie bewogen haben.

Es bleibt die Frage offen, ob diese Entwicklung Malraux' eine Einzelerscheinung oder, im Gegenteil, eine an gesellschaftlich-politische Ereignisse dieser Epoche und als solche – zumindest in den Kreisen der Intellektuellen – an ideologische Strömungen des Kollektivbewußtseins gebundene Erscheinung ist. Die Antwort hängt – hier wie überall in unserer Studie bei Fragen dieser Art – von einer weiteren und eingehenderen Untersuchung der Gesamtheit der Dokumente dieser Zeit ab, und wir können, da die Forschung in diesem Punkte noch nicht weit genug gediehen ist, selbstverständlich nur auf die Notwendigkeit hinweisen, sie weitmöglichst voranzutreiben. Dennoch sei bemerkt, daß der deutsch-russische Nichtangriffspakt von 1939, der sich aus der Perspektive der antikapitalistischen (und daher auch gegen Hitler gerichteten) Außenpolitik der Sowjetunion leicht verstehen läßt, bei zahlreichen sozialistischen Intellektuellen des Westens eine Gewissenskrise ausgelöst hat, sofern er deutlich auf eine tiefere Realität hinwies, die den meisten von ihnen nicht bewußt gewesen war; man erkannte zum Teil erst jetzt, daß in der Stalin-Ära die Zugehörigkeit zur kommunistischen Bewegung eine Wahl zwischen den unmittelbaren Interessen des Sowjetstaates, der als Hauptbollwerk des Sozialismus galt, und den unmittelbaren Interessen der Gesellschaft oder des Proletariats des eigenen Landes forderte oder wenigstens fordern könnte.

Für China hatte Malraux dieses Problem in »So lebt der Mensch« geschildert, und damals trotz allem, was sein Bericht an Peinlichem und Tragischem ans Licht gebracht hatte, den Roman mit der Versicherung abgeschlossen, die Arbeit müsse

> »die Hauptwaffe des Klassenkampfes werden. [. . .] Eben jetzt befindet sich der gewaltigste Industrialisierungsplan der Welt in Vorbereitung: Es handelt sich darum, innerhalb von fünf Jahren die gesamte Sowjetunion umzugestalten, aus ihr eine der ersten Industriemächte Europas zu machen und dann später Amerika einzuholen und zu überholen.«,

und mit der Hoffnung, daß die historische Entwicklung den Kampf und das Opfer der Revolutionäre von Schanghai als positive Etappe in die Totalität des Kampfes für den Sozialismus einbeziehen werde.

1939 wurde in seiner eigenen Gesellschaft, in seinem eigenen Land, eine zweifellos andersartige – es ging nicht um den revolutionären Kampf, sondern um Militärbündnisse und Strategie in der internationalen Politik –, aber in ihrem Grundschema (Notwendigkeit einer Wahl zwischen den unmittelbaren Interessen der UdSSR und den unmittelbaren Interessen der westlichen Gesellschaft und des westlichen Proletariats) analoge Frage laut. Wir wissen, daß dieses Problem die Linksintellektuellen Frankreichs in eine tiefe Krise geführt hat, die aber von den meisten unter ihnen nach kurzer Zeit, mit dem Ausbruch des Konflikts zwischen Deutschland und der Sowjetunion und deren Überschwenken in das Lager der Alliierten, überwunden wurde; denn von neuem war der rein taktische Charakter des Paktes und die radikale Ablehnung Hitlers in der kommunistischen Politik und in der Außenpolitik der UdSSR offen zutage getreten. Nichtsdestoweniger glauben wir, daß die allgemeine

Krise, die durch den Hitler-Stalin-Pakt ausgelöst wurde, möglicherweise auch ein für die Änderung der Perspektive Malraux' bedeutungsvoller Faktor gewesen sein kann und daß eine Untersuchung unter soziologischen Gesichtspunkten diese Möglichkeit in ihr Gesichtsfeld einbeziehen muß.

Gehen wir aber zur Analyse des Textes über, dessen erste Episode nach der Niederlage, im Jahre 1940, spielt.

Mehrere tausend Gefangene werden anfangs in die Kathedrale von Chartres und danach in eine Baracke für öffentliche Arbeiten gepfercht. In dieser Ausnahmesituation werden wieder die archaischen Beschäftigungen und Aktivitäten wach:
der Bau von Höhlen und Unterständen, die Suche nach der letzten Konservendose, den letzten Krumen in der Tasche, das Sich-Zusammendrängen an den Gittern, wo jeder das Stück Brot haben will, das eine Frau jeden Tag für die Gefangenen in ein Versteck legt, usw.

Zu einem bestimmten Zeitpunkt werden in der Kathedrale Karten verteilt, die die Gefangenen beschreiben und an ihre Angehörigen verschicken können; einige schreiben lange Briefe; man teilt ihnen mit, daß diese, sofern sie der Vorschrift nicht entsprechen, nicht übermittelt werden. Kurze Zeit darauf werden vom Wind fliegende Blätter in die Baracke getragen. Es sind die Karten, die die Gefangenen gerade geschrieben haben, und die die Verwaltung der Deutschen in alle Winde verstreut hat.

Nach wenigen Augenblicken trifft der Erzähler auf einen Tankwagenfahrer, der wieder zu schreiben begonnen hat:

»›Du machst eine Zeitung?‹

Höchst erstaunt schaut er auf:

›Eine Zeitung?‹

Schließlich versteht er:

›Nein, ... ich, das hier ...‹

Und im Tone der Selbstverständlichkeit:

›Ich schreibe an meine Frau ...‹«

Später im Gespräch mit einem anderen Gefangenen:

»›Ich erwarte, daß sich das abnützt ...‹

›Was?‹

›Alles ... ich erwarte, daß sich das abnützt ...‹«

Malraux entwickelt, indem er über die Fakten spricht, explizit seine neue Anschauung vom Menschen. Dem marxistischen Denken und auch den vorangegangenen Werken Malraux' lag die Überzeugung zugrunde, daß alle Menschen von Natur danach streben, ihrem Leben einen Sinn zu geben und damit ihre Würde zu behaupten. Unterdrückung und bestimmte ökonomische und soziale Bedingungen können zweifellos dieses natürliche Bedürfnis nach Tat und Würde in ihnen zeitweilig unterdrücken und vernichten, es bleibt jedoch – durch Strukturen der Unterdrückung, die sich im Laufe der Geschichte kontinuierlich ändern, hindurch – die einzige permanente menschliche Realität, die conditio humana, die im Trachten nach Würde und Sinn besteht.

In dieser Perspektive betrachtet verhelfen die Revolutionäre, als Intellektuelle und zugleich Menschen der Tat, den Menschen lediglich dazu, ein Bewußtsein von den natürlichen Wünschen zu erlangen, die in der Tiefe ihres Wesens verborgen liegen und unkenntlich gemacht sind durch die sie unterdrückende Zivilisation, indem sie sie zu ihrer wahren Berufung, der Schaffung der Gemeinschaft und dadurch der Geschichte, zurückführen.

Diese Anschauung wird nun schon in der ersten Episode der »Nußbäume von Altenburg« in Frage gestellt.

Es existiert effektiv nicht ein *fundamentaler*, sondern ein *ewiger* Mensch; das gibt die Erzählung wiederholt zu erkennen:

> »In dem babylonischen Gemäuer, das aus stämmigen Pfählen, Röhren und Stangen gemacht ist, sitzen nun drei, die – zusammengeschrumpft wie die Mumien von Peru – auf ihren Knien schreiben (. . .) dies da ist eines der *gotischen* Gesichter, die immer zahlreicher wurden, seitdem die Bärte wachsen. Das jahrhundertealte Gedenken der Plage. Die Plage mußte kommen, und da ist sie. Ich erinnere mich der schweigenden Mobilisierten des September, auf ihrem Marsch durch den weißen Staub der Straßen und der Georginen vom Ende des Sommers, die mir gegen Flut, gegen Feuersbrunst auszuziehen schienen; aber unter dieser *jahrhundertealten* Vertrautheit mit dem Unglück keimt die nicht weniger *jahrhundertealte* List des Menschen, sein geheimer Glaube an eine – wenn auch mit Unheil überladene – Beharrlichkeit, dieselbe vielleicht, wie einst vor der Hungersnot der Höhlen.«

Auch der Aufenthalt der Gefangenen in der Kathedrale von Chartres hat eine symbolische Bedeutung:

»Seit den ersten Zeiten des Krieges, seitdem die Uniform den Beruf ausgelöscht hat, habe ich begonnen, diese *gotischen* Gesichter zu bemerken. Und das, was heute aus der verstörten Masse herauskommt, die sich nicht mehr rasieren kann, sind nicht die Galeeren; es ist das *Mittelalter*. Jeden Morgen betrachte ich Tausende von Schatten in der unruhigen Dunkelheit des Morgengrauens; und ich denke: das ist der Mensch . . .«

Aber dieser Mensch schafft nicht mehr Götter, Werte; er ist im Gegenteil ein Mensch, der seit Tausenden von Jahren »in einem Halbschlaf lebt«, der sich nicht verändert, und dem im Verhältnis zur Geschichte nur eine mögliche Reaktion bleibt: sie zu erleiden und nach einem Mittel zu suchen, um durch sie hindurch und trotz ihrer zu existieren und – wenn dies schwierig wird – ihren unmenschlichen, großartigen und barbarischen Werken, ihren Listen, seine jahrtausendealte und zersetzende Fähigkeit zu leiden und zu ertragen entgegenzuhalten, die jene letzten Endes immer aufreibt. Der ewige Mensch, der sich gleich bleibt durch die Zeiten und die sinnschaffende, im Wandel begriffene Geschichte; die Menschheit und die »Intellektuellen«; das sind verschiedene, meist entgegengesetzte Wirklichkeiten.

»Ich habe geglaubt, mehr als meine Kultur zu kennen, weil ich den kämpferischen Massen eines – religiösen oder politischen – Glaubens begegnet bin; ich weiß jetzt, daß ein Intellektueller nicht nur derjenige ist, der Bücher braucht, sondern jeder Mensch, dessen Leben eine Idee beseelt und ordnet, so elementar sie auch sei. Die, die mich umgeben, leben in den Tag hinein, seit Jahrtausenden.«

Damit tauchen auch für den Intellektuellen, der in dieser Erzählung zu Worte kommt und jetzt weiß, daß die Aktion nicht die Verwirklichung einer zwar virtuellen, aber immer effektiven Gemeinschaft zwischen ihm und den übrigen Menschen ist, und daß daher die revolutionäre Ideologie im ganzen irrig war, neue Probleme auf, denen er sich stellen muß. Sie betreffen zugleich diejenigen, die

»seit Tausenden von Jahren in den Tag hineinleben«,
und diejenigen, bei denen eine Idee
»das Leben bewegt und ordnet«,
und sie betreffen vor allem deren gegenseitige Bezüge:

»Diese Begegnungen schickt mir der unermüdliche Wind, wie er die Briefe meiner Gefährten in die Luft schickte. Damit ich sie genau prüfe, damit ich sie meinen eigenen gegenüberstelle, während von neuem, angerufen vom Regenguß der Nacht, die Rosen aus der Erde treten, aus dem Boden, der verhärtet war vom Getrampel der fünftausend Mann – während das Leben weitergeht, bis daß in der brüderlichen Tiefe des Todes meine und ihre Fragen zusammenfallen . . .
Hier aber ist Schreiben das einzige Mittel weiterzuleben.«

Der Erzähler geht diese Probleme von der Erfahrung seines Vaters her an.

Die erste Episode hat das theoretische Problem aufgeworfen, die zwei folgenden schildern in kaum übertragener Weise die historische Situation, die einander entgegengesetzten Kräfte, und die Erfahrung, die Malraux dazu geführt hat, sich von der revolutionären Bewegung zu trennen.

Die erste von ihnen handelt sowohl von der – zwar achtbaren und sympathischen – nonkonformistischen Opposition, die sich aber selbst ein Ende gesetzt und dabei eine zweideutige und deshalb nutzlose Botschaft hinterlassen hat, als auch von den Intellektuellen und den Menschen der Tat – als den Testamentsvollstreckern –, die ganz allein über ihr Erbe Klarheit erlangen müssen. Die zweite behandelt den Stalinismus.

Der Vater des Erzählers, Victor Berger, findet – nach Europa zurückgekehrt – seinen eigenen Vater wieder, der einige Tage später Selbstmord begeht. Er war seinem Wesen nach Nonkonformist. Als Bürgermeister seiner Gemeinde hatte er – entgegen der unüberwindlichen Feindseligkeit seines Dorfes und der kommunalen Verwaltung – die Synagoge und die Wanderzirkusse auf seinem eigenen Gut beherbergt. Als gläubiger, über gewisse Kompromisse und Laxheiten der Kirche aufgebrachter Katholik hatte er anfangs vor seinem Pfarrer protestiert und war nach dessen Weigerung, ihn zu verstehen,

(»Aber, Monsieur Berger, steht es einem einfachen Geistlichen zu, über die Entscheidungen aus Rom zu diskutieren?«)

aus Protest nach Rom gegangen, um dort seinen Vorbehalten Ausdruck zu verleihen.

»Er hatte die Wallfahrt zu Fuß gemacht. Als Vorsitzender verschiedener Stiftungen hatte er mühelos eine Papstaudienz erhalten. Mit etwa zwanzig Gläubigen hatte er sich in einem der Räume des Vatikan befunden. Er war nicht schüchtern, aber der Papst war der Papst, und er war ein Christ: Alle hatten sich gekniet, der Heilige Vater war vorbeigegangen, sie hatten seinen Pantoffel geküßt und man hatte sie entlassen. (. . .) Nach der Rückkehr glaubten seine protestantischen Freunde, er sei bereit zur Konversion.

›In meinem Alter wechselt man seine Religion nicht!‹

Von nun an nahm er Abstand von der Kirche, aber nicht von Christus, und wohnte jeden Sonntag der Messe außerhalb des Gebäudes bei, stand inmitten von Brennesseln in einer Nische, die an der Kreuzung zwischen dem Quer- und dem Hauptschiff entstand, und verfolgte im Gedächtnis das Offizium und war aufmerksam bemüht, durch die Glasfenster hindurch den dünnen Ton der Glocke wahrzunehmen, die die Wandlung ankündigte.«

Schließlich hatte er ruhig und entschlossen seinem Leben ein Ende gemacht und so sein Schicksal hingenommen. Das erste Gespräch mit seinem Sohn greift die Bitte der tatarischen Kameltreiber aus der »Zeit der Verachtung« auf:

»›Wenn du ein Leben wählen könntest, welches würdest du wählen?‹

›Und du?‹

Er hat recht lange nachgedacht und plötzlich sehr ernst gesagt: ›Ja, *was auch immer kommt*, wenn ich noch einmal, ein anderes Leben, leben müßte, ich wünschte kein anderes als das von Dietrich Berger . . .‹«

Er hat – wie die Opposition gegenüber der Partei – ein gegenüber der Kirche zweideutiges Testament hinterlassen.

»Ich glaube, daß sich etwas sehr Schmerzliches zugetragen hat. Sie wissen, daß das Testament versiegelt war. Der Satz: ›Mein formeller Wille ist es, kirchlich beerdigt zu werden‹ war auf ein freies Blatt geschrieben, das auf dem Nachttisch lag, auf dem sich das Strychnin befand; aber zuvor hatte der Text gelautet: ›Mein formeller Wille ist es, nicht kirchlich beerdigt zu werden‹. Er hat die Verneinung nachträglich durchgestrichen, mit vielen Strichen ... Er hatte zweifellos nicht mehr die Kraft, das Blatt zu zerreißen und ein neues zu beschreiben.«

Der Erzähler urteilt über den Selbstmord in folgender Weise:

»Ich habe allerhand Dummheiten über den Selbstmord zu hören bekommen . . . aber einem Mann gegenüber, der sich gefaßt getötet hat, habe ich niemals ein anderes Gefühl als Respekt gesehen. Ob der Selbstmord ein Akt des Mutes ist oder nicht, diese Frage stellt sich nur denen, die sich nicht getötet haben.«

Die dritte Episode stellt – wie gesagt – mit dem Bericht über die Aktion Victor Bergers das Problem des offiziellen Kommunismus; die Übertragung ist kaum verdeckt. Als Orientalist, Professor an der Universität von Istanbul und deutscher Offizier[33], wird Victor Berger, teils in Übereinstimmung mit dem deutschen Geheimdienst, teils unabhängig und gegen diese Dienststellen, in der Türkei tätig sein. Die Türkei, ein Vielvölkerstaat, dem die baldige Auflösung droht, wird von Sultan Abdul-Hamid regiert. Dieser orientiert seine gesamte Politik auf eine panislamitische Ideologie und Entwicklung, die seiner Ansicht nach das einzige Gegengewicht gegen die zentrifugalen Kräfte des Landes bilden könnte. Dem Sultan gegenüber feindlich eingestellt, findet Victor Berger den Kontakt zur Opposition der Jung-Türken. Er sieht in dieser Opposition die Zukunft der Türkei und setzt sich bei den deutschen Dienststellen für ihre Unterstützung ein. Es gelingt ihm, sie zu überzeugen und mit ihrer Hilfe einen Propagandadienst zu organisieren, der

33 Der Erzähler ist Elsässer, was die Tatsache erklärt, daß sein Vater 1914 deutscher Offizier war.

unter seiner Führung – wie es zuvor bei Garin der Fall war – zu einem bemerkenswerten Aktionsinstrument wird.

»Aus einer Propaganda, die bloßes Schaustück war, war er entschlossen, ein politisches Aktionsinstrument zu machen.«

Es kommt zum Ausbruch einer ersten Revolution. Abdul-Hamid wird gestürzt und durch Mohamed V. ersetzt.

»Die Macht des Parlaments war endgültig erlangt.«

Die deutschen Dienststellen weigern sich, noch weiterzugehen und Victor Berger, der weiterhin mit den Jung-Türken liiert ist, länger zu unterstützen. Die Bewegung nimmt ihren Lauf. Eines Tages stellt ein Sonderbeauftragter von Bülows Victor Berger die Frage:

»›In welcher Richtung gehen die Interessen, die ... Pläne von Enver-Pascha?‹

›Baldmöglichst zurückzukommen und die Regierung zu übernehmen.‹

›Obgleich diese nicht sehr stark ist, möchte ich ...‹

›Wir werden sie übernehmen.‹

Der Gesandte spitzte die Ohren bei diesem ›Wir‹.«

Victor Berger war in der Tat ganz auf die Seite des Enver-Pascha und der Jung-Türken übergegangen.

In der Folgezeit unterstützt er – mit oder ohne den Beistand seiner Regierung – (die es von Zeit zu Zeit interessant findet, den Kontakt mit den Jung-Türken aufrechtzuerhalten und sie zu unterstützen) Enver-Pascha, der die Macht ergreift und die Türkei zu einem modernen Staat macht, der über eine wohlausgerüstete Armee verfügt.

Nun vertritt auch Enver-Pascha eine supranationale Ideologie, den Turanismus, und Victor Berger wird – trotz des Argwohns auf seiten der deutschen Botschaft – in Asien einer der Propagandisten dieser Ideologie. Nachdem er aber eines Tages von einem Fanatiker tätlich angegriffen wurde, der ihm vorwarf, nicht Türke zu sein,

»erreicht er wütend, erschöpft und in unerklärlichem Maße eines großen Zaubers beraubt, sein Haus: plötzlich war die

Wahrheit da, abrupt: den Turan, der die neuen türkischen Leidenschaften belebt hatte, der vielleicht Konstantinopel gerettet hatte, den Turan gab es nicht.«

Wenn die Aktion Envers und die seine eine gewisse Wirksamkeit besessen hatten, so nur insofern, als sie den echten Interessen bestimmter Stämme entsprachen und sich auf die Kraft stützen konnten, die sich letzten Endes als einzige bis zu einem gewissen Grade wirksam erwiesen hatte: der Panislamismus Abdul-Hamids.

»Von nun an wußte er, was man von diesen Leuten erwarten könnte. Sie schlugen sich gern für Enver, den siegreichen General, der der Schwiegersohn des Kalifen geworden war. Vorausgesetzt, daß er sie gut bezahlte und daß das Risiko nicht allzu groß war. (...) Im Namen des Turan? Na, gut. Der Islam hätte genügt. Übrigens, wo mein Vater eine Spur hinterlassen hatte, war es dank ehemaliger panislamitischer Agenten Abdul-Hamids ...«

Hinter dem Turanismus Envers hatten ganz einfach die Interessen des türkischen Staates gestanden. Der loyale, aber hoffnungsvolle Versuch einer Auseinandersetzung mit Enver führt – das versteht sich von selbst – zu keinem Ergebnis.

»Diese Diskussion schien ihm sinnlos zu sein.

In Ghazni schwer erkrankt, hatte er sich mit einem Irrtum abgefunden, der ihn so viel gekostet hatte, aber mit der Rückkehr der Gesundheit kam der Haß: als ob er nicht von sich selbst, sondern von diesem verlogenen, stumpfsinnigen Zentralasien getäuscht worden wäre, das ihn seinem eigenen Schicksal entreißen wollte – und von all denen, deren Glauben er geteilt hatte.

›Ich hätte zuerst einen Moslem schicken sollen ...‹ sagte Enver.«

In alldem bleibt die Transposition der gegenwärtigen Situation unverkennbar: natürlich muß statt Türkei Rußland, statt Abdul-Hamid zaristische Regierung, statt Panislamismus Panslawismus, statt der von Deutschland unterstützten, ersten türkischen Revolution die durch die Westmächte unterstützte Februarrevolution, statt Turanismus Kommunismus und schließlich vielleicht statt Enver-Pascha[34] Stalin gelesen werden. Verweilen wir inmitten dieser Episoden kurz bei der Gestalt von Victor Berger, einem Intellektuellen, der zum Menschen der Tat wurde, weil er im politischen Handeln die einzige Möglichkeit sah, sein Leben gemäß einer Idee zu führen und zu ordnen (seinem Onkel, der den Menschen durch seine Geheimnisse definiert, entgegnet er kurz und lakonisch: »Der Mensch ist das, was er tut.«).

Im oben erwähnten Gespräch mit dem Sonderbeauftragten von Bülow deutet er die Gründe an, die ihn veranlaßt haben, sich für den Turanismus einzusetzen.

»›Wie kommt es‹, fragte er, ›daß Sie in einem solchen Maße ... persönlich am Turanismus interessiert sind? Begeistert, wenn ich so sagen darf ... (...)‹
›Es gibt wenig Aktionen, die den Träumen Nahrung geben, statt sie zu zerstören‹, sagte er nur mit halbem Lächeln. Und dann mit vollem Lächeln: ›Was würden Sie mir Besseres vorschlagen?‹«

Die ersten drei Episoden haben Malraux die Möglichkeit gegeben, seine neue Anschauung vom Menschen zu umreißen und die Gründe zu nennen, aus denen er sich zugleich vom offiziellen Kommunismus, der in Wirklichkeit nur eine Staatsideologie ist, und von der Opposition getrennt hat, die zwar ethisch zu respektieren ist, sich aber selbst ein Ende gesetzt hat. Auf zwei besonders wichtigen Seiten ist die Rückkehr Victor Bergers nach Marseille geschildert. Er entdeckt hier die Wirklichkeit des Alltags, die Menschen, die in den Tag hinein leben, die Schaufenster der Warenhäuser,

»die einfachsten Dinge, die Straßen, die Hunde«,

aber er entdeckt auch, daß der Mensch, der sich einmal einer Aktion verschrieben hat, nicht mehr in diese alltägliche Welt zurückkehren kann. Es geht ihm der Satz eines Anarchisten durch den Kopf, den die Zeitungen gerade veröffentlicht haben:

34 Obgleich 1917 die Machtergreifung unter der Führung Lenins vor sich ging; das Bild ist durch diese Transposition der Namen und Ereignisse ein wenig vereinfacht.

»Der getötete Einzelmensch hat keinerlei Bedeutung! Aber danach geschieht etwas Unerwartetes: Alles ist verändert, die einfachsten Dinge, die Hunde zum Beispiel ...«

Er denkt an eine große Enttäuschung in seiner gläubigen Jugendzeit zurück.

»An diesem Abend fühlte er sich – wie damals – frei, eine stechende Freiheit, die sich von völliger Verlassenheit nicht unterschied.«

Die vierte, wichtigste Episode des Werkes ist das Gespräch von Altenburg, dem wahrscheinlich die Zusammenkünfte von Pontigny zum Muster gedient haben. In Altenburg treffen sich wie in Pontigny die führenden Denker Europas. Umgeben vom Nimbus des Tatmenschen, der die Intellektuellen noch fasziniert, während er es in Wirklichkeit längst nicht mehr ist, nimmt Victor Berger an der Diskussion teil, die zustande kommt, nachdem die großen Intellektuellen abgereist sind – mit Ausnahme eines einzigen: Es ist dies Mölberg, ein Anthropologe und Orientalist, wahrscheinlich eine Art Verschmelzung von Frobenius, Spengler und Malraux selbst, von dem die wissenschaftliche Welt mit Ungeduld das große zusammenfassende Werk über die Hegelsche Geschichtsphilosophie erwartet. In Wirklichkeit hat Mölberg – genau wie der Erzähler – den Bruch zwischen den Ideen und dem ewigen Menschen und – von dieser Einsicht ausgehend – die Unmöglichkeit jeder Philosophie dieser Art entdeckt. Daher hat er unter dem Einfluß seiner Erfahrungen aus Afrika die bereits für dieses Werk geschriebenen Blätter vernichtet und sie aufgehängt

»an die niedrigen Zweige der Bäume verschiedener Arten zwischen der Sahara und Sansibar«.

Das Gespräch selbst ist durch mehrere Episoden von erhellendem Inhalt vorbereitet, von denen hier nur zwei erwähnt werden sollen: die Erzählung der letzten Reise, die Walter[35] unternommen hat, um den wahnsinnig gewordenen Nietzsche von

35 Der Onkel des Erzählers, der die Gespräche von Altenburg organisiert und leitet.

Basel aus in einem Abteil dritter Klasse zurückzubegleiten; beim Verlassen eines Tunnels sang Friedrich

> »ein Poem, das uns unbekannt war; und es war sein letztes Poem, ›Venedig‹; ich liebe die Musik von Friedrich wenig. Sie ist mittelmäßig; aber dieses Lied war ... na, mein Gott: erhaben.«

Walter hatte beim Hören dieses Liedes gespürt, daß bestimmte menschliche Werte stärker als der Tod, als der Wahnsinn, als die Absurdität des Lebens sind, daß sie

> »dem Schwindel widerstehen, der aus der Kontemplation unserer Toten, des Sternenhimmels, der Geschichte erwächst ...«

Victor Berger wäre fast geneigt, ihm recht zu geben; aber in seinem Bewußtsein vermischt sich das Lied Nietzsches mit dem Gesicht seines Großvaters, der in Reichenbach gestorben ist. Zum erstenmal klingt im Buch das zentrale Thema der Beziehung zwischen dem Schaffen und dem Leben an.

> »Das Vorrecht, von dem Walter sprach, um wieviel stärker war es gegen den Sternenhimmel als gegen den Schmerz! Und vielleicht hätte es sich auch gegen das Gesicht eines Toten durchgesetzt, wenn das Gesicht nicht ein geliebtes Gesicht gewesen wäre ... Für Walter war der Mensch nur ein ›elender Haufen von Geheimnissen‹, geschaffen, um diese Werke zu nähren, die bis zu den Tiefen des Schattens sein unbewegliches Gesicht umgaben; für meinen Vater war der ganze Sternenhimmel in dem Gefühl eingefangen, das ein – schon ganz an das Verlangen nach dem Tode gewöhntes – Wesen am Ende seines oft schmerzlichen Lebens ohne Ausbruch hatte sagen lassen: ›Wenn ich noch einmal ein Leben wählen müßte, würde ich meines wählen ...‹«

Ferner erfahren wir, daß Mölberg modelliert und sein Zimmer mit ungewöhnlichen kleinen Tonfiguren schmückt, die er seine Ungeheuer nennt; sie waren alle

> »von einer ergreifenden Traurigkeit, der der Ungeheuer von Goya, die sich zu erinnern schienen, daß sie Menschen gewesen

waren ... einige brachten Nutzen, andere Schaden. Er schickte sie an seine Freunde.«

Selbstverständlich entsprechen diese sinnentleerten Ungeheuer mit ihrer Sehnsucht nach einer Menschheit, die sie nicht erreichen können, der Botschaft, die Mölberg jetzt – nachdem er sein Werk zerstört hat – noch übermitteln kann.

Wir können bei der Darstellung des Gesprächs nicht auf das Detail der aufeinanderstoßenden Meinungen eingehen und lassen auch Malraux' Ironie angesichts gewisser Intellektueller beiseite.

Die zentrale Gestalt im Gespräch ist Mölberg, der nach der Vernichtung seines Werkes, das

»eine strenge und ausgesprochen kohärente Interpretation des Menschen«

geben sollte, jetzt die These von den Spenglerschen, in ihrem Verhältnis zueinander streng geschlossenen Kulturkreisen entwickelt, unterhalb deren keine andere permanente Wirklichkeit existiert als die des ungestalten Bauern. Die Kulturen sind für ihn nur Gesamtheiten von signifikativen Formen, die einem neutralen und indifferenten Material aufgeprägt werden, und der ewige Mensch entspricht nicht dem historischen.

»Der fundamentale Mensch ist ein Mythos, ein Traum der Intellektuellen vom Bauern: träumen Sie doch ein bißchen vom fundamentalen Arbeiter! Sie wollen, daß für den Bauern die Welt nicht aus Vergessen gemacht sei? Die, die nichts gelernt haben, haben nichts zu vergessen. Ein weiser Bauer – ich weiß, was das ist; aber das ist nicht der fundamentale Mensch! Es gibt keinen fundamentalen Menschen, der – durch die Epochen hindurch – durch das, was er denkt und glaubt, gewachsen ist. Es gibt einen Menschen, der denkt und glaubt, oder nichts. Eine Zivilisation ist kein Ornament, sondern eine Struktur. Sehen Sie, wir kennen alle die Leidenschaft unseres Freundes Walter: diese zwei gotischen Figuren und diese Galionsfigur sind – wie Sie wissen – vom selben Holz. Aber unter diesen Formen gibt es keinen fundamentalen Nußbaum; es gibt Scheite.«

Die Idee der Geschichte ist einfach die Form, die unsere Kultur dieser indifferenten Natur aufzuprägen versucht hat; hinter dieser Geschichte aber steht vielleicht – wie Mölberg sagt – noch

»etwas, das der Geschichte das ist, was diese der Nation, der Revolution ist. Vielleicht unser Zeitbewußtsein – ich sage nicht: unser Zeitbegriff –, das ist jung ...«

Das Gespräch ist beendet. Die Antwort, die sich aus ihm ergibt, gleicht – wenn sie auch weitreichender und weniger knapp gehalten ist – dem Gedanken, den Walter beim Bericht über seine Reise mit Nietzsche entwickelt hat:

Es existiert eine formlose, absurde menschliche Masse, der die Produktion der Intellektuellen, die Kulturen zeitlich und lokal begrenzte Bedeutungen aufdrängen, die aber für die Menschen die einzige Hoffnung darstellen, dem Leben einen – wenn auch nur vorübergehenden – Sinn zu verleihen und über das Absurde und das Nichts zu triumphieren.

Beim Verlassen des Saales aber werden in Victor Berger dieselben Vorbehalte wach, die in ihm auch während des Gesprächs mit Walter über die Reise Nietzsches aufgetaucht waren. Er begegnet der Wirklichkeit, die zugleich Begründung und Rechtfertigung dieser Vorbehalte ist, der Wirklichkeit nämlich, die die Gesprächsteilnehmer vergessen hatten: den Nußbäumen von Altenburg.

In der Tat steht zwischen dem Scheit, dem Holz als roher Materie, und der durch den Bildhauer geschaffenen gotischen Form der lebendige Baum, der wächst und atmet.

»Er hatte die großen Bäume erreicht: Tannen, die schon voll Nacht waren, einen noch transparenten Tropfen an dem äußersten Punkte jeder Nadel, Linden, ganz lärmend von Sperlingen; die schönsten waren zwei Nußbäume: Es fielen ihm die Statuen aus der Bibliothek ein. (...) Mein Vater dachte an zwei Heilige, in Atlanta; das gewundene Holz dieser Nußbäume, anstelle die Last dieser Welt zu tragen, entfaltete sich in einem ewigen Leben in ihren ölig glänzenden Blättern und ihren fast reifen Nüssen gegen den Himmel, in ihrer ganzen feierlichen Masse über den weiten Ring der jungen Triebe und der toten Nüsse des Winters. ›Die Zivilisation oder das Tier, wie die Statuen oder die Scheite ...‹ Zwischen den Statuen und den Scheiten gab es die Bäume und ihren Abriß, dunkel, wie der des Lebens. Und Atlanta und das von der gotischen Inbrunst verwüstete Gesicht des heiligen Markus verloren sich hier wie die Kultur, wie der Geist, wie alles, was mein Vater gerade hörte – bestattet im Schatten dieser nachsichtigen Statue, die die Kräfte der Erde für sich selbst schnitzten, und die die Sonne – auf gleicher Höhe mit den Hügeln – über die Angst der Menschen bis zum Horizont ausspannte. Seit vierzig Jahren kannte Europa keinen Krieg mehr.«

Der Krieg, Inbegriff der Barbarei, stellt – neben der Absage an die revolutionäre Ideologie – die zweite fundamentale und zentrale Wirklichkeit im Universum dieses Werkes dar. Wenn die erzählten Episoden jeweils 1914 und 1940 spielen, so steht dahinter vielleicht die Absicht, zu zeigen, daß es nicht um diesen oder jenen einzelnen Krieg, sondern um *den Krieg* als solchen in seinem Bezug zum Menschen und um das Unmenschliche und Barbarische geht, das die von den Intellektuellen und den Menschen der Tat geschaffenen Kulturen in sich bergen können.

Denn gerade angesichts des Krieges gewinnen »Die Nußbäume von Altenburg« ihre volle Bedeutung.

Die Intellektuellen von Altenburg, die Walter und Mölberg, haben nur eine vereinfachte Dualität gesehen: den ewigen, in den Tag hineinlebenden Menschen, den ungestalten, indifferenten und neutralen Bauern einerseits und die Produktion der Intellektuellen, die Kunstwerke, die Kulturen andererseits.

In Wirklichkeit war der Mensch in seiner Permanenz, der in den Tag hineinlebende Mensch, der Bauer, von dem Mölberg spricht, immer lebendig, wie die Nußbäume im Park von Altenburg, und wenn er auch die Geschichte nicht machte, so bemühte er sich doch in seinem täglichen Leben zu existieren, zu essen, sich zu kleiden, die anderen Menschen zu lieben, Kinder zu haben und glücklich zu sein. Er war also in seinem Verhältnis zu den Kulturen nicht passiv, sondern trennte und schied, indem er in ihnen das die Erhaltung des Lebens und des Glückes Begünstigende von dem trennte, was schädlich und ungesund war, und indem er – selbst wenn er nur selten aktiv der Barbarei widerstand – nicht weniger durch sein beständiges Dasein, sein jahrtausendealtes Leiden wirkte, was immer damit endete, daß er die sein Wesen bedrohenden Institutionen und Kulturen abnützte.

Wenn wir dies im Auge behalten, brauchen wir nicht unnötig lange auf die letzten drei Episoden einzugehen, die zwar besonders wichtig sind, deren Sinn aber nicht schwer zu erfassen ist.

Zwei von ihnen vermitteln einen Eindruck dessen, wozu die Tatmenschen und die schöpferischen Intellektuellen fähig sind, wenn sie ihre Aktivität zugunsten des Krieges und wider den Menschen und das Leben entfalten.

Victor Berger ist eines Tages als Attaché des Antispionagedienstes Zeuge einer Szene, in der Hauptmann Wurtz die Liebe eines Kindes zu seiner Mutter, das Innigste, Tiefste und Authentischste im Leben, dazu benutzt, eine Frau zu entlarven, die im Verdacht steht, Spionin zu sein; als dieser den Widerwillen Victor Bergers gegen dieses Vorgehen spürt, entgegnet er:

»Solche Akte, vor denen Sie Angst haben, retten das Leben von Tausenden unserer Soldaten.«

Nach kurzer Zeit erhält Victor Berger zusammen mit dem gleichen Hauptmann Wurtz den Auftrag, Professor Hoffmann, einen bemerkenswerten Wissenschaftler, zu begleiten, der mit Präzision und Schärfe ein neues, äußerst wirksames Kampfgas entwickelt hat und einen ersten Probeangriff auf die russischen Kampflinien richten soll; hier wird übrigens Hoffmann bei Hauptmann Wurtz, der sich noch an die alten Werte des militärischen Mutes gebunden fühlt, ebenfalls Abneigung hervorrufen, und diesem die gleiche Argumentation entgegenstellen, die Wurtz selbst gegen Berger formuliert hatte:

»›Wenn Sie es von einem höheren Gesichtspunkt her betrachten‹, sagte der gebieterische Professor, ›so stellen diese Gase das humanste Kampfmittel dar.‹ (...) Für den Hauptmann waren diese beiden Menschen Feinde, Menschen des Wortes und der Ziffern, ›Intellektuelle‹, die die Courage zerstören wollten. Sie nahmen ihm seinen Wert. Sein Mut war real: von den Russen gefangengenommen und zum Tode verurteilt, hatte er sich geweigert, die geringste Information zu geben, obgleich man ihm hunderttausend Rubel und die Freiheit in Rußland geboten hatte – er war entkommen. Diese Standhaftigkeit rechtfertigte in seinen Augen alles, gab ihm alle Rechte. Er balancierte seinen runden Kopf mit der Stupsnase wie von nicht vorhandenen Fliegen belästigt.

›Es wäre ein großes Unglück‹, sagte er, ›wenn wir den alten deutschen Kriegsgeist aus dem Reich verschwinden sehen müßten.‹

Mein Vater hörte, sah, wie Wurtz zum Moralisten wurde (ohne von dem anderen Moralisten zu sprechen), wie man einen Irren betrachtet, dem man ein wenig ähnelt. Der Hauptmann hatte gegen ihn die Befragung des Kindes im Namen der Soldaten, die er rettete, verteidigt; und der Professor griff das Argument wieder auf. Gehen wir, dieses Zimmer war voll von Heiligen!«

Die folgende Episode schildert den Angriff, der – zum Glück oder zum Unglück – nicht allein von den Intellektuellen, den Technikern, von Wurtz, Hoffmann und Victor Berger, sondern nach ihren Angaben auch von den Massen der Soldaten, von den Menschen geführt wird, die in den Tag hineinleben, und die Malraux uns in ihren Gesprächen über Dinge des täglichen Lebens beim Morgengrauen und in der Erwartung des Angriffs in den Schützengräben zeigt.

Als endlich der Angriff beginnt, erleben wir die wunderbare Schilderung des plötzlichen Sichaufbäumens der Menschen, des Widerstandes gegen die Barbarei in diesen Soldaten, die beim Eindringen in die gegnerischen Schützengräben Tausende vom Gas betäubter Russen finden und – die unmittelbare Wirklichkeit vergessend – vor allem Solidarität mit dem Nächsten, dem Opfer des barbarischen Geschicks empfinden, das die Zivilisation über sie verhängt hat. Sie folgten nicht mehr dem Befehl zum Vormarsch, sondern kehren – ihre vergasten Feinde auf dem Rücken – um und stürzen auf die Ambulanzstellen zu, um ihnen Hilfe zu bringen. Victor Berger, der anfangs außerstande ist, zu begreifen, was hier vorgeht, wird indessen – je weiter er nach vorn gelangt – von der Bewegung ergriffen und lädt schließlich, wie die anderen, einen vom Gas betroffenen russischen Soldaten auf die Schultern, um sich mit ihm hinter die Frontlinie zurückzuziehen. Dabei gerät er einer Kolonne von Lastwagen voller Soldaten in den Weg, die ihn mit höchstem Erstaunen mustern:

»... sie beobachten ihn mit der Unruhe derer, die dem ersten Eingeborenen eines unbekannten Landes begegnen; so würden sie bald den ersten Vergasten betrachten (...) Auch mein Vater betrachtete sie, einen nach dem anderen: der Damm des Mitleids würde nicht mehrere Male wirksam sein. Nur an das Sterben gewöhnt sich der Mensch nicht.«

Dieser dritte Teil endet damit, daß Victor Berger glaubt, selbst vergast zu sein, und dadurch zu Bewußtsein kommt

»mit blitzender Evidenz, ebenso schneidend, wie das unterdrückte Pfeifen in seiner Kehle: der Sinn des Lebens war das Glück, und er, Idiot! hatte sich mit anderem beschäftigt, als glücklich zu sein! Skrupel, Würde, Mitleid, Denken waren nur ein gewaltiger Betrug, nur die Lockvögel einer verderblichen Macht, deren höhnisches Lachen man im letzten Augenblick hören mußte. In diesem rauhen Abstieg unter der Faust des Todes blieb ihm nichts als der wilde Haß gegen alles, was ihn gehindert hatte, glücklich zu sein. Er glaubte, verschwommen die Ambulanz zu sehen; er versuchte, noch schneller zu laufen; seine Beine liefen mechanisch, das Universum drehte sich mit einem Schlag, der Wald stürzte in den Himmel, der sich gleichzeitig unter seinen Füßen befand.«

Die letzte Episode führt uns wieder in das Jahr 1940, in das Lager von Chartres. Der Erzähler sieht sich fast ausschließlich von einem einzigen Problem bedrängt, von der Frage:
Was ist der Mensch?

»Ich denke nur an das, was der Faszination des *Nichts* standhält. Und von einem verlorenen Tag zum andern bin ich mehr besessen von dem Mysterium, das das Ungeformte in meinen Gefährten den Gesängen, die vor der Ewigkeit des Nachthimmels ausharren, dem Adel, den die Menschen in ihnen verkennen, dem siegreichen Teil des einzigen Tieres, das weiß, daß es sterben muß, nicht, wie Walter behauptete, entgegengestellt, sondern auf dunklem Wege verbindet.«

Und das Buch schließt mit der Darstellung eines Angriffes, an dem der Erzähler teilnimmt und in dem er mit drei Kameraden in einem Panzerwagen eingeschlossen ist; die Kameraden sind Bonneau, ein Zuhälter, der zumeist in der Einbildung lebt, Léonard, der einmal mit einer Star-Tänzerin geschlafen hat und nun ohne Unterlaß dieses große Glück seines Lebens in der Erinnerung wiederherstellt, und Pradé, der durch den ersten Weltkrieg gehindert wurde, sich auszubilden, und nun an seinen Sohn,

> »den einzigen Teil des Absoluten in diesem erniedrigenden, trübsinnigen und beunruhigenden Abenteuer, das sich Leben nennt...«,

denkt, aus dem er einen gebildeten Menschen machen will. Zwischen diesen vier Männern kommt eine intensive und undefinierbare Gemeinschaft zustande. Einmal haben sie den Eindruck, in eine Grube gestürzt zu sein, wo sie dem ersten Geschoß, das sie treffen wird, ausgeliefert sind. Pradé stellt sich sofort die Zukunft seines Sohnes vor, die nun in Frage gestellt ist. In der Tat aber gelingt es ihnen, sich wieder freizuarbeiten.

> »Dieses Mal war es also nichts... Der Krieg war nicht zu Ende... vielleicht werden wir morgen wieder lebendig werden...«

Am nächsten Tag treffen die Kämpfer in der Kampfzone auf ein evakuiertes Dorf. Enten und Hühner laufen herum, Eier und die täglich gebrauchten Geräte liegen verstreut umher und vergegenwärtigen die ständige Nähe derer, die das Dorf verlassen haben und bald zurückkommen werden:

> »Vor mir stehen zwei Gießkannen mit ihren Pilzköpfen, die ich so gern hatte, als ich Kind war; und es scheint mir plötzlich, als ob der Mensch allein aus dem Schoß der Zeit gekommen sei, um eine Gießkanne zu erfinden...
>
> (...)
>
> Wir und sie gegenüber; wir sind nur noch für unsere Maschinen, unseren Mut und unsere Feigheit gut; aber die alte Menschenrasse, die wir gejagt haben, und die nur ihre Werkzeuge, ihre Wäsche und ihre Initialen auf den Servietten hinterlassen hat, scheint durch Jahrtausende aus den Finsternissen

gekommen zu sein, die wir heute nacht getroffen haben – langsam, kärglich beladen mit all dem herrenlosen Gut, das sie gerade vor uns ablädt, die Karren und die Eggen, die biblischen Pflüge, die Hütten und die Kaninchenställe, die leeren Öfen ...«

Und das Schlußbild des Buches ist das von »zwei ganz alten Bauern« auf einer Bank, auf die sie plötzlich in diesem menschenleeren Dorf stoßen. Das sind jene Bauern, die nach der Meinung Mölbergs die formlose Masse bilden, die in den Tag hineinlebt und hier – angesichts der mechanischen Barbarei des Krieges – dennoch unvermittelt ihre wahre Bedeutung enthüllt:

»›Na, Großvater, wärmst du dich?‹

(...)

Und *sie* antwortet:

›Was sollte man schon machen? Ihr, ihr seid jung; wenn man alt ist, hat man nur noch die Abnutzung ...‹«

Die gleichen Worte hatte der Soldat am Anfang des Buches ausgesprochen: »Ich erwarte, daß sich das abnützt«, und plötzlich erkennt der Erzähler in diesem ewigen Kampf zwischen der Gefahr der Barbarei, die die Kultur mit sich bringt, und dem Leben in seinen archaischen, sich immer von neuem vollziehenden Grundvorgängen die wahre Funktion dieses Lebens, das jedesmal das Überleben und die Wiedergeburt des Menschen ermöglicht und sichert:

»An den Kosmos gefügt wie ein Stein ... Sie lächelte, ein langsames, zögerndes und überlegtes Lächeln; hinter dem Fußballplatz mit den einsamen Toren, hinter den Panzertürmen, rosig leuchtend wie das Gebüsch, das sie tarnte, schien sie in der Ferne den Tod zu betrachten, mit Nachsicht, und sogar – oh, geheimnisvolles Blinzeln, spitzer Schatten der Lidwinkel – mit Ironie ... Gähnende Türen, Wäsche, Scheunen, Zeichen der Menschen, biblischer Tagesanbruch, in dem sich die Jahrhunderte drängen, wie sich das strahlende Geheimnis des Morgens in das Geheimnis der verwelkten Lippen vertieft. Daß das Mysterium des Menschen mit einem dunklen Lächeln wiedererschiene, und die Auferstehung aus der Erde ist nur noch eine zitternde Verzierung. Ich weiß jetzt, was die antiken Mythen von den Wesen bedeuten, die den Toten entrissen sind. Kaum denke ich an den Schrecken zurück; was ich in mir trage, ist die Entdeckung eines einfachen und heiligen Geheimnisses. So vielleicht hat Gott den ersten Menschen betrachtet.«

IX.

Wir machen hier aus verschiedenen Gründen, die vielleicht voneinander nicht gänzlich unabhängig sind, in unserer Untersuchung halt.

Der erste Grund besteht darin, daß »Die Nußbäume von Altenburg« die letzte Schrift Malraux' ist, die noch weitgehend den Charakter eines dichterischen Werkes aufweist.

Danach wird Malraux – wie man weiß – ein neues Werk in Angriff nehmen, das zweifellos bedeutend, aber von völlig anderem Charakter ist: seine Studien über die Kunst; wollte man auf sie eingehen, so müßte man zuallererst in einer eingehenden Analyse ihre Natur festlegen, um zu bestimmen, ob es sich tatsächlich um wissenschaftliche Studien oder eher um Essays handelt, in denen die Analyse künstlerischer Werke Malraux *die Gelegenheit* bietet, auf der Ebene des abstrakten Begriffs eine gewisse Zahl von Problemen aufzuwerfen und eine gewisse Zahl von Lösungen vorzuschlagen.

Der zweite Grund ist, daß zumindest im folgenden Werk, »Die Stimmen des Schweigens«, jede Vorstellung eines allgemeinen menschlichen Wertes vollkommen verschwunden ist – die von der conditio humana (als Möglichkeit der revolutionären Sehnsucht nach Würde und autonomer Gestaltung der Geschichte) ebenso wie die vom »ewigen Menschen« (als dem Inbegriff der Sehnsucht nach Glück und des Widerstands gegenüber der Barbarei); die Grundlage Kyos, Mays, Katovs, Kassners und Manuels ebenso wie die der Gefangenen und der Bauern in den »Nußbäumen von Altenburg«.

Der dritte Grund schließlich ist, daß mit dem zweiten Weltkrieg nicht allein die Periode, auf die sich unsere derzeitige Untersuchung bezieht und zu der die Analyse der vorliegenden Arbeit eine erste Etappe darstellt, sondern darüber hinaus eine besonders wichtige Periode in der Geschichte des industriellen und kapitalistischen Europa zu Ende gegangen ist, die wir als die Periode der großen Strukturkrise Europas bezeichnen wollen, und für deren Verlauf die beiden Weltkriege, der italienische Faschismus, die Weltwirtschaftskrise von 1929 bis 1933 und der Nationalsozialismus nur als die wichtigsten Manifestationen anzusehen sind.

In der Tat sind seit dem Ende des zweiten Weltkriegs eine Reihe von Veränderungen im sozialen, kulturellen und wirtschaftlichen Leben der westlichen Industriegesellschaften vor sich gegangen, deren Analyse natürlich das Maß unserer Studie überschreiten würde.
Wir wollen uns hier damit begnügen, die zwei wichtigsten von ihnen zu erwähnen: die Entdeckung der Kernenergie mit allen Konsequenzen, die sie in der militärischen Strategie und der internationalen Politik nach sich gezogen hat, und – was wahrscheinlich noch wichtiger ist – die Schaffung wirtschaftlicher Regelungs- und staatlicher Interventionsmechanismen, die sich als genügend wirksam erwiesen haben, bis heute jeder Überproduktionskrise vorzubeugen, und von denen man annehmen kann, daß sich mit ihrer Hilfe vielleicht auf lange Sicht oder sogar auf immer eine Krise von der Art der Weltwirtschaftskrise von 1929 bis 1933 vermeiden läßt.

Von diesem Gesichtspunkt aus scheint sich die Geschichte des westeuropäischen Kapitalismus in drei große Perioden zu gliedern:

1. die Periode des liberalen Kapitalismus und seines Aufschwunges im Verlauf der zweiten Hälfte des 19. und in den ersten Jahren des 20. Jahrhunderts, eines Aufschwungs, der an die durch die Kolonien gebotene Möglichkeit einer anhaltenden und weitgreifenden Expansion gebunden war;
2. die Periode der großen Strukturkrise des westeuropäischen Kapitalismus, die sich etwa auf die Zeit von 1912 bis 1945 erstreckte und ihren Ursprung in erster Linie in der Erschöpfung der Möglichkeiten hatte, in den neuen Ländern wirtschaftlich Fuß zu fassen (wozu von 1917 an das Verschwinden von zwei besonders wichtigen, unterentwickelten Absatzmärkten: des russischen Marktes und später – auf Grund der ständigen Bürgerkriege – des chinesischen Marktes, kam);
3. die des Erscheinens einer fortgeschrittenen kapitalistischen Gesellschaft, die dank der Schaffung wirksamer Mechanismen der staatlichen Intervention und der Selbstregulierung der Wirtschaft vom massiven Kapitalexport absehen und zu Investitionen auf dem Binnenmarkt übergehen kann.

Es wird dabei sichtbar, wie sehr das Ende des zweiten Weltkriegs – über seine besondere Bedeutung für das Œuvre Malraux' und für die Geschichte seines philosophischen und politischen Denkens hinaus – eine Wende ersten Ranges in der Geschichte der westeuropäischen Gesellschaft in ihrer Gesamtheit darstellt, und die ideologische Entwicklung Malraux' – wie wir bereits gesagt haben – vielleicht selbst zu einem großen Teil Ausdruck dieser Veränderung der Gesellschaft ist, in der er lebte und aus der heraus er sein Werk konzipierte.

Wir haben in dieser Untersuchung versucht, Werturteile ästhetischer oder politischer Art im Maße des Möglichen zu vermeiden, wobei uns – wie gesagt – immer bewußt war, daß es unmöglich ist, sie gänzlich auszuschalten, und daß der Wissenschaftler lediglich bemüht sein muß, das Eindringen dieser Urteile in seine Arbeit auf ein Minimum zu reduzieren.

Man wird uns indes die Aussage erlauben, daß die engen Verbindungen, die zwischen der Entwicklung im Werke Malraux' und der Geschichte der Kultur, Gesellschaft und Politik in Westeuropa seit dem Ende des ersten Weltkriegs aufgedeckt werden konnten, sowie die innere Kohärenz dieser Schriften, die zu beleuchten wir uns bemühten, u. E. den Eindruck erwecken, daß wir einem besonders repräsentativen Schriftsteller gegenüberstehen, und daß seine Entwicklung – in dem doppelten Sinne ihres Wesens und der Gefahren, die sie in sich birgt – die wesentlichen Probleme stellt, die das Verhältnis zwischen der Kultur und den westeuropäischen Industriegesellschaften in der jüngsten Phase ihrer Entwicklung aufwirft.

Das Schwinden der revolutionären Hoffnungen und Perspektiven; das Entstehen einer Welt, in der die wichtigsten Entscheidungen einer Elite von Spezialisten vorbehalten sind (die man Schöpfer oder Technokraten nennen kann, je nachdem, ob es sich um das Geistesleben oder um das soziale, politische oder wirtschaftliche Leben handelt); die Erniedrigung der Masse der Menschen auf das Niveau von Objekten und Exekutanten der von dieser Elite gefaßten Beschlüsse ohne die Möglichkeit einer realen Anteilnahme am kulturellen Schaffen und an den sozialen, wirtschaftlichen und politischen Entscheidungen; die Schwierigkeit, schöpferisch zu bleiben in einer Welt, die die Welt des Werkes mit keinerlei allgemeinen menschlichen Werten abstützen kann – das alles sind Probleme, die offenbar das letzte Stadium im Werk Malraux' ebenso betreffen wie die jüngste Entwicklung unserer Gesellschaften.

Da wir zu Anfang dieser Studie die Theorie der schöpferischen Eliten des Malraux der späteren Jahre zu der Position Heideggers in »Sein und Zeit« in Bezug gesetzt haben, um die zwischen ihnen bestehende Verwandtschaft aufzuweisen, fügen wir jetzt hinzu, daß zwischen dem Werk von 1926 und den nach dem zweiten Weltkrieg erschienenen Schriften, zwischen dem Buch Heideggers und den ästhetischen Schriften Malraux' ein Unterschied besteht, der der Differenz zwischen dem Kapitalismus von damals, dem Kapitalismus der Krise, und dem heutigen organisierten Kapitalismus analog ist: Es ist das Schwinden der wesentlichen Bedeutung der Angst.

Das sind allerdings nur Hypothesen, die später präzisiert und verifiziert werden müssen.

Ist das Werk Malraux' mehr oder minder typischer Ausdruck des Denkens und Fühlens einer bestimmten sozialen Gruppe? Hat es seinen Ort in einer umfassenderen Struktur, die andere Werke einschließt, zu denen sich eine strukturelle Relation aufdecken ließe? Wenn ja, welche Relation besteht zwischen den Strukturen des intellektuellen Lebens, die wir noch freilegen müßten, und den Strukturen des wirtschaftlichen, sozialen und politischen Lebens zwischen den beiden Weltkriegen in Frankreich und Westeuropa? Worin bestehen die Beziehungen zwischen der Entwicklung Malraux' und der der anderen Intellektuellen und Schriftsteller, die sich in der gleichen Epoche ebenfalls von den revolutionären Werten losgesagt haben? Welche mehr oder minder bekannten Werke der französischen Literatur zwischen dem ersten und dem zweiten Weltkrieg sind in einer humanistischen Perspektive geschrieben und bejahen die Existenz allgemeiner menschlicher Werte? Wie ist die Welt dieser Werke strukturiert?

Wir haben uns darauf beschränkt, diese Probleme aufzuzählen, zu deren ernsthafter Lösung wir im Moment keinen Beitrag liefern können, um daran zu erinnern, daß die vorliegende Analyse nur eine erste provisorische und vor allem unvollständige

Stufe im Rahmen einer viel breiteren Untersuchung über das französische Denken, die Literatur und die Gesellschaft der Zeit zwischen den beiden Weltkriegen bildet, einer Untersuchung, die wir im Laufe der kommenden Jahre durchzuführen hoffen.

Diese Studie war schon veröffentlicht, als wir feststellten, daß Sartre in »Sein und Nichts« (in der deutschen Ausgabe S. 493 bis 515) gegen Heidegger und Malraux (den er nur in dessen Position der »Hoffnung« berücksichtigt, der zufolge »der Tod das Leben in Schicksal umformt«) eine Analyse entwickelt hat, die dem sehr nahesteht, was wir bei der Untersuchung der »Eroberer« und des »Königsweges« gefunden haben.

Zweifellos hat die geschichtliche Aktion in diesem radikal individualistischen Buch keinerlei Vorrang; aber für Sartre bestimmt sich der Mensch durch das fundamentale Projekt und die sich in dieses einfügenden sekundären Projekte, in deren Perspektive der kommende Tod nicht eine Möglichkeit des Subjekts, sondern im Gegenteil eine Gegebenheit von außen, eine unvorhergesehene, unerwartete Grenze ist, die er berücksichtigen muß, indem er ihr ihren spezifisch unerwarteten Charakter bewahrt. Diese Projekte nehmen so dem Bewußtsein des Todes jede entscheidende Bedeutung bis zu dem Tage, an dem der unumgehbare Tod *rückwirkend* den Wert dieser Projekte zerstört.

Da jeder bewußte Einfluß ausgeschlossen ist, läßt die Tatsache, daß zwei Schriftsteller von dieser Bedeutung in Frankreich – in so kurzem zeitlichem Abstand – zugleich so komplexe und so verwandte Positionen entwickeln, das Wirken von überindividuellen und wahrscheinlich sozialen Faktoren vermuten; aber im Augenblick ist diese Feststellung nur als Problem aufgegeben und wir verfügen nicht über eine Hypothese, die uns bei seiner Erhellung helfen könnte.

Nouveau roman
und soziale Wirklichkeit

Nach den beiden Referaten von Nathalie Sarraute und Robbe-Grillet[1] werde ich aus einer ganz *anderen*, und zwar aus soziologischer Sicht sprechen.

Zwischen der Perspektive des schöpferischen Schriftstellers und der des analysierenden Soziologen besteht nämlich ein wichtiger Unterschied, vergleichbar etwa dem zwischen der Sicht eines Sportlers auf die eigenen sportlichen Leistungen und der des Psychologen oder Physiologen, der die psychische oder physiologische Struktur des Verhaltens des Sportlers untersucht.

Diese Perspektiven können sich gegenseitig widersprechen oder einander ergänzen. (Und dies gilt ohne Rücksicht auf die immer bestehende Möglichkeit, daß der Soziologe oder der Kritiker, der Psychologe oder der Physiologe irrtümliche Theorien aufstellen können.) Es ist in der Tat immer möglich, daß der Sportler die psychischen oder physiologischen Strukturen, die seine Leistungen ermöglichen, überhaupt nicht kennt oder daß der Schriftsteller sich über den Mechanismus seiner schöpferischen Tätigkeit nicht gänzlich bewußt ist, ohne daß dies irgendwelchen Einfluß auf die Qualität der jeweiligen sportlichen oder literarischen Leistungen hat. Allerdings ist ein solcher Fall kein zwangsläufiger, und es kommt häufig vor, daß die beiden Arten der Betrachtung sich gegenseitig ergänzen und fördern. Ich glaube, daß dies auch hier der Fall ist, um so mehr als Nathalie Sarraute und Alain Robbe-Grillet, ohne selbst Soziologen oder Literaturkritiker zu sein, als Theoretiker gesprochen haben und sich daher – übrigens glänzend und mit großer Eindringlichkeit –, wenn auch nicht auf den Standpunkt des Soziologen, so doch auf denjenigen des Kritikers gestellt haben.

Als dritter Redner und als Soziologe werde ich daher meine Ausführungen vor allem als eine Ergänzung zu den beiden vorangegangenen Vorträgen gestalten. Es scheint mir immerhin nützlich, schon am Anfang das hervorzuheben, was mir in diesen Vorträgen richtig erscheint, wie auch das, was mich von

1 Dieser Aufsatz ist die Niederschrift eines Beitrags anläßlich eines öffentlichen Gesprächs mit Robbe-Grillet und Nathalie Sarraute in Brüssel. Die Beiträge Robbe-Grillets und Nathalie Sarrautes wurden in der Revue de Sociologie de l'Université de Bruxelles Nr. 2, 1963 veröffentlicht.

den Ausführungen Nathalie Sarrautes trennt, obwohl es sich dabei letzten Endes um Nebenfragen handelt.

Ich beginne also damit, einen wichtigen gemeinsamen Punkt der Ausführungen beider Schriftsteller zu unterstreichen: das Bekenntnis zum literarischen Realismus. Während zahlreiche Kritiker und ein großer Teil der Leser im »nouveau roman« eine Anzahl rein formaler Stilexperimente und bestenfalls den Versuch einer Flucht aus dem sozialen Leben sehen, haben uns heute zwei der wichtigsten Vertreter dieser Richtung erklärt, daß ihr Werk aus dem äußerst ernsten und radikalen Versuch entstanden ist, das Wesentliche am sozialen Leben unserer Zeit zu erfassen. Meine Bemerkungen werden also vor allem versuchen, diese, wie mir scheint, gültige Erklärung zu belegen und anschaulich zu machen.

Ein zweites gemeinsames Element, das ich hervorheben möchte, ist die Behauptung beider Schriftsteller, daß der Grund, weshalb sie eine im Vergleich zu den Romanen des XIX. Jahrhunderts neue Form geschaffen haben, vor allem in der Tatsache liegt, daß sie eine, im Vergleich zu den Schriftstellern jener Zeit, verschiedene menschliche Wirklichkeit (als Soziologe würde ich »soziale Wirklichkeit« sagen, da ja für den Soziologen alles Menschliche sozial ist) zu beschreiben und zu gestalten hatten.

Endlich scheinen mir die Ausführungen Nathalie Sarrautes, was Tiefe und Wahrheit betrifft, besonders bemerkenswert zu sein, wenn sie uns zeigt, wie die bestehenden psychischen Gewohnheiten, die überlieferten geistigen Strukturen im Bewußtsein der Menschen weiterleben und diese daran hindern, die heutige Wirklichkeit zu erfassen, die ihr tägliches Leben wesentlich strukturiert, wenn sie sich auch dessen nicht bewußt sind. Der einzige Punkt, in dem ich mit Nathalie Sarraute nicht übereinstimme und bei dem, wie mir scheint, ihr Beruf als Schriftstellerin sie daran gehindert hat, die Bedeutung der historischen und sozialen Wirklichkeit richtig einzuschätzen, ist die Art und Weise, wie sie sich den Prozeß dieser Wirklichkeitsveränderung vorstellt, die den Übergang vom klassischen zum »nouveau roman« bewirkt und notwendig gemacht hat. Ich befürchte nämlich, daß Nathalie Sarraute die Rolle der Schriftsteller in diesem Prozeß über- und mithin die aller übrigen Menschen dabei unterschätzt. Denn wenn sie auch mit vollem Recht vom Fortschritt der schriftstellerischen Erforschung der Wirklichkeit spricht, so stellt sie sich, wie ich glaube, diesen Fortschritt viel zu sehr nach dem Muster der Entwicklung der Naturwissenschaften vor. Es scheint, daß es für sie eine ein für allemal gegebene menschliche Wirklichkeit gibt, welche die Schriftsteller – so wie die Naturwissenschaftler die Natur – immer genauer und tiefer erforschen werden, wobei sich im Laufe der Generationen das Interesse von den schon gelösten Aufgaben und Fragen auf neue oder weniger bekannte Gebiete verlagert. Da Balzac und Stendhal die Psychologie des Romanhelden schon analysiert haben, die Kenntnis dieser Psychologie daher allgemein und banal und Nathalie Sarraute zufolge, uninteressant geworden ist, mußten sich die späteren großen Schriftsteller, Joyce, Proust und Kafka, anderen, subtileren und bis dahin noch unbekannten Realitäten zuwenden; und damit haben sie die Wege eröffnet, auf dem die heutigen Schriftsteller ihrerseits fortschreiten müssen.

In diesem Punkt scheint mir Robbe-Grillet viel klarer zu sehen. Es gibt auf dem Gebiet des menschlichen Lebens keine unveränderliche, endgültig feststehende Wirklichkeit, die die aufeinanderfolgenden Generationen von Schriftstellern und Künstlern stets genauer und schärfer beschreiben müssen. Das Wesen des menschlichen Daseins ist als solches dynamisch und verändert sich im Laufe der Geschichte; und diese Veränderung ist, wenn auch in ungleichem Maße, das Werk aller Menschen; ein Werk, an dem die Schriftsteller natürlich auch mitarbeiten, das aber nicht ausschließlich sie erschaffen und an dem ihr Beitrag nicht einmal überwiegend ist.

Wenn es immer schwerer wird, das Leben und die Psychologie eines Romanhelden zu beschreiben und zu analysieren, ohne auf das Anekdotische und das bloße Sammeln zu verfallen, so nicht deswegen, weil Balzac, Stendhal oder Flaubert dieses Leben oder diese Psychologie endgültig beschrieben hätten, sondern weil wir in einer, im Vergleich zu früher, anders gearteten Gesellschaft leben, in der das Individuum als solches – und daher auch seine Lebensgeschichte und seine Psychologie – jede wesentliche Bedeutung verloren hat und auf das Niveau der Anekdote und des Sammelsuriums herabgefallen ist. Wie Robbe-Grillet in seinem Vortrag gesagt hat, beschreibt der »nouveau roman« die Beziehungen zwischen einem eifersüchtigen Gatten, seiner Frau und ihrem Geliebten in einer neuen, von derjenigen des herkömmlichen Romans ganz verschiedenen Weise, hauptsächlich, weil die gesamte Struktur der menschlichen Wirklichkeit, der diese Menschen und diese Beziehungen zugehören, ihr Wesen verändert hat und nicht weil der Schriftsteller unbedingt als origineller Neuerer auftreten will. In der Tat sind die Frau, wie auch der Geliebte und der eifersüchtige Gatte zum Ding geworden, weil innerhalb der heutigen gesellschaftlichen Struktur in all ihren wesentlichen Bestandteilen die menschlichen Gefühle (die in Wirklichkeit der Ausdruck zwischenmenschlicher Beziehungen und der Beziehungen zwischen Menschen und ihrer natürlichen und technischen Umwelt gewesen und auch jetzt noch sind) Verhältnisse ausdrücken, bei denen die Dinge eine Beständigkeit und eine Selbständigkeit erzwungen haben, die dem lebendigen Menschen immer mehr abgeht.

Nach diesen einleitenden Bemerkungen zu den beiden Vorträgen, die mir für das Verständnis der zeitgenössischen Literatur besonders aufschlußreich erscheinen, erlauben Sie mir – ehe ich als Soziologe zu Ihnen spreche –, die Frage nach der Eigenart jener sozialen Veränderungen zu stellen, die das Bedürfnis nach einer neuen Form des Romans hervorgerufen haben, und Ihnen zu zeigen, wie sich einige der wichtigsten Züge dieser neuen menschlichen und sozialen Wirklichkeit in den Werken von Nathalie Sarraute und Robbe-Grillet abzeichnen.

Es ist natürlich nicht möglich, im Verlauf eines kurzen Vortrags die Geschichte der abendländischen Gesellschaft seit Anfang des XIX. Jahrhunderts zu skizzieren, und sei es auch nur in ihren allgemeinen Zügen. Ich werde mich daher damit begnügen, einige, für das Problem des »nouveau roman«, das uns heute beschäftigt, besonders wichtige Punkte hervorzuheben.

Als Ausgangspunkt nehme ich eine Beziehung, die mir höchst aufschlußreich erscheint: auf dem eigentlich literarischen Gebiet – Nathalie Sarraute wie Robbe-Grillet haben es beide hervorgehoben – betrifft die Veränderung die strukturelle Einheit von Romanheld und Gegenständen, und zwar in Form *eines mehr oder weniger radikalen Verschwindens der Person und einer entsprechenden Zunahme der Autonomie der Dinge.*

Bereits die Forschungen, die wir im Institut für Literatursoziologie der Universität Brüssel unternommen haben, führten zu der Hypothese, daß der Roman von allen literarischen Gattungen diejenige ist, die am engsten und unmittelbarsten mit den, im engen Sinne, wirtschaftlichen Strukturen, d. h. den Strukturen des Tauschaktes und der Produktion für den Markt verbunden ist. Von diesem Gesichtspunkt ausgehend, scheint es mir wichtig, feststellen zu können, daß bereits 1867 und sogar schon 1859, zu einer Zeit also, in der noch niemand an die literarischen Probleme dachte, die Nathalie Sarraute und Alain Robbe-Grillet aufgeworfen haben, Karl Marx beim Studium der wichtigsten, im sozialen Leben durch die wirtschaftliche Entwicklung hervorgerufenen Veränderungen diese gerade auf dem Gebiet der Mensch-Ding-Verhältnisse situiert hat und die fortschreitende Übertragung des Wirklichkeitswerts, der Autonomie und der Aktivität vom Menschen auf das Ding unterstrichen hat. Es ist dies die berühmte Marxsche Theorie des *Warenfetischismus* oder, um einen später durch Lukács eingeführten Terminus zu gebrauchen, der *Verdinglichung*.

So ermutigend aber für unsere Hypothese und so bezeichnend diese Übereinstimmung zwischen den theoretischen Analysen von Marx im XIX. Jahrhundert und den Problemen einiger wichtiger zeitgenössischer Schriftsteller sein mag, sie scheint uns doch zu allgemein zu sein. Es bleibt in der Tat die Frage offen, wie der mehr als hundertjährige Zeitabstand zu erklären ist, der die Entdeckung des Warenfetischismus durch Marx von dem Erscheinen des Romans ohne Helden trennt.

Im Grunde geht es um folgende Frage: Existiert eine verstehbare Beziehung oder eine Homologie zwischen der Geschichte der Verdinglichungsstrukturen und derjenigen der Hauptformen des Romans? Um diese Frage beantworten zu können, muß man, wie mir scheint, vier entscheidende Elemente berücksichtigen, deren Eigenart ich kurz definieren werde, und zwar

a) die Verdinglichung als einen in den westlichen, Waren für den Markt produzierenden Gesellschaften dauernd bestehenden und wirkenden psychologischen Prozeß, gefolgt von drei anderen spezifischen Elementen, die den konkreten Aspekt der verdinglichten Strukturen in der Entwicklung dieser Gesellschaften bestimmen und somit deren Periodisierung.

b) Die liberale Wirtschaft, die bis zum Anfang des xx. Jahrhunderts die wesentliche Funktion des Individuums im wirtschaftlichen und auch im gesamten sozialen Leben aufrechterhalten hat.

c) Die Entwicklung der Konzerne, der Monopole und des Finanzkapitals am Ende des xix. und vor allem zu Beginn des xx. Jahrhunderts, die eine qualitative Veränderung in der Eigenart des westlichen Kapitalismus nach sich gezogen hat, eine Veränderung, die die marxistischen Theoretiker als Übergang vom liberalen Kapitalismus zum Imperialismus bezeichnet haben. Die Folge dieses Übergangs, dessen qualitativer Wendepunkt gegen Ende des ersten Jahrzehnts des xx. Jahrhunderts liegt, bestand vor allem – vom Gesichtspunkt aus betrachtet, der uns hier beschäftigt – in *der Zerstörung aller wesentlichen Bedeutung des Individuums oder des individuellen Lebens in den Wirtschaftsstrukturen und daher auch in der Gesamtheit des sozialen Lebens.*

d) Die Zunahme staatlicher Eingriffe ins wirtschaftliche Leben – in den Jahren kurz vor dem Zweiten Weltkrieg und hauptsächlich nach dessen Ende – und, dank dieser Eingriffe, das Entstehen von wirtschaftlichen Selbstregulierungsmechanismen, die aus der zeitgenössischen Gesellschaft eine *dritte*, von den zwei früheren – dem liberalen Kapitalismus und dem Imperialismus – *qualitativ verschiedene, neue Stufe* in der Entwicklungsgeschichte des westlichen Kapitalismus gemacht haben.

Wir nehmen an, daß die Begriffe *liberale Wirtschaft, Monopole, Finanzkapital* und *staatlicher Eingriff* mehr oder weniger bekannt sind und halten uns daher nur beim Begriff der Verdinglichung auf.

Was verstehen wir unter diesem Begriff? So wie ihn Marx unter der Bezeichnung Warenfetischismus im ersten Kapitel des *Kapitals* entwickelt hat, läßt er sich leicht verstehen.

Die kapitalistische Gesellschaft, in der alle Güter für den Markt produziert werden, unterscheidet sich wesentlich von allen früheren (und wahrscheinlich auch späteren) Formen der gesellschaftlichen Regelung der Produktion. Die Unterschiede sind zahlreich. Die meisten von ihnen sind jedoch abgeleitet aus einem ersten grundlegenden Unterschied: der Tatsache, daß in der liberalen Wirtschaft keine maßgebende Gewalt vorhanden ist, die gleichzeitig und vorsätzlich die Produktion und die Verteilung innerhalb irgendeiner sozialen Einheit regelt.

Solche maßgebenden Gewalten wirkten innerhalb aller vorkapitalistischen Gesellschaftsformen – ob es sich nun um eine primitive, von Jagd und Fischfang lebende Gesellschaft handelte oder im Mittelalter um eine Bauernfamilie oder um eine wirtschaftliche Einheit, die aus dem Schloß der Feudalherren und aus einer gewissen Anzahl zur Fronarbeit oder zur Naturalienabgabe verpflichteten Bauernfamilien bestand – oder gar bis zu einem bestimmten Grad innerhalb der Handelswirtschaft der europäischen Städte in ihren Anfangsformen (obwohl hier der Plan mehr in der Art eines nicht thematisierten und nur halb durchsichtigen Bewußtseins auftrat, wobei eine gründliche Analyse wahrscheinlich schon die ersten Formen der Verdinglichung bloßlegen würde).

Diese Produktionsregelung konnte traditionell, religiös, repressiv usw. sein; sie war nichtsdestoweniger bewußt (oder wenigstens halbbewußt wie im Fall der mittelalterlichen Städte), ebenso wie sie in einer Gesellschaft sozialistischen Charakters bewußt ist, in welcher die Produktion durch eine zentrale Planungskommission organisiert und geregelt wird.

In der liberalen Marktwirtschaft existiert im Gegenteil nirgends eine bewußte Regelung der Produktion. Zwar werden auf die Dauer nur soviel Getreide, Schuhe, Kanonen produziert, wie der zahlungsfähigen Nachfrage entspricht, d. h. soviel, wie wirklich verbraucht wird. Diese Regelung ist aber *implizit* und vollzieht sich außerhalb des Bewußtseins der Individuen, denen sie sozusagen mechanisch von außen her aufgezwungen wird. Sie wirkt sich durch den Marktbetrieb und das Gesetz von Angebot und Nachfrage aus und vor allem durch die Auslösung periodischer Krisen, welche die Störungen des Gleichgewichts zwischen Angebot und Nachfrage korrigieren.

Auf der unmittelbaren Ebene des individuellen Bewußtseins wird das wirtschaftliche Leben durch den rationalen Egoismus des *homo oeconomicus* strukturiert, des ausschließlichen Profitstrebens, welches keine Rücksicht auf die Probleme der menschlichen Beziehungen und vor allem der Gesamtproduktion nimmt. Aus dieser Perspektive gesehen werden die Mitmenschen für den Käufer oder den Verkäufer zu bloßen Dingen, die allen anderen Dingen ähnlich sind, zu Mitteln, welche er dazu gebraucht, das eigene Interesse durchzusetzen, und deren einzige wichtige Eigenschaft für ihn in ihrer Fähigkeit besteht, Verträge zu schließen und Verpflichtungen einzugehen.

Da jedoch die allgemeinen Regelungen des gesellschaftlichen Lebens sich weiterhin auswirken, muß diese Auswirkung auch äußerlich sichtbar werden. Aus dem Bewußtsein der Menschen ausgeschaltet, spiegeln sich diese Regelungen in der Gesellschaft als neue Eigenschaften der leblosen Dinge wider, die sich ihren natürlichen Eigenschaften hinzufügen: Tauschwert und Preis.

Selbstverständlich sind die Bäume meistens im Sommer grün und im Winter kahl, groß, klein usw. In einer warenproduzierenden Marktwirtschaft besitzen die Bäume aber außer diesen Eigenschaften noch eine weitere, die sie in keiner Naturalwirtschaft besaßen (und die sie auch, entgegen allem äußeren Anschein, in keiner Planwirtschaft besitzen), diejenige, einen bestimmten *Wert*, einen von Angebot und Nachfrage abhängigen *Preis* zu haben, der letztlich darüber entscheidet, wieviel Bäume in einem bestimmten Jahr gefällt und verarbeitet werden. Dies gilt natürlich für sämtliche Waren.

Somit verschwindet aus dem individuellen Bewußtsein im Bereich des wirtschaftlichen Sektors, dessen Gewicht in der Gesamtheit des sozialen Lebens immer bedeutender wird, ein Grundbestandteil des psychischen Lebens.

Alles, was in den vorkapitalistischen – und, wie wir hoffen, auch in den nachkapitalistischen Gesellschaftsformen die überindividuellen Werte (d. h. Moral, Ästhetik, Nächstenliebe, Glaube) bildet, wird reduziert auf eine neue Eigenschaft der Dinge: ihren Preis.

Die Folgen dieser Veränderung sind viel zu mannigfaltig, um sie hier aufzuzählen und beschreiben zu können[2]. Sie weisen übri-

2 Siehe dazu: G. Lukács: »Geschichte und Klassenbewußtsein«, 1923, und den Aufsatz »Die Verdinglichung« in: L. Goldmann: »Dialektische Untersuchungen«.

gens auch positive Aspekte auf und haben die Ausarbeitung und Entwicklung einer ganzen Reihe grundlegender Ideen der westeuropäischen Kultur ermöglicht (Gleichheit, Toleranz, individuelle Freiheit usw.). Sie haben jedoch immer mehr die Passivität des individuellen Bewußtseins gefördert und die Ausschaltung des qualitativen Elements aus den zwischenmenschlichen Beziehungen und den Beziehungen zwischen Mensch und Natur bewirkt.

Dieses Phänomen der Ausschaltung, diese Reduktion auf das Implizite eines besonders wichtigen Teils des individuellen Bewußtseins, der durch eine neue, rein gesellschaftsbedingte Eigenschaft der leblosen Dinge ersetzt wird, wurde mit dem äußerst wirkungsvollen Ausdruck *Warenfetischismus*, und später *Verdinglichung*, bezeichnet. Die Verdinglichung ist also diese neue Eigenschaft der Waren, die ihren Ursprung in der Austauschbarkeit auf dem Markt hat und von hier aus die Übertragung der aktiven Funktionen von dem Menschen weg auf die leblosen Dinge bewirkt; sie ist eine Selbsttäuschung, ein Wahnbild also (das Marx mit der Anschauung jener Shakespeareschen Gestalt vergleicht, für die Schreiben- und Lesenkönnen angeborene Gaben, die Schönheit dagegen ein anerkennenswertes Verdienst ist). So hat, in der von Marx analysierten liberalen Gesellschaft, die Verdinglichung alle überindividuellen Werte aus dem Bewußtsein ausgeschaltet und nur noch, als einzige wesentliche und sichtbare menschliche Wirklichkeit, das von jeder konkreten, unmittelbaren und bewußten Beziehung zum Ganzen abgeschnittene Individuum übriggelassen.

Eine dieser Struktur entsprechende, zum Gleichgewicht gelangte Welt wäre letzten Endes die Welt Robinson Crusoes, des isolierten Individuums, das einem aus Dingen, Pflanzen und Tieren zusammengesetzten Universum gegenübersteht (in dem die Mitmenschen nur noch als Lohnarbeiter auftreten, was in der Gestalt Freitags zum Ausdruck kommt). Wie jedoch Lukács in einer tiefergreifenden Analyse gezeigt hat, kann der Mensch nicht menschlich bleiben und gleichzeitig auf alle konkreten und eindeutigen Beziehungen zu den Menschen verzichten: Hiermit erklärt sich, warum die humanistische Kulturschöpfung, die tatsächlich der verdinglichten Struktur der liberalen Gesellschaft entsprach, die der Biographie des problematischen Helden wurde, so wie sie ihren Ausdruck in der abendländischen Literatur fand, von Cervantes über Goethe bis zu Stendhal und Flaubert (und, wie Girard nachgewiesen hat, mit einigen Änderungen bis zu Proust und in Rußland bis zu Dostojewski).

Robbe-Grillet hat soeben gesagt, daß auch im klassischen Roman die leblosen Dinge äußerst wichtig sind, daß sie aber nur durch ihre Beziehungen zu den Menschen existieren. Die zwei späteren Perioden der Geschichte der kapitalistischen Gesellschaft, die imperialistische – die etwa von 1912 bis 1945 gedauert hat – und die gegenwärtige Periode des Organisationskapitalismus lassen sich strukturell definieren, die erste durch das allmähliche Verschwinden des Individuums als wesentliche menschliche und soziale Wirklichkeit und korrelativ durch die zunehmende Autonomie der Dinge, die zweite durch die Entwicklung der Verdinglichung zu einer autonomen Welt, in der das Menschliche als solches, sowohl als Individuum wie auch als Gemeinschaft, alle wesentliche Wirklichkeit verloren hat, die ihre eigene Strukturierung hat, die dieses Menschliche nur noch selten und unter großen Schwierigkeiten zum Ausdruck kommen läßt.

Ich erlaube mir, hier eine Hypothese zu formulieren, die wohlgemerkt in einer Reihe späterer Untersuchungen noch geprüft werden muß. Mir scheint, daß den beiden letzten Perioden der Geschichte der Wirtschaft und der Verdinglichung in den abendländischen Gesellschaften in der Tat zwei große Perioden in der Geschichte der Romanformen entsprechen: diejenige, die ich mit dem Verschwinden des individuellen Helden charakterisieren möchte und in der äußerst wichtige Werke ihren Platz haben, wie die von Joyce, Kafka, Musil, »La Nausée« von Sartre, »L'Etranger« von Camus und wahrscheinlich das Werk von Nathalie Sarraute als eine der radikalsten Manifestationen dieser Periode; die zweite, die erst beginnt, ihren literarischen Ausdruck zu finden, und unter deren Vertretern Robbe-Grillet einer der echtesten und brillantesten ist. Sie ist genau diejenige, die sich im Erscheinen eines autonomen Universums der Objekte abzeichnet, das seine eigene Struktur und seine eigenen Gesetze hat und durch das allein die menschliche Realität in einem gewissen Maße manchmal noch ihren Ausdruck finden kann.

Wenn ich jetzt zum eigentlichen Werk der beiden Romanschriftsteller komme, möchte ich mit der Feststellung beginnen, daß sie in derselben Epoche, nämlich der unserigen, schreiben und daß daher das, was sie uns über die Realität sagen, bei alledem, was sie trennt, doch vielleicht gar nicht so verschieden ist.

Der Unterschied zwischen Nathalie Sarraute und Robbe-Grillet liegt viel mehr in dem, was sie interessiert, in dem, was sie suchen, als in dem, was sie feststellen. Nathalie Sarraute ist noch – in der extremsten Form – eine Romanschriftstellerin der Periode, die wir als die des Verschwindens des Helden charakterisiert haben. Die globalen Strukturen der sozialen Welt interessieren sie nicht so sehr, sie sucht überall den wahrhaftigen Menschen, das unmittelbare Leben, während Robbe-Grillet zwar auch den Menschen sucht, aber den Menschen als äußerlich sichtbar gewordenen Ausdruck, als eine in eine globale Struktur eingefügte Realität.

Aber wenn dieser Unterschied einmal formuliert ist, erscheinen uns ihre Feststellungen sehr nahe verwandt. Auf der Suche nach dem unmittelbaren Leben stellt Nathalie Sarraute fest, daß dieses Leben nicht mehr in Äußerungen existiert, die fast ohne Ausnahme unecht, verdreht und verformt sind. Daher begrenzt sie auch angesichts dieses extremen Verschwindens des Helden das Universum ihrer Werke auf das einzige Gebiet, in dem sie noch die Realität finden kann, die ihr wesentlich scheint (obwohl sie sie auch hier wegen der Unmöglichkeit der Äußerung natürlich verformt und hypertrophiert vorfindet), auf die menschlichen Gefühle und das menschliche Leben, die vor jedem Ausdruck liegen; auf das, was sie die Tropismen, die Sub-Konversation, die Sub-Kreation nennt. In diesem Sinne scheint sie mir (und ich hoffe, sie ist mir deswegen nicht böse) eine Schriftstellerin zu sein, die einen wesentlichen Aspekt der heutigen Realität in einer Form ausdrückt, für die sie wahrscheinlich eine neue Modalität schafft, die aber noch die schriftstellerische Form der Periode des Verschwindens des Helden ist, die von Kafka, Musil, Joyce, auf die sie sich übrigens sehr oft beruft.

Da Nathalie Sarraute vor allem an der Psychologie und den zwischenmenschlichen Beziehungen interessiert ist, unterliegt sie nicht der verdinglichenden Illusion und bleibt sich dessen bewußt, daß alle, auch die falschesten und uneigentlichsten Aspekte menschlicher Beziehungen, diejenigen, die die Kommunikation am meisten verhindern, letzten Endes aus einer Degradation des Menschlichen, des Psychischen entstammen. Wir würden gern hinzufügen, daß sie sich auch darüber Rechenschaft gibt, daß die wachsende Autonomie der Dinge nur der äußere Ausdruck dieser Degradation ist, doch wäre dies ungenau; die Schriftstellerin ist nämlich an allem Äußeren kaum interessiert und bemerkt also nicht den neuen Status der leblosen Dinge im Rahmen des gesellschaftlichen Lebens. Es genügt, auf die vierzig Seiten hinzuweisen, die sie im *Planetarium* einer Türklinke widmet. Die Autonomie der Türklinke wird überhaupt nicht erwähnt, das Geschehen ist gänzlich in die psychische Reaktion der alten Dame, der Arbeiter, des Neffen, des Vaters, der Mutter und ihrer Freunde versetzt. Die wesentliche Struktur der Beziehung Ding–Mensch bleibt dem klassischen Roman gegenüber unverändert. Nathalie Sarraute hat nur die psychischen Umwandlungen registriert, die den neuen Inhalt dieser Beziehung bilden; daher existiert *innerhalb des Werkes* kein wesentlicher Unterschied zwischen der Funktion der Türklinke und der aller anderen Veräußerlichungen, wie z. B. der des berühmten Schriftstellers, der einen Essay über Husserl schreibt, oder derjenigen Germaine Lemaires in der Buchhandlung.

Umgekehrt registriert Robbe-Grillet, der vor allem auf die äußeren Erscheinungen des sozialen Lebens sein Augenmerk richtet, den wesentlichen menschlichen und psychischen Charakter der Beziehungen, die die Grundlage der Verdinglichung und der wachsenden Autonomie der Dinge bilden, nicht. Vielleicht ließen sich die literarischen Werke beider Autoren charakterisieren durch die Anwendung der Lukácsschen Gattungsgliederung auf den »nouveau roman«: nämlich die in Romane des abstrakten Idealismus und psychologische Desillusionsromane. Der idealistische Roman befaßt sich vorwiegend mit der äußerlichen Tätigkeit des Helden und seiner Nichtangepaßtheit an die Umwelt, der psychologische Desillusionsroman viel mehr mit der Handlungsunfähigkeit des Helden, die durch eine Nichtangepaßtheit komplementärer Art bedingt ist. Man muß dabei aber hervorheben, daß diese beiden Gattungen einer und derselben Struktur im »nouveau roman« eine Modifikation erfahren haben, die eben durch das Phänomen der Auflösung, des Verschwindens der Gestalt des Romanhelden bedingt wurde[3].

Robbe-Grillet drückt dieselbe Realität aus, in einer wahrhaft neuen Form. Auch für ihn ist das Verschwinden des Helden ein anerkanntes Faktum, aber er stellt fest, daß dieser schon durch eine andere autonome Realität ersetzt ist (die Nathalie Sarraute nicht interessiert): durch das Universum der Objekte. Und da auch er die menschliche Realität sucht – dies ist ein weiterer, den beiden Schriftstellern gemeinsamer Zug –, stellt er fest, daß sie, die in den globalen Strukturen wohl kaum noch als spontane, unmittelbar gelebte Wirklichkeit gefunden werden kann, sich nur noch in dem Maß wiederentdecken läßt, wie sie aus der Struktur und den Eigenschaften der Objekte hervorgeht. Sie verstehen, warum ich – als Soziologe – in einer Welt wie der unseren mit den Beschränkungen, die die Verengung des menschlichen Universums dem kulturellen Schaffen aufzwingt, Werken wie denen von Nathalie Sarraute und Robbe-Grillet eine ganz besondere Bedeutung beimesse. Ich glaube übrigens, daß das Werk von Robbe-Grillet (ich hoffe, daß er mir deswegen nicht böse sein wird) durch das, was es tatsächlich aussagt, noch viel bedeutender ist als durch das, was es aussagen wollte.

Es ist nämlich möglich, daß Robbe-Grillet in dem gegebenen Rahmen einer entfremdeten und verdinglichten Welt auch nach psychologischen Wirklichkeiten forscht: nach dem Ödipuskomplex in den *Gommes*, einer Zwangsvorstellung im *Augenzeugen*, einem Eifersuchtsgefühl in der *Jalousie* und vielleicht einer psychoanalytischen Behandlung in *Letztes Jahr in Marienbad*. Wichtig erscheint mir jedoch, daß diese Absichten – wenn sie tatsächlich vorhanden sind – sich nur in dem Maße dem Werk einfügen lassen, wie sie ihren Platz in einer viel wesentlicheren Analyse und schriftstellerischen Darstellung der Gesamtstrukturen der sozialen Wirklichkeit finden können.

3 Einen entscheidenden Schritt in Richtung auf eine realistische Literatur könnte vielleicht das Werk eines Schriftstellers vollziehen, dem es gelänge, die zwei Aspekte der Wirklichkeit, die mit dem besonderen Scharfblick bei Nathalie Sarraute und Robbe-Grillet erfaßt wurden, ineinander zu verschmelzen.

Der Ödipuskomplex bleibt in *Les Gommes* ein rein äußerliches Element; die fixe Idee von Mathias, die Eifersucht des Gatten sind nur Ausgangspunkt, Stoff, von dem aus viel wesentlichere Strukturen gestaltet werden, die ebensogut auch von anderen Ausgangspunkten aus erreicht und gestaltet werden könnten; die Beziehungen zwischen dem Mann und der Frau werden in *Letztes Jahr in Marienbad* zum Ausdruck gesamtmenschlicher Beziehungen. Ich möchte noch hinzufügen, wenn ich auch jene Literaturkritiker enttäuschen werde, die sich vor allem mit der formalen Seite in Robbe-Grillets Werk befaßt haben, daß ich beim Lesen der Werke Robbe-Grillets den Eindruck gewonnen habe, daß die formalen Probleme zwar sehr wichtig, aber nie autonom und von der Struktur seines fiktiven Universums als solchem unabhängig sind. Robbe-Grillet will etwas aussagen und sucht, wie alle bedeutenden Schriftsteller, seiner Aussage die adäquate Form zu geben. Der Inhalt seiner Schriften kann nicht aus dem einzelnen literarischen Werk selbst ausgeklammert werden und dieses wiederum nicht aus dem Gesamtwerk. Man hat bis jetzt viel über die formalen Probleme der Romane Robbe-Grillets gesprochen, es ist vielleicht nun angebracht, auch deren Inhalt zu untersuchen.

Es handelt sich in diesen Romanen natürlich nicht darum, einen esoterischen, versteckten und schwer verständlichen Inhalt herauszufinden. Die formalen Experimente Robbe-Grillets entstammen seinem Versuch, den Sinn seiner Aussage so zugänglich und begreiflich zu machen wie nur möglich; wenn Leser und Kritiker auf so viel Schwierigkeiten gestoßen sind, so darf man die Schuld nicht dem Schriftsteller zuschieben, sondern sie eher in den Denkgewohnheiten und den überlieferten Gefühlen und Vorurteilen finden, die meistens beim Urteil mitgespielt haben.

Robbe-Grillet hat seine Veröffentlichungen 1953 mit einer Art Kriminalroman unter dem Titel *Les Gommes* begonnen. In dieser Schrift bewahrt er noch in sehr hohem Maße das traditionelle Schema des Genres (ein Mord, der übrigens fehlschlägt, eine polizeiliche Ermittlung usw.), dessen Rahmen er jedoch mit einem neuen Inhalt füllt, was natürlich eine ganze Reihe von ziemlich wichtigen formalen Veränderungen nach sich zieht. Es scheint mir jedoch, daß es diese Gegensätzlichkeit zwischen dem neuen Inhalt und der erst teilweise erneuerten Form ist, die Robbe-Grillet dazu führt, in einer ganzen Reihe peripherer Details das ins Gedächtnis zu rufen, was er hat sagen wollen. Das ganze Problem der Anspielungen auf den Ödipus-Komplex nimmt in einer Weise überhand, die dem eigentlichen Kern des Werkes mehr oder weniger fernbleibt (Motive der Fenstergardinen, Verzierung eines Kamins, Rätsel der Sphinx, ein Passus, der die etwaige Existenz eines Sohnes des Opfers betrifft usw.) – dies, um die Aufmerksamkeit des Lesers auf die Tatsache zu lenken, daß es sich nicht um einen einfachen, geläufigen Kriminalroman handelt, sondern um ein Buch, dessen wesentlicher Inhalt sich dem der antiken Tragödie nähert. Natürlich wären diese Anspielungen unnütz gewesen (und in den späteren Werken Robbe-Grillets finden wir nichts Ähnliches mehr), wenn die Form des Werkes adäquat genug gewesen wäre, um den Inhalt deutlich zu machen. Worin besteht im übrigen die Beziehung, die Robbe-Grillet zwischen *Les Gommes* und dem Ödipus-Mythos feststellen will? Sie erscheint uns letztlich sehr lose und sogar bestreitbar; das Buch nimmt sicher nicht den Mythos selbst auf. Es ist so gut wie sicher, daß Daniel Dupont nicht von seinem eigenen Sohn ermordet worden ist; jedenfalls macht nichts in dem Buch diese Hypothese glaubhaft. Die Ähnlichkeit liegt in der Tatsache, daß es sich in beiden Fällen um eine Verkettung von Ereignissen handelt, die mit unausweichlicher Notwendigkeit ablaufen, und an denen die Absichten und Handlungen der Menschen nichts ändern können. Ihrer Struktur nach resultiert die antike Tragödie jedoch aus dem Konflikt zwischen dem Willen der Götter und den Bemühungen der Menschen – wodurch das menschliche Leben in Schicksal verwandelt wird – und hat sehr wenig (und Robbe-Grillet, der hernach auf jegliche Anspielung auf die Tragödie verzichtet hat, hat dies wahrscheinlich selbst bemerkt) mit dem mechanischen und unausweichlichen Prozeß gemein, der sich im Innern eines Universums abspielt, in dem die Individuen und die Suche nach Freiheit jegliche Realität und Bedeutung verloren haben.

Als Inhalt des Werkes tritt gerade diese mechanische und unerbittliche Notwendigkeit auf, die ebenso die Beziehungen zwischen den Menschen untereinander wie die Beziehungen zwischen

Menschen und Dingen beherrscht, in einer Welt, die einer modernen, mit einem Selbstregulierungsmechanismus versehenen Maschine ähnlich ist. In der Erzählung wird zunächst beschrieben, wie eine geheime, oppositionelle Organisation beschlossen hat, jeden Tag einen Menschen zu töten; die Reihe ist nun an einen gewissen Daniel Dupont gekommen[4].

Allerdings, und das kann im bestgeregelten Mechanismus vorkommen, gelingt der Mordversuch nicht: Daniel Dupont hat vorzeitig die Lampe in seinem Büro angezündet und erschrocken zielt der Mörder mit der Pistole daneben und verletzt Dupont nur leicht am Arm. Dupont, der sich von Mördern verfolgt weiß, und der einflußreiche Beziehungen zur Regierung besitzt, läßt, um seinen Mördern zu entgehen, die Nachricht verbreiten, daß der Mord gelungen ist und hält sich einige Zeit versteckt. Ein Detektiv wird beauftragt, eine Untersuchung über ein Verbrechen zu führen, das in Wirklichkeit nicht stattgefunden hat. Man könnte also meinen, daß der unabwendbare mechanische Ablauf des Vorgangs gestört wurde, daß eine Abweichung vom vorgesehenen Plan möglich war. Dies ist aber nur Trug: Der Vorgang ist fatal und der Mechanismus läuft tadellos ab: durch das bloße Zusammenwirken der Ereignisse, ohne bewußtes Wollen von irgend jemandem, wird der Detektiv das sogenannte Opfer töten, das somit zum wirklichen Opfer wird und so die Fortführung der Untersuchung über einen Mord erlaubt, der nun tatsächlich stattgefunden hat. Was die Mörderorganisation betrifft, so setzt sie ihre Arbeit fort, ohne jemals zu erfahren, daß ihr ein Irrtum unterlaufen ist. Am folgenden Tag bringt sie ein weiteres Opfer um, das diesmal Albert Dupont heißt.

Es stellt sich noch eine letzte Frage: Warum heißt der Titel *Les Gommes*, da er doch an die Handlung fast nur durch die Tatsache gebunden ist, daß der Detektiv Wallace mehrere Male in ein Schreibwarengeschäft eintritt, um Radiergummis zu kaufen? Mir scheint, daß es sich hier, ebenso wie bei den Anspielungen auf den Ödipus-Mythos, um ein äußerliches Anspielen auf den Romaninhalt handelt: auf unmittelbarer Ebene sind es die »Selbstregulierungen«, die die Fehler wegwischen, auf einer

4 Dupont ist in Frankreich ein ebenso gängiger Name wie in Deutschland Schulze.

allgemeineren Ebene ist es der Mechanismus einer Gesellschaft, die jede Spur einer lebendigen Unordnung und jede Realität des Individuums beseitigt. Wir finden dieselben Themen – diesmal aber auf einem literarisch viel höheren und komplexeren Niveau – im zweiten Roman des Verfassers: *Der Augenzeuge*, der unter den Literaturkritikern die lebhaftesten Diskussionen hervorgerufen hat. Vielleicht erinnern sich noch einige von Ihnen an den ersten heftigen und empörten Artikel von E. Henriot in Le Monde und an seine spätere Meinungsänderung, die ihn bewog, das Buch zu den 10 besten des Jahres zu rechnen.

Der Augenzeuge stellt die gleichen Probleme wie *Les Gommes*, aber in einer viel radikaleren Art, die tiefgreifende formale Veränderungen nach sich zieht. Natürlich haben nur diese Veränderungen die Aufmerksamkeit der Kritiker auf sich gezogen. Man hat im Inhalt nur die Anekdote gesehen, die Beschreibung irgendeines beliebigen Geschehens, die die Kritiker völlig gleichgültig ließ oder, im Grenzfall, empörte. Wenn man aber nicht von jenem Inhalt ausging, der die »formalen« Veränderungen begründete und notwendig machte, so konnten diese als willkürlich oder künstlich erscheinen. Sehr wenige Kritiker haben, unseres Wissens, die Frage nach der Begründung des Buchtitels gestellt: Wer ist der Augenzeuge? (Im Französischen heißt es: Voyeur, der Mensch, der nur zusieht und nicht handelt; ein Titel, der ja letzten Endes klar den Inhalt des Buches angibt.) Ganz offensichtlich ist diese Bezeichnung nur beschränkt auf den Handlungsreisenden Mathias anwendbar, da er den Mord tatsächlich begangen hat. Ein Kritiker hat bemerkt, daß die Bezeichnung eher auf den jungen Marek passen würde. Jedoch könnte man auch gegen diese Interpretation einen schwerwiegenden Einwand erheben: es ist in der Tat schwierig, im jungen Marek die Hauptgestalt der Erzählung zu sehen.

Wenn wir aber die Frage nach dem Inhalt des Buches stellen, so werden wir von selbst auf die Antwort stoßen. Es handelt sich ganz eindeutig nicht um irgendeinen Bericht über einen Vorfall, konkret um den Mord an einem kleinen Mädchen. Wenn dies der Fall wäre, so würde das Buch im Vergleich zum traditionellen Roman nichts Neues bringen.

Unmittelbar erzählt uns der Autor, wie der Handelsreisende

Mathias von seinem 24stündigen Aufenthalt auf einer Insel, wohin er gefahren war, um Uhren zu verkaufen, einen Bericht zu rekonstruieren versucht. Mathias, der im Verlauf dieses Aufenthaltes ein kleines Mädchen ermordet hat, ist besessen von der Erinnerung an diesen Mord und der Angst, verhaftet zu werden. Daher wird sein Bericht schon im ersten Ansatz durch zwei Elemente charakterisiert: einerseits durch den Wunsch, eine glaubwürdige und lückenlose Version seines Aufenthaltes auf der Insel zu geben und dabei jede Anspielung auf den Mord zu vermeiden, und andererseits durch die Furcht, entdeckt und verhaftet zu werden, die sich in die Zwangsvorstellung von Handschellen und alldem verwandelt, was ihn an eine »liegende Acht« erinnert.

Diese Furcht verformt im Bericht die beabsichtigte Struktur, sie hindert ihn, einer der ursprünglichen Absicht konformen Richtung zu folgen, und führt den Bericht immerfort entweder auf den Mord am kleinen Mädchen selbst zurück, den es zu verhüllen gilt, oder auf bestimmte Begebenheiten, die sich in Mathias' Jugend zugetragen haben und die in dessen persönlich Erlebtem (Robbe-Grillet bedient sich hier in einem gewissen Ausmaß der Psychoanalyse) an den Mord gebunden sind, indem sie ihm seine psychologische Bedeutung zuweisen.

Dieser Inhalt erklärt den Stil des Werkes und besonders das fortwährende Schwanken zwischen verschiedenen Personen und Ereignissen, die in verschiedenen Epochen liegen, innerhalb ein und desselben Satzes. Unmittelbar ist der Augenzeuge also Mathias selbst, da ja der Bericht nicht in dem Moment gegeben wird, in dem er das Verbrechen begeht, sondern später, als er eine Version seines Tages auf der Insel zu konstruieren versucht, die jegliche Erinnerung an den Mord beseitigt, obwohl seine Vision ständig zum Verbrechen selbst oder zu verschiedenen Objekten, die mit ihm zusammenhängen, zurückgeführt wird.

Doch Mathias' große Entdeckung, eine Entdeckung, die er im fortschreitenden Bericht[5] macht, ist nicht nur, daß es ihm un-

5 Im Gegensatz zu dem, was Robbe-Grillet oft selbst von seinen Romanen sagt, sind diese Berichte nicht in der unmittelbaren Sicht der Hauptfigur verfaßt, sondern von einem gewissen Punkt über dieser, ganz wie bei allen klassischen Romanciers.

möglich ist, einen Mord zu verschleiern, zu dem ihn seine Furcht und Besessenheit ständig zurückführen, sondern vor allem, daß seine Mühe überflüssig ist, da er sich auf eine gänzlich falsche Vorstellung der gesellschaftlichen Realität stützt. In der Tat beginnt Mathias mit der Entdeckung, daß auf der Insel zwei Personen leben, die aller Wahrscheinlichkeit nach Zeugen des Mordes gewesen sind (die Sache ist zumindest für eine der beiden Personen sicher und für die andere sehr wahrscheinlich) und die sich hartnäckig bemühen, die Ungenauigkeit seiner Versicherungen jedesmal dann zu beweisen, wenn sie seine Tat zu verschleiern versuchen. Diese Feststellung läßt in ihm eine Seelenangst entstehen – allerdings nur eine vorübergehende –, denn er merkt sehr schnell, daß die Zeugen, wenn einer der beiden sich bemüht, seine Erklärungen zu berichtigen, dies nur aus Besorgtheit um die Wahrheit tun und keinerlei Absicht haben, ihn zu denunzieren und verfolgen zu lassen: sie sind einfach Augenzeugen. Bald wird Mathias entdecken, daß alle Inselbewohner, die in diesem Roman ebenso wie in jedem anderen Kunstwerk nicht nur einen Teilsektor des Universums, sondern dieses Universum selbst konstituieren, den Mörder sehr leicht, mit einem Minimum an Anstrengung, entdecken könnten, aber daß sie sich nicht mehr dafür interessieren als der junge Marek oder die kleine Maria. Im Grund ist dieser Mord, wie der aus *Les Gommes,* in die Ordnung der Dinge eingefügt, und insofern das ermordete kleine Mädchen den anderen Inselbewohnern nicht ähnelte und ein Element der Spontaneität und der Unordnung verkörperte, sind diese durch ihr Verschwinden sogar erleichtert[6].

Somit besteht das Universum aus *passiven Augenzeugen,* die weder die Absicht noch die Möglichkeit haben, in das Leben der Gesellschaft einzugreifen, um es wesentlich umzuformen und es

6 Vielleicht läßt sich hier noch ein weiteres äußerliches Element vermerken, das dem wesentlichen Inhalt des Romans zusätzlich zugefügt scheint, obwohl es eigentlich diesem Inhalt viel enger zugeordnet ist als die Anspielungen an den Ödipuskomplex im vorhergegangenen Werk. Mit Bezug auf das Problem des Wesens der menschlichen Welt – wie es Robbe-Grillet darstellt –, einer Welt, deren Gesetze und Hauptzüge, wie wir schon sagten, dem Wesen der industriellen westlichen Gesellschaft entsprechen, bildet die Tatsache, daß das Opfer bis zu einem bestimmten Maße eine Randgestalt, eine Fremde ist, und daß durch ihre Ermordung ein störendes Element ausgeschaltet wird, in der Gesamtheit des Romans ein zweifellos wichtiges Element, das aber letzten Endes anekdotisch bleibt.

menschlicher zu machen. Der einzige Mensch, der einen Moment lang meinen konnte, der Mord an dem Kinde sei eine Tat, die strafbar ist und ihn aus dem sozialen Leben eliminieren könne, war Mathias selbst, der am Ende des Berichts seinen Fehler einsieht, die Möglichkeiten der sich ihm bietenden Flucht ausschlägt und ruhig den nächsten Morgen erwartet, um die Fähre zu besteigen, die regelmäßig zwischen der Insel und dem Kontinent hin- und herfährt.

So wird der Mord in die universelle Ordnung eingegliedert. In *Les Gommes* durch die Selbstregulierungsmechanismen, die alle Möglichkeiten einer unerwarteten, individuellen, durch Affekt bedingten Abweichung ausschließen[7]. Im *Augenzeugen* durch die Passivität aller Mitglieder der Gesellschaft.

7 Claude Ollier und Jean Catrysse, Professor an der Universität Caracas, haben uns, unabhängig voneinander, darauf aufmerksam gemacht, daß der Text von Robbe-Grillet überhaupt nirgends ausdrücklich aussagt, daß das junge Mädchen tatsächlich von Mathias ermordet worden ist und eher den Zweifel hervorruft und die Vermutung, daß es sich um einen rein imaginären Mord handelt. Diese Bemerkung scheint gerechtfertigt zu sein, und es läßt sich die Feststellung machen, daß in dem Maße, in dem Mathias sich der Passivität der Welt bewußt wird, die Wirklichkeit seiner Handlung, wie jeder Handlung überhaupt, zum Verschwinden neigt, sich in einen Traum zu verwandeln beginnt, in einen Wahn, in eine Einbildung. Mathias, der das junge Mädchen anfangs getötet zu haben schien, hätte die Mordtat schließlich nicht ausgeführt und wäre selbst nur reiner Augenzeuge gewesen.
Annie Goldmann hat andererseits, von der Analyse des Films *L'Immortelle* ausgehend, unsere Aufmerksamkeit auf die Möglichkeit einer ganz anderen Interpretation des *Augenzeugen*, der *Jalousie* und von *Letztes Jahr in Marienbad* hingedeutet. Es ist in der Tat möglich, daß diese Werke, wie auch der letzte Film Robbe-Grillets, den Gegensatz zwischen einem auf die Einbildung, das Imaginäre orientierten Bewußtsein – das die Welt der Einbildung sieht und erlebt – und einer Welt, in der die Menschen, die zu Dingen geworden sind, dieses Bewußtsein nicht besitzen oder ausgetilgt haben (oder wo diese Tendenz zum Imaginären höchstens und nur in beschränktem Maße den Kindern zugänglich ist), zum Thema erheben wollten. Eine solche Analyse, die vermutlich auch den bewußten Absichten des Verfassers entspricht, scheint uns nicht nur mit jenen Strukturen der Werke, die wir hervorgehoben haben, übereinzustimmen, sondern darüber hinaus auch eine ergänzende Aufklärung der Werke selbst zu liefern. Ihre Gültigkeit ist wahrscheinlich. In der Tat besteht die Welt seines Werkes aus einer Gesamtheit, die gleichzeitig den Menschen – den alten problematischen Helden, der jetzt auf den Status eines Voyeurs, eines Augenzeugen des Imaginären beschränkt ist – und eine der modernen industriellen Gesellschaft homologe Welt einschließt. Von dieser Gesellschaft hat Robbe-Grillet, bewußt oder unbewußt, jedenfalls in höchst realistischer Weise, die Probleme, das Wesen und die Gesetze erfaßt und gestaltet.
Annie Goldmann beabsichtigt, Robbe-Grillets Werke unter dieser Perspektive zu studieren.

Fügen wir noch einige Worte hinzu, auch wenn sie vielleicht überflüssig erscheinen können, um jedem Mißverständnis vorzubeugen. Das Hauptthema der beiden Romane, das Verschwinden jeglicher Bedeutung und jeglichen Sinnes aus dem individuellen Handeln, macht meines Erachtens aus diesen realistischen Romanen zwei der wichtigsten Werke der zeitgenössischen Literatur. Der Leser oder Kritiker könnte jedoch einen aus dem gesunden Menschenverstand entsprungenen Einwand erheben: es ist nicht wahr, daß jedesmal, wenn ein Mörder sein Opfer verfehlt, sich ein sozialer Mechanismus in Gang setzt, der diesen Irrtum korrigiert, ebenso wie es nicht zutrifft, daß, wenn ein Handelsreisender ein kleines Mädchen ermordet, die Nachbarn gleichgültig bleiben und die Behörden sich nicht um seine Verfolgung und Verhaftung kümmern.

Unmittelbar ist dieser Einwand natürlich begründet; die Frage stellt sich jedoch auf eine viel radikalere Weise. Es geschehen täglich unzählige Verbrechen gegen die Menschlichkeit, die die Gesellschaft hinnimmt und die von der psychischen Struktur ihrer Mitglieder geduldet werden. In älteren Gesellschaftsformen konnte das Hervortreten solcher unmenschlichen Züge im Leben der Gesellschaft (es genügt, an die feudalen Privilegien und an die berüchtigten »lettres de cachet« der französischen Könige zu denken) die Auflehnung einzelner Menschen oder bestimmter sozialer Gruppen hervorrufen und die Empörung von Schriftstellern und Denkern, die das Gefühl dieser Gruppen in ihren Werken zum Ausdruck brachten (es genügt auch hier an Gestalten wie Voltaire oder Lessing zu denken). Diese Auflehnung konnte zu sozialen Änderungen führen, die das Weiterbestehen bestimmter Ungerechtigkeiten verhinderten, wenn sie auch meistens andere Ungerechtigkeiten und andere unmenschliche Sitten hervorriefen, die ihrerseits dazu führten, neue Unzufriedenheit und eine neue Empörung hervorzurufen und so fort.

Was Robbe-Grillet feststellt, was den Gegenstand seiner beiden ersten Romane ausmacht, ist die große soziale und menschliche Umformung, die aus dem Auftreten von zwei neuen Phänomenen erstrangiger Bedeutung entsteht: Die Selbstregulierung der Gesellschaft einerseits und andererseits die wachsende Passivität, die Rolle von »Augenzeugen«, die die Individuen in der modernen Gesellschaft annehmen, das Fehlen der aktiven Teilnahme am gesellschaftlichen Leben, was in seiner sichtbarsten Erscheinung von den modernen Soziologen als Entpolitisierung bezeichnet wird, in Wahrheit aber ein viel grundlegenderes Phänomen ist, das man in zunehmender Abstufung mit Termini wie Entpolitisierung, Entmenschlichung, Verdinglichung bezeichnen könnte.

Dieselbe Verdinglichung bildet in einer noch radikaleren Weise den Gegenstand des dritten Romans von Robbe-Grillet: *La Jalousie.* Der Terminus, wie er von Lukács verwendet wurde, zeigte an, daß das Verschwinden jeglicher Bedeutung individueller Handlungen, die Verwandlung der Individuen in Augenzeugen, in rein passive Wesen, nur die peripheren Äußerungen eines fundamentalen Problems waren, eben der Verdinglichung, der Verwandlung der menschlichen Beziehungen in Eigenschaften der Dinge derart, daß es immer schwieriger wird, sie von diesen zu unterscheiden. Auf dieser Ebene nun nimmt Robbe-Grillet in »La Jalousie« die Analyse der zeitgenössischen Gesellschaft vor. Dieser Roman ist vom Standpunkt eines eifersüchtigen (jaloux) Zuschauers geschrieben, wahrscheinlich dem des Ehemannes, der durch einen Fensterrolladen (Jalousie) schaut; der Titel des Romans selbst zeigt an, daß es in diesem Universum unmöglich ist, die Empfindung vom Ding zu trennen. Das Werk in seiner Gesamtheit zeigt die wachsende Verselbständigung der Dinge, die die einzige konkrete Realität bilden, außerhalb deren die menschlichen Realitäten und Empfindungen keine selbständige Aktualität gewinnen könnten.

Die Anwesenheit des Eifersüchtigen wird nur durch das Vorhandensein eines dritten Stuhls, eines dritten Glases usw. angedeutet. Mehrere Stellen des Romans bezeugen die Unmöglichkeit, das Psychische, das Wissen, das Gefühlsleben vom Ding, vom Gegenstand zu trennen.

»Es genügt, einen Blick auf ihren leeren, aber beschmutzten Teller zu werfen, um sich zu überzeugen, daß sie es nicht unterlassen hat, sich zu bedienen ... Jetzt nimmt der Boy die Teller weg. Es wird somit unmöglich, die Speisereste, die den Teller von A. beschmutzten, nochmals zu kontrollieren – oder ihr Fehlen, falls sie sich nicht bedient hätte.«

Wichtiger jedoch als all diese Einzelheiten ist die Struktur einer Welt, in der die Dinge eine eigene autonome Wirklichkeit erreicht haben, in der die Menschen, weit davon entfernt, diese Dinge zu beherrschen, sich ihnen anpassen und assimilieren und in der die Gefühle nur noch in dem Maße existieren, insoweit sie sich mittels der Verdinglichung ausdrücken können.

Solange die Diskussion nur seine letzten drei Romane betraf, bemühte sich Robbe-Grillet den bedeutenden Unterschied zwischen dem Thema seiner Romane und jedem marxistischen Versuch, dieses Thema als eine Auflehnung gegen die Entmenschlichung zu interpretieren, zu unterstreichen. Die Marxisten nehmen in bezug auf die Verdinglichung Stellung, indem sie sie bekämpfen. Ich, sagte er, bin ein realistischer, objektiver Schriftsteller, ich schaffe eine imaginäre Welt, die ich nicht beurteile, die ich weder bejahe noch verurteile, deren Existenz ich aber als wesentlichen Aspekt der Wirklichkeit registriere.

Dies übrigens machte effektiv die Originalität Robbe-Grillets innerhalb der Entwicklung des modernen Romans aus, der aus der Verdinglichung seit langem den eigentlichen Mittelpunkt der künstlerischen Schöpfung gemacht hatte. Kafka, Sartre in *La Nausée*, Camus in *L'Etranger* behielten noch, explizit oder implizit, humanistische Perspektiven bei, die aus diesen Büchern Werke der Abwesenheit machten. Die kalte Welt Robbe-Grillets drängte die Feststellung der Abwesenheit dermaßen in den Hintergrund, auf eine Ebene des Impliziten, daß sie dem Kritiker, der die globale Bedeutung seines Universums zu finden bestrebt war, kaum sichtbar wurde.

Mit *Le Labyrinthe,* dem letzten bis heute veröffentlichten Roman, dringt zum erstenmal das menschliche Urteil über Robbe-Grillets Welt in sein Werk ein. Von der ersten bis zur letzten Seite wird das Werk vom Gefühl der Angst beherrscht. Dies ist ein neues Element, das zu den Themen und formalen Mitteln, die Robbe-Grillet schon in seinen früheren Werken entdeckt und verwendet hatte, hinzukommt. Besonders in diesem Sinne interessiert uns dieses Buch als eine Etappe, als das Glied einer sich in die Zukunft fortsetzenden Kette. Robbe-Grillet hatte sich in allen seinen Werken als ein zu radikaler Schriftsteller erwiesen, um sich mit einem auf die Angst reduzierten menschlichen Dasein zu begnügen, einem Thema, daß beinahe banal geworden ist, und dem er kaum eine neue Bedeutung beimißt, wenn er es in die leere Welt seiner früheren Romane eingliedert. In seinem neuen Werk *L'Année dernière à Marienbad*, das kein Buch mehr ist, sondern ein Film, hat er der Angst das Gesicht ihrer Gegenseite hinzugefügt, die allein erlaubt, der menschlichen Realität in der heutigen Welt ihre globale Dimension zu geben: die Hoffnung. Nicht daß Robbe-Grillet hinsichtlich der Werte, die sein Werk beleben, optimistisch geworden wäre, zumal der Optimismus in der heutigen Gesellschaft nichts als eine leichte und billige Lüge sein könnte. Aber da sich in dieser Gesellschaft wie in allen anderen das Problem der echten menschlichen Existenz stellt, erscheint es zunächst als Problem der individuellen und geschichtlichen Zeit.

Die ersten drei Romane Robbe-Grillets brachten den verdinglichten Charakter seines Universums durch die Ausschaltung jeglichen zeitlichen Elements zum Ausdruck. *La Jalousie*, der radikalste seiner Romane, spielt in einer ständigen Gegenwart. Vier von sieben Kapiteln beginnen mit dem Wort »maintenant«. Eine der Möglichkeiten, die Zeit in eine zeitlose Welt einzuführen, bot natürlich die Angst. Aber ihre Beschreibung wäre, wie gesagt, unvollständig gewesen, wenn man sie nicht neben den anderen Aspekt der Zeitlichkeit gestellt hätte, dessen negative Entsprechung sie ist: die Hoffnung (ob real und gerechtfertigt oder nur illusorisch und vorgetäuscht). Dieses Thema ist von den meisten Kritikern nicht bemerkt worden, obwohl man es genau wie in den Romanen nicht in außergewöhnlichen und schwer zu erreichenden Tiefen suchen darf, sondern auf der einfachen Ebene der Erzählung, so wie sie in *L'Année dernière à Marienbad* unmittelbar vorgetragen wird. Das barocke Schloß in Marienbad ist, auf die Leinwand projiziert, dieselbe Welt der Leere und des Todes, in der niemals etwas geschehen könnte, in der man Spiele spielt, die voraussetzen, daß der Spieler verlieren kann, aber bei denen bestimmte Spieler immer gewinnen und bestimmte immer verlieren (obwohl letztere im Film nicht vorkommen) und in der zwei Menschen schließlich das Problem der Hoffnung aufgreifen. Die Hoffnung und die Angst sind nur zwei subjektive Seiten der Realität, deren ontologischer Aspekt die Zeit ist, und dies nicht nur in der Dimension ihrer Zukunft, sondern in allen ihren Dimensionen, implizit auch in der Vergangenheit. Das Problem, zu wissen, ob im vergangenen Jahr etwas geschehen ist oder nicht, ist auf der Ebene des gesunden Menschenverstandes ein Problem des Zusammenfallens von Indizien, Zeugnissen und Erinnerungen; in der Welt Robbe-Grillets könnte das Problem, zu wissen, ob sich die beiden Helden wirklich getroffen haben oder ob sich im Gegenteil im letzten Jahr in Marienbad nichts anderes ereignet hat als Pseudo-Geschehnisse, die bar jeglicher Bedeutung und Zeitlichkeit sind und die denen gleichen, die in jedem Moment im Schloß vorkommen, durch keine Erinnerung und durch kein Zeugnis gelöst werden. Weder eine Photographie noch ein zerbrochener Absatz, noch die gemeinsame Erinnerung an einen außergewöhnlichen Frost könnten eine entscheidende Bedeutung haben. Die Tatsache, ob der Mann und die Frau sich im vergangenen Jahr in Marienbad getroffen haben oder nicht, hängt allein vom begründeten oder illusorischen Charakter der Hoffnung ab, die noch in ihrem Bewußtsein herrscht und deren Realität den Inhalt des Films ausmacht. Wenn es ihnen nicht nur gelingt, das Schloß zu verlassen, sondern anderswo (im Film ist es der Garten) ein echtes Leben zu finden, ein Leben, in dem die Menschen und die menschlichen Empfindungen wirklich existieren können, in dem Ereignisse stattfinden könnten, dann ist es sicher, daß sie sich in Marienbad getroffen haben. Im anderen Fall werden weder die Photos noch die unbestreitbarsten Zeugnisse die Tatsache, daß es keine Begegnung gegeben hat, in irgendeiner Weise ändern.

Robbe-Grillet ist zu radikal, um nicht zu wissen, daß die Antwort auf dieses Problem des Films nicht nur vom Willen der beiden Hauptfiguren abhängt, sondern zuallererst von der Natur des Schlosses und des Gartens. Dies haben die Soziologen seit langem entdeckt, indem sie den historischen und sozialen Charakter der objektiven Bedeutung des affektiven und intellektuellen Lebens des Individuums hervorgehoben haben. Und hier ist Robbe-Grillet auch nicht nur ein Schriftsteller von hohem Flug, sondern auch (und vielleicht ist dies ein und dieselbe Sache) ein vollkommen ehrlicher Schriftsteller. Die Antwort, die er uns einmal am Ende und einmal am Anfang des Films (obwohl der

Zuschauer, der den Film zum erstenmal sieht, hierauf nicht achtet) gibt, ist unzweideutig. Die beiden Hauptpersonen haben getan, was die Menschen im Innern der Gesellschaft, in der wir leben, noch tun können: sie sind in eine andere Welt gegangen, um dort das Leben zu suchen, ohne sich klar vorzustellen (im Film sagen sie es selbst), worin es bestehen könnte. Sie sind in den Garten gegangen in der Hoffnung, daß er für sie eine neue Welt sein würde, eine Welt, in der die Menschen in der Lage wären, sie selbst zu sein. Aber dort haben sie nichts gefunden, denn der Garten war, wie das Schloß, nur ein Friedhof:

> »Der Park dieses Hotels war eine Art französischer Garten, ohne Bäume, ohne Blumen, ohne jegliches Wachstum ... Der Kies, der Stein, der Marmor, die gerade Linie bestimmten starre Räume, Oberflächen ohne Geheimnis. Zuerst schien es unmöglich, sich in ihm zu verlieren ... zuerst ... längs der geraden Alleen, zwischen den Statuen mit erstarrten Gesten und den Granitplatten, wo Sie bereits dabei waren, sich zu verlieren, für immer, in der stillen Nacht, allein mit mir.«

Das Werk Robbe-Grillets stellt natürlich noch viel mehr im eigentlichen Sinne ästhetische Probleme, die in erster Linie die Veränderungen betreffen, die der Inhalt der Romanform abgenötigt hat. Es scheint uns jedoch, daß diese einfache Analyse des unmittelbarsten Inhalts der Schriften Nathalie Sarrautes und der Werke und des Films von Robbe-Grillet, wie wir sie soeben skizziert haben, schon genügt, um zu zeigen, daß Robbe-Grillet und Nathalie Sarraute zu den im radikalsten Sinne realistischen Schriftstellern der modernen französischen Literatur zählen, sofern man dem Wort Realismus den Sinn einer Weltschöpfung gibt, deren Struktur der gesellschaftlichen Wirklichkeit, in der das Werk geschrieben worden ist, entspricht.

L'Immortelle[8]

Nach dem Mißerfolg der Erstaufführung wurde Robbe-Grillets letzter Film, *L'Immortelle* – ein an sich sowie durch seine Stel-

8 Dieser Text wurde in Zusammenarbeit mit Annie Goldmann verfaßt.

lung innerhalb der Entwicklung dieses bedeutenden Schriftstellers, interessantes Werk – von neuem in einem kleinen Kino gespielt. Dieser eigentlich klare und verständliche Film bleibt nichtsdestoweniger dem großen Publikum schwer zugänglich, was seinen (hoffentlich nur einstweiligen) gänzlichen Mißerfolg erklärt, denn es scheint uns nicht ausgeschlossen, daß Robbe-Grillets Film eines Tages, ohne je ein Publikumserfolg gewesen zu sein, als ein klassisches Werk der Filmkunst anerkannt wird.

Angesichts des engen Raumes, der uns hier zur Verfügung steht, verzichten wir auf alle technischen und ästhetischen Überlegungen, um uns vor allem Gesamtstruktur, Inhalt und Stellung des Films innerhalb der Gesamtentwicklung von Robbe-Grillets Werk vor Augen zu halten. Beim ersten Anblick scheint der Film eine ziemlich einfache Geschichte zu zeigen: ein Franzose, Gymnasiallehrer in der Türkei (wir nennen ihn im weiteren Verlauf den Erzähler) erinnert sich in einer ziemlich fragmentarischen und scheinbar zusammenhanglosen Weise an ein mehr oder weniger sado-masochistisches Abenteuer, das er in diesem Land, dessen Sprache ihm fremd ist, mit einer Frau gehabt hat, deren Name, Adresse und soziale Stellung ihm unbekannt geblieben sind. Wie ein Meteor ist die Unbekannte in seinem Leben aufgetaucht und dann ebenso schnell daraus entschwunden. Nach langem, vergeblichem Suchen begegnet er ihr zufällig an einer Straßenecke wieder. Geängstigt drängt sie ihn, in ihren Wagen einzusteigen und beide unternehmen eine lange nächtliche Spazierfahrt. Plötzlich stellt sich ihnen mitten auf der Landstraße einer von den zwei Hunden, die einen geheimnisvollen Mann begleiten, dem wir im Film wiederholt begegnen werden, entgegen. Erschrocken fährt die Frau mit dem Wagen gegen einen Baum und kommt bei dem Unfall ums Leben. Später versucht der Erzähler, die Vorkommnisse zu verstehen; er denkt über seinen Platz in einer unbegreiflichen »türkisch« sprechenden Welt nach und versucht, sich über die Beziehungen zwischen Lailé und dieser Welt klarzuwerden; er kauft denselben Wagen, den er bei einem Händler wiedergefunden hat, fährt mit ihm durch dieselbe Straße und verunglückt tödlich an demselben Ort und unter denselben Umständen.

Schematisch erzählt, erscheint die Handlung banal, doch hat Robbe-Grillet in diesem Film die Probleme, die sein ganzes Werk beherrschen und die schon seinen früheren Film *L'Année dernière à Marienbad* strukturierten, wiederaufgenommen. Es sind dies die Probleme der Beziehungen zwischen dem Subjekt und der entmenschlichten, von der Verdinglichung beherrschten Welt, und der Möglichkeit einer menschlichen Hoffnung.

In diesem Film füllt Lailé oder Leila (ihr Name bleibt unbestimmt und es kommt häufig vor, daß er wechselt) eine ganz genaue Funktion innerhalb der von Subjekt, verdinglichter Welt und Hoffnung gebildeten Gesamtstruktur aus. Lailé verkörpert die Einbildung, die gleichzeitig wirklich und unwirklich ist und die dem Menschen erlaubt, sich als Menschen zu verwirklichen, sich zu behaupten und – obwohl diese Tatsache nicht ausdrücklich im Film gezeigt wird – etwas Neues, etwas Höheres zu wollen und zu hoffen. Aber Robbe-Grillet ist – bis heute wenigstens – das Gegenteil eines Romantikers. Er weiß, daß die Hoffnung, die Öffnung auf das Imaginäre, von der wirklichen Welt, vom alltäglichen Leben weder unabhängig noch diesem einfach fremd ist. Es besteht zwischen Lailé und der Welt eine *wesentliche Beziehung*, ebenso rätselhaft und unverständlich wie diese an sich sinnlose Welt. Von dieser Beziehung zeigt uns Robbe-Grillet nur einige besonders zutreffende Elemente. Die Welt ist dem Imaginären feindlich: hier versinnbildlicht sie sich in der Form zweier riesiger drohender Hunde, die einen dicken, schweigenden, geheimnisvollen Mann begleiten. Sie widerspiegelt sich im starren Blick eines ebenfalls schweigenden Fischers, im feindlichen Ausdruck der Arbeiter in der Steingrube, die eine Stimmung ständiger Bedrohung schaffen. Keinen Augenblick lang kann man sich der Selbsttäuschung hingeben, daß diese Welt Lailé gegenüber nicht feindselig sei. Sie selbst stellt aber ihrerseits diese Welt in Frage. In ihrer Gegenwart werden die Häuser und die Wälle zu Ruinen, die Moscheen zu Theaterdekorationen, die Friedhöfe, die unterirdischen Gänge zu Touristenattrappen, kurz, die Welt verliert ihre Wirklichkeit. Von Anbeginn des Filmes weiß man, daß die Welt und das Imaginäre sich gegenseitig ausschließen, daß zwischen beiden letztlich und auf lange Sicht eine Unverträglichkeit herrscht und auch, daß die Welt nur dank der Gegenwart Lailés erträglich ist, einer Lailé, die von der Welt – hier durch den mitten auf dem Weg auftretenden Hund symbolisiert – am Ende doch vernichtet wird.

Wird aber Lailé wirklich physisch getötet? Und wer hat sie getötet? Im Film hat sich eine andere Frau, die ihr ähnelt (das Dienstmädchen) und die denselben Namen trägt, dieser Welt integriert und ist zu einem bloßen Ding geworden; eine dritte scheint terrorisiert und kann offenbar weder sprechen noch sich verständigen; wenn sie später spricht, so nur, um dem Erzähler zu sagen, daß der Tod Lailés kein Unfall war, daß diese ermordet wurde und daß er selbst der Mörder sei. Dadurch wird der Erzähler zum Selbstmord getrieben.

In Wirklichkeit sind alle diese scheinbar widerspruchsvollen Behauptungen wahr, und sie ergänzen einander. Lailé wurde durch den Erzähler ermordet, dem es nicht gelungen ist, ihre Gegenwart in der Welt durchzusetzen, aber sie wurde auch von der Welt getötet, die dem Menschen nicht erlaubt, sich zu bewahren. Sie wurde und wird weiterhin täglich auf dreifache Weise von der Welt getötet, durch den Mord, den absichtlich herbeigeführten Unfall, durch das Aufgehen in der Verdinglichung und durch die Unterdrückung.

Es ließe sich vieles über zahlreiche, aufschlußreiche Szenen sagen, doch würde eine eingehende Untersuchung einen größeren Aufsatz verlangen. Erinnern wir nur daran, daß Robbe-Grillet diesmal ausdrücklich unterstreichen wollte, daß die verdinglichte und unmenschliche Welt, in der weder der Erzähler noch Lailé weiterleben konnten, sämtliche sozialen Schichten umfaßt; er hat dies zuerst an einer besonders wichtigen Stelle des Films gezeigt, als Lailé gerade verschwindet. Lailé wird von den Arbeitern mit derselben Feindseligkeit angeschaut, die ihr auch der Mann mit den Hunden entgegenbringt. Dieser Szene folgt sofort eine andere, in der man sieht, wie Leute aus dem Volk einen Sarg irgendwohin tragen, vermutlich auf einen falschen Friedhof.

Der Film weist übrigens einen gänzlich regelmäßigen, ja sogar dialektischen Aufbau auf. Er setzt sich aus drei beinahe gleichen Teilen zusammen, die man ohne Zwang als These, Antithese und Synthese bezeichnen könnte.

Der erste Teil beschreibt den Auftritt Lailés, die die Welt vernichtet und unwirklich macht. In ihrer Anwesenheit erscheinen die Mauern als Ruinen, die Paläste sind zerstört, der Fischer ist abwesend, sein Stuhl ist vom Ufer verschwunden, der Mann hat seine Hunde nicht mehr bei sich. Manchmal zwar, so bei einem Empfang, gehen die Leute an ihr vorbei und verdecken sie, doch tritt sie anderswo wieder auf und setzt ihre »entwirklichende« Tätigkeit fort.

Im zweiten Teil nach dem Verschwinden Lailés verläuft der Prozeß in umgekehrtem Sinn; die Welt findet ihre Wirklichkeit wieder. Die zerstörten Mauern werden durch unversehrte Befestigungswälle ersetzt, die Menschen beginnen von neuem zu sprechen, doch sind ihre Antworten auf die Fragen des Erzählers ungenau und ausweichend; allem Anschein nach versuchen sie, die Rede zu vermeiden, vielleicht weil sie von der Existenz Lailés nichts wissen oder weil sie den Gegensatz zwischen ihr und der Welt nicht wahrgenommen haben, vielleicht aber auch, weil sie ein gewisses Unbehagen empfinden, die Erinnerung an sie wieder wachzurufen.

Im dritten Teil endlich, nach dem Tod Lailés, versucht der Erzähler, das Geschehene zu verstehen und die eigene Situation im Rahmen des Gesamtbildes zu erfassen; er erlebt von neuem in der Erinnerung die vergangenen Vorfälle, doch unter ganz anderem Blickfeld. Während im ersten Teil überhaupt keine Beziehungen zwischen Lailé und der Welt bestanden (außer vielleicht in der Szene am Strand, wo sie ein im Traum gehörtes Hundebellen aufschreckt), werden vom Erzähler die wieder aufgeweckten Erinnerungen umgestaltet und berichtigt. Zwischen Lailé und der Welt besteht jetzt eine Beziehung: Lailé fühlt sich ständig von der Welt bedroht. Der unterirdische Gang wird zum Gefängnis, der Mann findet seine Hunde wieder, in einer Szene, in der er im ersten Teil ohne Hunde erschien, und kurz nachher wird der Erzähler Lailé als Gefangene hinter einem Gitterwerk erblicken, von wo das Bellen der Hunde sie wegtreibt. Endlich versteht der Erzähler, was geschehen ist (und jeden Tag geschieht): die Welt kann die Existenz Lailés nicht ertragen. Da er auf Lailé nicht verzichten kann, wird er ihr folgen, ihr, der *Immortelle*, der Unsterblichen, die dem Film den Titel gegeben hat.

Jeder der drei Teile des Films endet mit einer besonders treffenden und bedeutungsvollen Szene, die dem Verständnis des Films dienen sollte. Das Verschwinden Lailés – das den ersten Teil beschließt – wird durch den feindlichen Blick der Arbeiter in der Steingrube und durch den vorbeigetragenen Sarg charakterisiert; ihr Wiedererscheinen – im zweiten Teil – bei der Spazierfahrt durch eine Welt, die sie fürchtet, da sie jetzt ihren bedrohlichen Charakter kennt, schließt mit dem Autounfall. Der dritte Teil endlich, in dessen Verlauf der Erzähler langsam zum Verständnis des Geschehenen gelangt und die eigene Verantwortung einsieht, endet durch seinen Selbstmord[9].

Zum erstenmal erscheint im Werk Robbe-Grillets der Selbstmord. Was wird die kommende Entwicklung des Schriftstellers bringen? Wird er sich der Romantik zuwenden, der Behauptung, daß das Wesen die Welt verlassen und sich ins Reich der Einbildung zurückziehen kann[10] – eine Lösung, der sich heute mehrere bedeutende Schriftsteller zugewendet haben –, oder der Tragödie, der er in der *Immortelle* schon sehr nahe kommt? Wird er zum kontemplativen Realismus seiner ersten Romane zurückkehren, der sich damit begnügte, unerbittlich die Struktur einer verdinglichten Umwelt zu gestalten oder endlich (was wir für unwahrscheinlich halten) eine kämpferische, ausdrücklich humanistische und kritische Einstellung zur bestehenden Gesellschaft einnehmen? Eines steht fest: mit der *Immortelle* ist Robbe-Grillet an einem Wendepunkt seines Schaffens angelangt. Begnügen wir uns heute damit, eine Annäherung Robbe-Grillets an einen von ihm grundverschiedenen Schriftsteller festzustellen, dessen Anliegen ganz anderer Art zu sein scheinen. In seinem letzten Stück, *Die Eingeschlossenen von Altona*, hat Jean-Paul Sartre, indem er die moralischen und politischen Fragen stellt, die seit Jahren sein Bühnenwerk beherrschen, seinen Helden ebenfalls zum erstenmal durch Selbstmord enden lassen[11].

9 Wörtlich genommen ist die Bezeichnung Selbstmord zu stark, denn er sucht nicht den Tod, sondern versucht nur, Lailé zu folgen, die ja, wie uns Robbe-Grillet sagt, die »Unsterbliche« ist.

10 Wenn nicht der Inhalt, so scheint doch wenigstens der Titel des Films *L'Immortelle*, Die Unsterbliche, in diese Richtung zu weisen.

11 Der Tod Hugos am Schluß der *Mains Sales* war kein Selbstmord, sondern das Resultat einer moralischen Stellungnahme, die mit dem Leben unverträglich war.

Auch hier stehen wir vor einem Werk, das einen wichtigen Wendepunkt innerhalb des Gesamtwerks von Sartre darstellt, auch hier stellt sich, wenn auch auf andere Weise, die Frage nach der zukünftigen Entwicklung des Schriftstellers.

Für den Soziologen und für den Literaturhistoriker erscheint die Tatsache höchst bedeutungsvoll, daß die Entwicklung der modernen Gesellschaft zwei grundverschiedene und in ihrer Einstellung gegensätzlich gerichtete Schriftsteller in dieselbe Ausweglosigkeit geführt hat, oder, genauer gesagt, in zwei gleichgeartete Ausweglosigkeiten.

Die strukturalistisch-genetische Methode in der Literaturgeschichte

Die strukturalistisch-genetische Analyse in der Literaturgeschichte ist nichts anderes als die Anwendung einer allgemeinen Methode auf dieses besondere Gebiet, die uns als die einzig gültige innerhalb der Geisteswissenschaften und der Sozialwissenschaften erscheint. Dies besagt, daß wir das kulturelle Schaffen als einen zweifellos privilegierten, aber dennoch homogenen Sektor des menschlichen Verhaltens betrachten, der als solcher denselben Gesetzen wie dessen andere Bereiche unterliegt und die wissenschaftliche Erforschung wenn nicht vor identische, so doch vor ähnliche Schwierigkeiten und verwandte Probleme stellt.

Im vorliegenden Aufsatz werden wir versuchen, einige grundlegende Prinzipien dieses genetischen Strukturalismus – in seiner Anwendung auf die sozialen Wissenschaften im allgemeinen und auf die Literaturkritik im besonderen – darzustellen, sowie einige Betrachtungen hinzuzufügen über Analogie und Gegensätze zwischen den zwei Hauptrichtungen der Literaturkritik, die sich ihm anschließen: dem Marxismus und der Psychoanalyse.

Der genetische Strukturalismus geht von der Hypothese aus, daß *jedes* menschliche Verhalten ein Versuch ist, auf eine besondere Situation eine *sinnvolle* Antwort zu geben, und daß dieses Verhalten dem Gleichgewicht zwischen dem Subjekt der Handlung und dem Objekt, auf das sie sich bezieht, d. h. der umgebenden Welt, zustrebt. Dieses Streben nach einem Gleichgewicht behält indessen immer einen labilen und provisorischen Charakter, da jedes mehr oder weniger befriedigende Gleichgewicht zwischen den geistigen Strukturen des Subjekts und der Umwelt zu einem Zustand führt, bei dem das menschliche Verhalten von sich aus die Welt verändert und dadurch das alte, einst befriedigende Gleichgewicht unzulänglich erscheinen läßt und eine Tendenz zu einem neuen Ausgleich hervorruft, der seinerseits später wiederum überwunden werden muß.

Sämtliche menschliche Realitäten erweisen sich daher als doppelartige Prozesse: als *Abbau* älterer Strukturen und als *Aufbau* neuer Gesamtstrukturen, die es vermögen, ein Gleichgewicht herzustellen, das den neuen Anforderungen jener sozialen Gruppen entspricht, die diese neuen Gesamtstrukturen ausarbeiten.

Unter dieser Perspektive setzt die wissenschaftliche Erforschung der menschlichen Handlungen im wirtschaftlichen, sozialen, politischen oder kulturellen Gebiet den Versuch voraus, diese Prozesse darzustellen, indem man gleichzeitig die älteren Strukturen und Gleichgewichte ans Licht bringt, die sie zerstörten, wie auch diejenigen, zu denen sie tendieren. Dies vorausgeschickt, werden wir sofort feststellen müssen, daß jede konkrete Forschung gleich eine ganze Reihe von Fragen aufwirft, von denen wir hier nur die allerwichtigsten berühren werden.

In erster Linie die Frage nach dem eigentlichen Subjekt des Denkens und des Handelns. Drei Antworten sind möglich, wobei jede von ihnen eine wesentlich verschiedene wissenschaftliche Einstellung voraussetzt. Man kann, und das ist der Fall bei allen empiristischen, rationalistischen und neuerdings phänomenologischen Einstellungen, dieses Subjekt im *Individuum* sehen. Man kann aber auch – und dies ist der Fall bei einer bestimmten Richtung des romantischen Denkens – das Individuum zu einem einfachen Epiphänomen reduzieren und in der *Kollektivität* das eigentliche, wirkliche Subjekt des Denkens und Handelns sehen. Man kann endlich – und dies ist der Fall bei der Dialektik hegelscher und besonders marxistischer Prägung, wie die Romantiker die Kollektivität als letzten Endes reales Subjekt annehmen, ohne jedoch zu vergessen, daß diese Kollektivität nichts anderes ist als ein verwickeltes Netz von zwischenindividuellen Beziehungen, und daß man immer die Struktur dieses Netzes feststellen und den besonderen Platz bestimmen muß, den jene Individuen darin einnehmen, welche offensichtlich als die, wenn nicht letzten, so doch unmittelbaren Subjekte des Handelns erscheinen.

Wenn wir von der auf die Mystik hin orientierten romantischen Einstellung absehen, die jegliche Realität und jede Autonomie des Individuums verneint, insofern sie annimmt, daß das Individuum im Ganzen völlig aufgehen kann und muß, so darf statt dessen ernstlich die Frage gestellt werden, warum man eigentlich das Kulturwerk in erster Linie auf eine bestimmte soziale Gruppe und nicht auf das Individuum, auf den Schöpfer selbst beziehen muß, um so mehr, als die dialektische Perspektive die Bedeutung dieses letzteren nicht verneint, wie ja auch die rationalistischen, empiristischen und phänomenologischen Einstellungen die Wirklichkeit des sozialen Milieus nicht leugnen, unter der Voraussetzung freilich, daß sie in dieser Umwelt nur eine äußere Gegebenheit sehen, d. h. eine Wirklichkeit, deren Einwirkung auf das Verhalten des Individuums einen kausalen Charakter hat[1].

Die Antwort ist einfach: in dem Maße, wie eine Studie versucht, das Werk in seinen spezifisch kulturellen (literarischen, philosophischen, künstlerischen) Zügen zu erfassen, kann eine Untersuchung, die es vor allem oder ausschließlich mit seinem Schöpfer in Beziehung bringt, *im günstigsten Falle* von seiner inneren Einheit und von der Beziehung zwischen seinen einzelnen Teilen und dem Ganzen Rechenschaft geben; eine solche Studie kann aber keinesfalls positiv wissenschaftlich ein Verhältnis gleicher Art zwischen dem Werk und seinem Schöpfer aufzeigen. Auf dieser Ebene bleibt, falls man das Individuum als Subjekt auffaßt, die Erforschung der größten Teile des Werkes im Ergebnis rein zufällig, und es ist unmöglich, das Niveau mehr oder weniger intelligenter Betrachtungen zu überschreiten.

Die psychologische Struktur ist eine zu komplexe Wirklichkeit, als daß man sie durch dieses oder jenes Zeugnis über einen Verfasser, der nicht mehr lebt oder den man nicht persönlich kennt, aufklären könnte – ja nicht einmal durch die intuitive oder empirische Kenntnis eines Menschen, mit dem einen mehr oder minder enge freundschaftliche Beziehungen verbinden.

Kurz, keine psychologische Studie könnte erhellen, warum Racine gerade diese Dramen und Tragödien verfaßt hat und auf keinen Fall Stücke von der Art Corneilles oder Molières hätte schreiben können[2].

Wie merkwürdig dies auch erscheinen mag, so kann das soziologische Studium der großen kulturellen Werke viel leichter zu der Bestimmung *notwendiger* Beziehungen zwischen Werk und

1 In dieser Perspektive kann eine soziologische Erforschung höchstens dazu dienen, die Genesis des Werkes ans Licht zu bringen, nicht aber zum Verständnis dieses Werkes beitragen.

2 Während es jedoch unmöglich ist, in der biographischen Struktur den Inhalt und die Form – d. h. die eigentlich literarische, philosophische oder künstlerische Struktur – der großen Kulturwerke einzugliedern, ist es einer psychologischen Schule genetisch-strukturalistischer Richtung, der Psychoanalyse, gelungen, in einem bestimmten Maße neben *dem spezifisch kulturellen Wesen* dieser Werke eine andere, *individuelle* Bedeutung und Struktur ans Licht zu bringen, die sie in die biographische Genesis eingliedern zu können glaubt. Wir werden am Ende dieses Aufsatzes auf die Möglichkeit einer solchen Eingliederung zurückkommen.

Subjekt gelangen, indem es die kulturellen Werke mit kollektiven Einheiten in Beziehung bringt, deren Strukturierungen wissenschaftlich viel leichter zu erfassen sind.

Zweifellos sind diese kollektiven Einheiten nichts anderes als komplexe Netze zwischenindividueller Beziehungen; aber die Komplexität der individuellen Psychologie beruht darauf, daß jedes Individuum einer sehr großen Anzahl von mehr oder weniger wichtigen Gruppen angehört (Familie, Beruf, Nation, Freundschaftsverhältnisse, soziale Klassen usw.) und daß jede dieser sozialen Gruppen auf das Bewußtsein des einzelnen einwirkt und dadurch eine einzigartige, komplexe, relativ inkohärente psychologische Wirklichkeit schafft, während umgekehrt, sobald wir eine genügend große Anzahl von Individuen, *die einer und derselben sozialen Gruppe angehören*, studieren, die Einwirkung der verschiedenen anderen sozialen Gruppen, denen jedes einzelne Individuum zugehört, und die psychologischen und Bewußtseinselemente, die sich aus dieser Zugehörigkeit herleiten, sich gegenseitig ausschalten und wir einer einfacheren und kohärenteren Struktur gegenüberstehen[3]. In dieser Perspektive erscheinen uns die Beziehungen zwischen dem wirklich bedeutenden Werk und der sozialen Gruppe, die sich durch die Vermittlung des schöpferischen Individuums *letzten Endes als wirkliches Subjekt der kulturellen Schöpfung* erweist, von derselben Art zu sein, wie die Beziehungen zwischen den einzelnen Elementen des Werkes und seiner Ganzheit. In beiden Fällen stehen wir vor Beziehungen zwischen den einzelnen Elementen einer sinnhaften Struktur und ihrer Ganzheit, die gleichsam eine verstehende und eine erklärende Aufgabe erfüllen. Somit erscheint es nicht gänzlich widersinnig, sich vorzustellen, daß das Individuum Racine, wenn es eine andere Erziehung genossen und in einem anderen

3 Die Statistik kennt übrigens ähnliche Fälle: Es ist unmöglich, ohne die Wahrscheinlichkeit grober Fehlschlüsse einzubeziehen, vorauszusehen, ob Hans oder Peter in einem bestimmten Jahr heiraten, einen Autounfall haben oder sterben werden, während es nicht schwer ist, mit geringer Fehlerhaftigkeit vorauszusehen, wieviel Heiraten, Autounfälle und Sterbefälle in einer bestimmten Woche des Jahres stattfinden werden. Daher gibt es, auch wenn es sich in beiden Fällen um verwandte Erscheinungen handelt, nichtsdestoweniger wesentliche Unterschiede zwischen statistischen Voraussagen, die eine Wirklichkeit betreffen, deren sinnvolle Struktur unbekannt bleibt, und genetisch-strukturalistischen Analysen.

sozialen Milieu gelebt hätte, Stücke von der Art eines Molière oder Corneille hätte schreiben können, während es hingegen absolut unmöglich ist sich vorzustellen, daß der Amtsadel im Frankreich des 17. Jahrhunderts eine epikureische oder radikal optimistische Ideologie entwickelt hätte.

Das bedeutet, daß in dem Maße, wie die Wissenschaft ein Versuch ist, *notwendige* Beziehungen zwischen den Phänomenen ans Licht zu bringen, die Versuche, die großen Kulturwerke mit den sozialen Gruppen als den letzten Endes wirklichen Subjekten der kulturellen Schöpfung in Beziehung zu setzen, auf dem heutigen Stand unserer Kenntnisse sich viel wirksamer erweisen als alle Versuche, das Individuum als das eigentliche und letzte Subjekt der geistigen Schöpfung zu betrachten.

Ist dieser Standpunkt indessen einmal angenommen, so tauchen zwei wichtige Probleme auf. Als erstes gilt es, die Art der Beziehungen zwischen sozialer Gruppe und Werk zu bestimmen; in der Folge muß man festlegen, zwischen welchen Werken und welchen Gruppen Verbindungen solcher Art aufstellbar sind.

In bezug auf die erste Frage stellt der genetische Strukturalismus (und vor allem die Frühwerke von Georg Lukács) einen Wendepunkt in der Soziologie der Literatur dar. Sämtliche anderen früheren oder gegenwärtigen literatursoziologischen Schulen versuchen Verbindungen zwischen dem Inhalt der literarischen Werke und dem Inhalt des Kollektivbewußtseins der sozialen Gruppen festzustellen. Dieses Verfahren, das manchmal zu gültigen Resultaten gelangt, wenn solche Beziehungen tatsächlich bestehen, hat dennoch zwei erhebliche Unzulänglichkeiten:

a) Die Aufnahme von Inhaltsbestandteilen des Kollektivbewußtseins oder einfach des konkreten empirischen Aspektes der ihn umgebenden sozialen Wirklichkeit durch den Schriftsteller ist weder systematisch noch allgemein und läßt sich nur an einzelnen Stellen des Werkes erkennen. Das bedeutet, daß, falls die soziologische Forschung sich ausschließlich oder vornehmlich innerhalb der Aufdeckung von Beziehungen zwischen den *Inhalten* bewegt, sie notwendigerweise die Einheit des Werkes aus ihrem Gesichtskreis verliert und folglich seinen *spezifisch literarischen* Charakter übersieht.

b) Die Wiedergabe des unmittelbaren Aspektes der sozialen Wirklichkeit und des kollektiven Bewußtseins im Werk ist im allgemeinen um so stärker und spielt eine um so bedeutendere Rolle, je schwächer die schöpferische Kraft des Schriftstellers ist und je mehr er sich damit begnügt, seine eigene persönliche Erfahrung zu beschreiben oder zu erzählen, ohne sie umzugestalten.

Deshalb besitzt die auf die Untersuchung des *Inhalts* gerichtete Literatursoziologie meistens einen anekdotischen Charakter und erzielt ihre besten Erfolge nur dort, wo sie sich mit *Werken von mittlerem Niveau* oder mit *literarischen Strömungen* beschäftigt, verliert aber zunehmend an Wert, je höher das Niveau des untersuchten Werkes ist.

In diesem Punkt stellt der genetische Strukturalismus eine radikale Wendung der kritischen Methode dar. Seine Grundhypothese ist, daß der *kollektive Charakter* der kulturellen Schöpfung im allgemeinen und der literarischen Werke im besonderen daraus zu erklären ist, daß die Strukturen der imaginären Welt des Werkes mit den Denkstrukturen bestimmter sozialer Gruppen homolog sind oder wenigstens in einer intelligiblen Beziehung stehen, während der Schriftsteller, was den Inhalt der Werke betrifft – d. h. was die Schöpfung imaginärer Welten betrifft, die von diesen Strukturen ausgehen –, eine vollkommene Freiheit genießt. Die Verwertung seiner unmittelbaren persönlichen Erfahrung bei dem Schöpfungsprozeß dieser imaginären Welten ist sicher möglich und wird auch häufig stattfinden, aber sie spielt keineswegs eine wesentliche Rolle, und ihre Aufdeckung erfüllt daher eine zwar nützliche, doch letztlich nebensächliche Aufgabe der Literaturkritik wie der Literatursoziologie.

In Wirklichkeit strukturiert sich die Beziehung zwischen der schöpferischen Gruppe und dem Werk nach dem folgenden Modell: Die Gruppe bildet einen Strukturationsprozeß, der im Bewußtsein ihrer Mitglieder intellektuelle, gefühlsmäßige und praktische Tendenzen zu einer kohärenten Antwort auf die Probleme auslöst, die die Beziehungen zur Natur und die zwischenmenschlichen Beziehungen aufwerfen. Abgesehen von einigen Ausnahmen bleiben diese Tendenzen jedoch sehr weit von der tatsächlichen Kohärenz entfernt, da sie, wie wir schon sagten, im Bewußtsein der Individuen einer Gegenwirkung ausgeliefert sind, die durch die Zugehörigkeit jedes einzelnen zu zahlreichen anderen sozialen Gruppen bedingt ist.

Ebenso existieren die Denkkategorien in der Gruppe nur in Gestalt einer mehr oder weniger fortgeschrittenen Tendenz zu jenem Zusammenhang, den wir Weltanschauung nannten. Diese Anschauung wird von der Gruppe also nicht geschaffen. Nur ihre konstitutiven Bestandteile und die Tendenz, diese zusammenzufassen, bringt sie hervor (und sie allein ist dazu in der Lage). Der große Schriftsteller ist eben das außergewöhnliche Individuum, dem es gelingt, in einem bestimmten Gebiete, dem literarischen Werk oder der Malerei, der Musik, der reinen Begrifflichkeit usw., eine imaginäre Welt zu schaffen, die kohärent oder beinahe kohärent ist und deren Struktur derjenigen entspricht, auf die die Gesamtheit der Gruppe zustrebt. Was das Werk selbst betrifft, so ist es mittelmäßiger oder bedeutender in dem Maße, wie sich seine Struktur von der strengen Kohärenz entfernt oder sich ihr nähert.

Man sieht den bedeutenden Unterschied, der die Soziologie der Inhalte von der strukturalistischen Soziologie trennt. Die erste sieht im Werk eine *Widerspiegelung* des Kollektivbewußtseins, die zweite statt dessen *eine Widerspiegelung der wichtigsten Bestandteile* dieses Bewußtseins, die den Mitgliedern der Gruppe erlaubt, sich dessen bewußt zu werden, was sie, ohne seine objektive Bedeutung zu kennen, dachten, empfanden und taten. Man versteht, warum die Inhaltssoziologie wirksamer ist, wenn es sich um mittelmäßige Werke handelt, während die strukturalistische Literatursoziologie erfolgreicher ist, wenn die Meisterwerke der Weltliteratur zu untersuchen sind.

Es bleibt jedoch noch die Klärung einer erkenntnistheoretischen Frage übrig: während *alle* menschlichen Gruppen auf das Bewußtsein, das Gefühlsleben und das Verhalten ihrer Mitglieder einwirken, so fördert ausschließlich das Wirken bestimmter Gruppen tatsächlich die kulturelle Schöpfung. Es ist daher für die konkrete Forschung besonders wichtig, diese Gruppen genau zu begrenzen, um herauszufinden, in welcher Richtung die Forschung gelenkt werden muß. Die Eigenart der großen kulturellen Werke wird von sich aus auf die wichtigsten Merkmale dieser Gruppen hinweisen. Die großen Kulturwerke sind in der

Tat, wie wir bereits gesagt haben, der Ausdruck von Weltanschauungen, d. h. sie bilden Teilstücke einer imaginären oder begrifflichen Welt, die so strukturiert sind, daß man von ihnen ausgehend, ohne ihre Struktur noch wesentlich ergänzen zu müssen, ein Gesamtuniversum aufbauen kann.

Das bedeutet, daß diese Strukturierung nur mit solchen Gruppen in Beziehung gesetzt werden kann, *deren Bewußtsein eine Gesamtsicht des Menschen anstrebt*.

Vom Standpunkt der empirischen Forschung ausgehend, scheint uns, daß während einer sehr langen Zeit die sozialen Klassen die einzigen Gruppen dieser Art waren, obwohl man ernstlich die Frage stellen muß, ob diese Behauptung auch für die nichteuropäischen Gesellschaften, für das griechisch-römische Altertum und für die dieser Zeit vorausgegangenen Perioden und vielleicht auch für bedeutende Sektoren der heutigen Gesellschaft gelten kann. Dies ist aber, das möchten wir hier wiederholen, eine Frage empirisch-konkreter Forschung und nicht eine Frage, die sich durch ideologische Sympathien oder Antipathien entscheiden läßt, wie man sie heute als Grundlage der meisten soziologischen Theorien findet.

Wie dem auch sei, die Behauptung des Vorhandenseins einer Verbindung zwischen den großen Kulturwerken und bestimmten sozialen Gruppen, die eine radikale Neugestaltung der Gesellschaft oder die Aufrechterhaltung der bestehenden sozialen Ordnung erstreben, schaltet von vornherein jeden Versuch aus, diese großen Werke mit einer ganzen Reihe anderer sozialer Gruppen in Verbindung zu bringen, vor allem mit der Nation, der Generation, der Familie, den Provinzen, um nur die wichtigsten Gruppen aufzuzählen, auf die verschiedene Theoretiker zurückzugreifen versucht haben. Natürlich wäre die Behauptung unzulässig, daß alle diese Gruppen nicht auf das Bewußtsein ihrer Mitglieder einwirken und in unserem Fall auf das Bewußtsein des Schriftstellers; aber diese Einwirkung kann nur eine Reihe peripherer Elemente des Werkes und nicht seine wesentliche Struktur erklären[4].

4 Die soziologischen Arbeiten dieser Art scheinen uns denselben Einwänden ausgesetzt zu sein wie die Inhaltssoziologie, die auch nur bestimmte sekundäre Elemente des Werkes erklären kann, nicht aber dessen wesentliche Struktur.

Die empirischen Forschungen bestätigen diese Behauptung. Daß die Werke Pascals, Descartes' und Gassendis oder Racines, Corneilles und Molières ins Frankreich des 17. Jahrhunderts gehören, kann sie weder erklären noch verständlich machen, insofern sie, *obwohl* ihre Verfasser alle der französischen Gesellschaft des 17. Jahrhunderts angehören, völlig verschiedene und sogar entgegengesetzte Weltanschauungen zum Ausdruck bringen. Andererseits kann jedoch diese gemeinsame Zugehörigkeit über bestimmte formale Elemente Auskunft geben, die den oben genannten drei philosophischen Denkern wie den drei Bühnenautoren gemeinsam sind.

Nach diesen anfänglichen Betrachtungen kommen wir nun zum wichtigsten Problem der genetisch-strukturalistischen soziologischen Forschung: dem Problem der Abgrenzung des Objekts. Wenn es sich um wirtschaftliche oder politische Soziologie handelt, ist dieses Problem besonders schwierig und von absolut erstrangiger Wichtigkeit; man kann die Strukturen in der Tat nur dann erforschen, wenn man in einer mehr oder weniger strengen Weise die Gesamtheit der unmittelbar empirischen Gegebenheiten abgegrenzt hat, die zu diesen Strukturen gehören, und umgekehrt kann man diese empirischen Daten nur in dem Maße abgrenzen, in dem man bereits eine mehr oder weniger ausgearbeitete Hypothese über die Struktur, die deren Einheit bildet, entwickelt hat.

Vom Standpunkt einer rein formalen Logik ausgehend, könnte man hier auf eine unlösbare Aufgabe stoßen; praktisch ist aber, wie bei allen Aufgaben gleicher Art, die Lösung durch wiederholte Annäherungsversuche möglich.

Man geht von der Hypothese aus, daß man eine bestimmte Anzahl empirischer Gegebenheiten zu einer strukturellen Einheit vereinigen kann; man versucht, zwischen diesen Gegebenheiten das Höchstmaß an verstehenden und erklärenden Beziehungen festzustellen, wobei man auch immer wieder versucht, andere Gegebenheiten, die anfänglich der ausgearbeiteten Struktur gänzlich fremd erschienen, einzubeziehen; man kommt so dazu, einen Teil der Gegebenheiten, von denen man ausgegangen ist, auszuschalten, andere wiederum hinzuzufügen und, mehr oder weniger, auch die Ausgangshypothese zu verändern; man wiederholt diese Operation durch fortschreitende Annäherungen, bis man dazu gelangt (es ist dies ein Idealfall, der in einzelnen Fällen mehr oder weniger erreicht ist), eine Strukturhypothese formulieren zu können, die es gestattet, über eine bestimmte Anzahl kohärenter empirischer Gegebenheiten als Gesamtheit Rechenschaft zu geben[5]. Wenn wir an das genetisch-strukturalistische Studium der Kulturwerke herangehen, so befinden wir uns in bezug auf die Ausgangshypothese in einer bevorzugten Situation. Es ist in der Tat wahrscheinlich, daß die großen literarischen, künstlerischen oder philosophischen Werke solche einheitliche und sinnvolle Strukturen bilden, so daß die erste Abgrenzung des Objekts unserer Untersuchung mehr oder weniger schon am Ausgangspunkt der Forschung als gegeben erscheint. Man muß trotzdem von neuem davor warnen, die Gültigkeit dieser Vermutung allzu schnell hinzunehmen. Es kommt in der Tat vor, daß ein Werk heterogene Elemente enthält, die man gerade von ihrer wesentlichen einheitlichen Struktur unterscheiden muß. Mehr noch: wenn die Hypothese der Einheit des Werkes, im Fall wirklich bedeutender Schöpfung mit sehr großer Wahrscheinlichkeit berechtigt erscheint, so verringert sich die Wahrscheinlichkeit ihrer Gültigkeit in sehr starkem Maße, wenn es sich um die Gesamtheit *der Werke eines und desselben Autors* handelt.

Man muß deshalb bei der konkreten Forschung jedesmal von der Analyse aller Werke ausgehen, indem man sie, soweit wie

5 Als Beispiel: Man kann von der Hypothese der Existenz einer Struktur ausgehen, sagen wir einmal der Diktatur; man würde so dazu gelangen, eine Anzahl der verschiedenartigsten Erscheinungen zu gruppieren, wie zum Beispiel alle politischen Staatsordnungen, in denen die Regierung über eine absolute Macht verfügt; versucht man aber die Genesis aller dieser politischen Staatsordnungen durch eine einzige Strukturhypothese zu erklären, so wird man sehr rasch feststellen, daß die Diktatur als solche keine Struktur bildet und daß man innerhalb aller Diktaturen eine bestimmte Anzahl von Diktaturarten unterscheiden muß, die ihrem Wesen nach und in ihrer Bedeutung sich wesentlich voneinander unterscheiden; Begriffe wie z. B. »revolutionäre Diktatur« oder »nachrevolutionäre bonapartistische Diktatur« können dagegen in dieser Perspektive operative wissenschaftliche Begriffe liefern.
Ebenso scheint jeder Versuch einer einheitlichen Interpretation der Schriften Pascals (und es gibt viele derartige Versuche) an der Tatsache zu scheitern, daß zwei der wichtigsten Werke dieses Denkers, *Les Provinciales* und *Les Pensées*, gänzlich verschiedene Weltanschauungen zum Ausdruck bringen. Man muß, wenn man sie verstehen will, sie als Ausdruck zweier verschiedener Strukturen interpretieren, die nur teilweise miteinander verwandt sind.

möglich, in ihrer chronologischen Reihenfolge studiert, selbstverständlich insoweit diese Reihenfolge feststellbar ist.

Diese Untersuchung wird es erlauben, vorläufige Gruppierungen von Schriften aufzustellen, von denen aus man dann innerhalb des intellektuellen, politischen, sozialen und wirtschaftlichen Lebens der betreffenden Epoche nach strukturierten sozialen Gruppen forschen muß, in die man die untersuchten Werke als Teilelemente einfügen kann, indem man zwischen ihnen und der Gesamtheit der Gruppe intelligible Verbindungen oder, im günstigsten Falle, eine Anzahl von Homologien feststellt.

Der Fortschritt der genetisch-strukturalistischen Forschung besteht gerade darin, daß man zuerst Gruppen von empirischen Gegebenheiten, die eigene Strukturen, d. h. relative Totalitäten[6] konstituieren, abgrenzt und in der Folge als Teilelemente in größere, gleichartige Strukturen einfügt, und so fort.

Diese Methode bietet unter anderem den zweifachen Vorzug, die Gesamtheit der menschlichen Erscheinungen als eine Einheit aufzufassen und gleichzeitig verstehend und erklärend zu sein; denn die Erhellung einer einheitlichen sinnvollen Struktur bildet einen verstehenden Vorgang, während die Einordnung dieser Struktur in eine andere, umfassendere Struktur in bezug auf die erstere einen erklärenden Denkprozeß bildet. Als Beispiel: Die einheitlich tragische Struktur der *Pensées* von Pascal und der Racineschen Tragödien auszuarbeiten ist ein verstehender Vorgang; sie jedoch in den extremistischen Jansenismus einzuord-

6 Auf dieser Ebene ist es, vor allem in der Kultursoziologie, wichtig, eine äußere und quantitative Vorsichtsmaßnahme zu benutzen. Wenn es sich darum handelt, eine Schrift auszulegen, so ist voraussehbar, daß eine bestimmte Vielzahl verschiedenartiger Interpretationen 60 bis 70 % des Textes ausreichend belegen werden. Ein solches Resultat darf man daher nicht als eine wissenschaftliche Bestätigung der Gültigkeit der Hypothese betrachten. Andererseits wird es sehr selten vorkommen, daß man zwei verschiedenartige Interpretationen aufstellen kann, die 80 bis 90 % des Textes einwandfrei belegen, so daß eine Hypothese, die zu solch einem Ergebnis gelangt, alle Chancen hat, gültig zu sein. Die Wahrscheinlichkeit der Gültigkeit wird entsprechend größer, wenn es gelingt, die durch die genetisch-strukturalistische Analyse ausgearbeitete Struktur in eine größere Totalität einzugliedern, und wenn es möglich ist, sie wirksam zur Auslegung anderer Texte zu gebrauchen, an denen man am Anfang der Forschung noch nicht interessiert war, und vor allem, wenn es, wie bei unserer Studie über die Tragödie des 17. Jahrhunderts, gelingt, eine Anzahl von Tatsachen ans Licht zu bringen, die bis dahin den Spezialisten und Historikern unbekannt geblieben sind.

nen, indem man dessen Struktur bloßlegt, ist ein Prozeß des Erklärens in bezug auf die Schriften Pascals und Racines; die Einfügung des extremistischen Jansenismus in die Gesamtgeschichte des Jansenismus ermöglicht, den ersten zu erklären und die zweite zu verstehen. Die Einordnung des Jansenismus als ideologischer Ausdruck in die Geschichte des Amtsadels in der französischen Gesellschaft des 17. Jahrhunderts ermöglicht, den Jansenismus zu erklären und den Amtsadel zu verstehen, die Geschichte des Amtsadels in die allgemeine Geschichte der französischen Gesellschaft einzugliedern, erlaubt uns letztere zu verstehen und so fort.

Erklären und Verstehen sind also nicht *zwei* verschiedene intellektuelle Prozesse, sondern *ein* und derselbe Vorgang, der nur auf zwei verschiedene Parameter bezogen wird.

Unterstreichen wir noch, daß in dieser Perspektive – bei der der Übergang vom Schein zum Wesen, von der partiellen und abstrakten empirischen Gegebenheit zu ihrer konkreten und objektiven Bedeutung sich durch die Einordnung in relative, strukturierte und verstehbare Totalitäten vollzieht – jede menschliche Gegebenheit eine bestimmte Anzahl konkreter Bedeutungen besitzen kann und muß, verschieden je nach Anzahl der Strukturen, in die man diese Gegebenheit positiv und wirksam einfügen kann.

Man kann so den Jansenismus durch die schon angeführten Vermittlungen in die Gesellschaft des 17. Jahrhunderts einfügen, wo er eine reaktionäre und auf die Vergangenheit bezogene ideologische Strömung darstellt, welche sich den fortschrittlichen historischen Kräften entgegensetzt, die vor allem von Bürgertum und Monarchie und, auf der ideologischen Ebene, vom cartesianischen Rationalismus verkörpert waren; andererseits kann es ebenso berechtigt und notwendig erscheinen, diesen selben Jansenismus in die Gesamtstruktur der westlichen Gesellschaft, so wie sie sich seit seinem Erscheinen bis heute entwickelt hat, einzugliedern. In dieser Perspektive erscheint der Jansenismus fortschrittlich, da er einen der ersten Schritte zur Überwindung des cartesianischen Rationalismus darstellt und auf die Richtung des dialektischen Denkens hinweist. Selbstverständlich schließen diese beiden Deutungen weder einander aus noch widersprechen sie sich.

Innerhalb desselben Gedankenganges möchten wir uns zum Abschluß noch bei zwei, für den Zustand der heutigen Literaturwissenschaft besonders wichtigen Problemen aufhalten, und zwar:

a) bei der Einordnung der literarischen Werke in die zwei realen und komplementären Strukturen, die zum Verstehen und zur Erklärung des Werkes beitragen können, d. i. das Individuum und die soziale Gruppe, und von da ausgehend

b) bei der Funktion der kulturellen Schöpfung innerhalb des menschlichen gesellschaftlichen Lebens.

Was den ersten Punkt betrifft, so gibt es heute zwei wissenschaftliche Schulen genetisch-strukturalistischen Aufbaus, die den Versuch unternehmen, die kulturellen Werke in die kollektiven Strukturen oder in die individuelle Biographie einzuordnen: den Marxismus und die Psychoanalyse.

Wir lassen die schon angeführten Schwierigkeiten, individuelle Strukturen ans Licht zu bringen, hier beiseite und beginnen mit dem methodologischen Vergleich beider Schulen. Sowohl die eine wie die andere versucht, die menschlichen Fakten durch ihre Einfügung in strukturierte Totalitäten zu verstehen und zu erklären, und zwar die eine Schule, die marxistische, durch ihre Einfügung in die einheitlichen Strukturen des kollektiven Lebens, die andere, die psychoanalytische, in die Biographie des Autors. Sie bilden somit verwandte und sich ergänzende Methoden, und die Resultate einer jeden müßten, auf den ersten Blick wenigstens, diejenigen der anderen ergänzen und bestätigen.

Unglücklicherweise ist die Psychoanalyse, wenigstens wie sie Freud ausgearbeitet hat[7], nicht genügend konsequent und viel zu stark vom Szientismus beeinflußt, der das Universitätsleben am Ende des 19. und zu Beginn des 20. Jahrhunderts beherrschte. Diese Tatsache äußert sich besonders in zwei wichtigen Punkten:

Erstens darin, daß in den Freudschen Analysen die Dimension der Zukunft beinahe gänzlich fehlt. Unter dem Einfluß des deterministischen Szientismus seiner Zeit unterschätzt Freud beinahe gänzlich die positiven Kräfte des Ausgleichs, die in

7 Wir kennen die neuere Entwicklung der Psychoanalyse zu wenig, um über sie sprechen zu können.

jeder menschlichen – individuellen oder kollektiven – Struktur wirksam sind; erklären heißt für ihn: auf die Erlebnisse der Kindheit zurückgehen, auf die unterdrückten oder verdrängten Triebe, wobei er die positive Funktion, die das Bewußtsein und das Verhältnis zur Wirklichkeit ausüben können, vollkommen vernachlässigt[8].

Zweitens bildet das Individuum für Freud ein absolutes Subjekt, für das die anderen Menschen nur Objekte der Befriedigung oder der Frustration sind; diese Einstellung ist vielleicht der Grund für das Fehlen einer Zukunftsperspektive in den Freudschen Analysen, das wir soeben hervorgehoben haben.

Zweifellos wäre es falsch, in allzu verengender Weise die Freudsche Libido auf die Sexualität zu beschränken; es ist nichtsdestoweniger wahr, daß diese Libido immer *individuell* ist, und daß in der Freudschen Betrachtung der Menschheit das kollektive Subjekt und die Befriedigung, die eine kollektive Handlung dem Individuum verschaffen kann, vollkommen unberücksichtigt bleiben.

Man könnte mit Hilfe einer ganzen Anzahl von Beispielen die Verzerrungen, die diese Perspektive in den Freudschen Analysen des kulturellen und historischen Lebens mit sich bringt, ausführlich belegen. Unter diesem Gesichtspunkt scheint uns der Marxismus ungleich fortgeschrittener zu sein, insofern er nicht nur die Zukunft als erklärenden Faktor in die Forschung einbezieht, sondern auch die individuelle Bedeutung der menschlichen Handlungen neben ihrer kollektiven Bedeutung berücksichtigt.

Endlich erscheint es uns auf dem (uns hier interessierenden) Gebiet kultureller und besonders literarischer Werke unbestreitbar, daß letztere in sinnvolle Strukturen sowohl individuellen als auch kollektiven Typs gültig eingeordnet werden können. Die

8 Man könnte zweifellos diese Wesenszüge der Freudschen Analysen der Tatsache zuschreiben, daß der Arzt Freud sich vorwiegend mit Kranken befaßt hat, mit Menschen also, bei denen das Weiterwirken der Vergangenheit und die Stauung des Gefühlslebens den positiven, den Ausgleich der Spannungen und die Zuwendung zur Zukunft fördernden Kräften, entgegenwirken.
Das Wort »Zukunft« kommt bei Freud im Titel einer einzigen Schrift vor, der, bezeichnenderweise für das Gesamtwerk, *Die Zukunft einer Illusion* lautet. Übrigens wird gerade in dieser Schrift behauptet, daß diese Illusion keine Zukunft hat.

beiden Einordnungen führen, das versteht sich beinahe von selbst, zu verschiedenen und wichtigen Bedeutungen, die trotz ihrer Verschiedenheit einander ergänzen. Die Eingliederung der Werke in die individuelle Biographie kann in der Tat nur ihre individuelle Bedeutung ans Licht bringen und ihre Beziehung zu den biographischen und psychischen Problemen ihres Verfassers. Das bedeutet, daß derartige wissenschaftliche Forschungen, so gültig und streng sie auch sein mögen, das Werk notwendigerweise außerhalb seines kulturellen und ästhetischen Zusammenhangs betrachten müssen, um es auf dieselbe Ebene zu stellen wie sämtliche individuellen Symptome dieses oder jenes Kranken, der vom Psychoanalytiker behandelt wird.

Wenn wir annehmen, ohne es zuzugeben, daß man zum Beispiel die Schriften Pascals mit seinen Beziehungen zu seiner Schwester in Verbindung bringen kann oder das Werk Kleists mit seinen Beziehungen zur Schwester und zum Vater, *so wird man nur die gefühlsmäßige und biographische Bedeutung dieser Schriften erforscht haben, ohne ihre philosophische oder literarische Bedeutung überhaupt berührt oder sich ihr genähert zu haben.* Tausende und Abertausende von Individuen haben ohne Zweifel ähnliche Verhältnisse zu den Mitgliedern ihrer Familien gehabt, und wir sehen nicht ein, wie eine psychoanalytische Studie dieser Symptome irgend etwas über die wesentliche Verschiedenheit aussagen kann, die zwischen den Schriften irgendeines Neurotikers und den *Pensées* oder dem *Prinz von Homburg* besteht.

Den einzigen übrigens sehr beschränkten Nutzen psychologischer und psychoanalytischer Forschungen für die literarische Kritik könnte man darin erblicken, daß diese Forschungen zur Klärung der Frage beitragen können, warum in einer konkreten Situation, in der eine bestimmte soziale Gruppe eine eigene Weltanschauung ausgearbeitet hat, ein Individuum auf Grund seiner persönlichen Biographie besonders geeignet war, ein begriffliches oder fiktives Universum zu schaffen, das dieser Weltanschauung entsprach und gleichzeitig eine sublimierte Befriedigung der eigenen unbewußten Wünsche erlaubte[9]. Dies bedeutet, daß man nur von einer historisch-soziologischen Analyse ausgehend die philosophische Bedeutung der *Pensées* von Pascal und die literarische und ästhetische Bedeutung der Dramen von Kleist und ihre Entstehung als Kulturschöpfungen erfassen kann.

Was die psychologischen Studien betrifft, so können sie höchstens zur Lösung des Problems beitragen, warum unter Hunderten von Jansenisten gerade Racine und Pascal die tragische Weltanschauung auf literarischem und philosophischem Gebiet in zwingender Weise zum Ausdruck bringen konnten, ohne uns indessen irgendeine Aufklärung (außer evtl. über irgendwelche nebensächlichen und untergeordneten Einzelheiten) über die Natur, den Inhalt und die Bedeutung dieser Werke zu vermitteln.

Wir müssen zum Schluß noch ein besonders wichtiges Problem, sei es auch nur schematisch, erörtern: das Problem der individuellen Funktion (Spiel, Traum, pathologische Symptome, Sublimierung) oder der kollektiven Funktion (literarische, kulturelle und künstlerische Werte) des Imaginären, der Einbildung, in bezug auf die sinnhaften menschlichen Strukturen, die alle die gemeinsame Eigenschaft besitzen, eine dynamische und strukturierte Beziehung zu sein zwischen einem kollektiven oder individuellen Subjekt und seiner Umwelt.

Das Problem ist vielschichtig und wurde bis jetzt kaum erforscht; wir können hier nur eine ungenaue und provisorische Hypothese formulieren. Es scheint uns in der Tat, daß auf psychischer Ebene das Verhalten des Subjekts sich immer in der Form einer Gesamtheit von Erwartungen, Sehnsüchten und Wünschen darstellt, deren restlose Befriedigung die Wirklichkeit verhindert.

Marx und Lukács haben auf kollektiver, Piaget auf individueller Ebene die Veränderungen studiert, welche die Schwierigkeiten und Widerstände im Wesen dieser Wünsche und Erwartungen hervorrufen. Freud hat gezeigt, daß auf individueller Ebene selbst modifizierte Wünsche sich nicht mit einer Teilbefriedigung zufriedengeben und eine Verdrängung nicht wider-

9 Umgekehrt kann die soziologische Forschung überhaupt keine wesentlichen Beiträge zur biographischen und individuellen Bedeutung beisteuern; sie könnte dem Psychoanalytiker höchstens einige nebensächliche Aufklärungen über die Formen wirklicher oder scheinbarer Befriedigung persönlicher Erwartungen erteilen, die in einer bestimmten Epoche und in einer gegebenen Gesellschaft von den kollektiven Strukturen begünstigt oder unterdrückt werden.

standslos hinnehmen. Sein großes Verdienst ist es, gezeigt zu haben, daß das rationale Verhältnis zur Wirklichkeit als Ergänzung eine imaginäre Befriedigung verlangt, welche die verschiedensten Formen annehmen kann, z. B. die der Fehlleistung und des Traumes oder die der nichtangepaßten Reaktionen der Geistesstörung oder des Wahnsinns.

Es ist möglich, daß die Funktion der Kultur trotz aller Unterschiede (wir glauben nicht, daß man von einem kollektiven Unbewußten sprechen kann) einen analogen Charakter besitzt. Die menschlichen Gruppen können nur in dem Maße rational auf die Wirklichkeit einwirken und sich den Frustrationen und Teilbefriedigungen anpassen, die ihnen diese Tätigkeit aufzwingt und die durch die Widerstände entstehen, an denen sie sich stößt, in dem ihr rationales und weltveränderndes Handeln von einer Totalbefriedigung auf der Ebene der begrifflichen oder imaginären Schöpfung begleitet wird.

Dabei muß man noch hinzufügen, daß, während auf individueller Ebene die ins Unbewußte verdrängten Instinkte weiterbestehen und zu einer symbolischen Befriedigung hinführen, die sich immer als Besitznahme des Objektes erweist, das Kollektivleben, das meistens implizit, aber nicht unbewußt ist, nicht eine Besitznahme, sondern die Verwirklichung einer Kohärenz anstrebt. Die kulturelle Schöpfung entschädigt somit das Subjekt für die Inkohärenzen und die Kompromisse, die das soziale Leben ihm aufzwingt, und erleichtert seine Einordnung in die Wirklichkeit, was vielleicht die psychologische Grundlage dessen ist, was man literarisch die Katharsis nennt.

Eine solche Hypothese, die sich ohne Schwierigkeit das Gültige an den Freudschen und an den marxistischen Analysen der Kunst und der kulturellen Schöpfung einverleiben könnte, wäre in der Lage, gleichzeitig die Verwandtschaft – die so oft von zahlreichen Theoretikern vermutet oder behauptet wurde – und den Wesensunterschied (der trotzdem weiterbesteht) zwischen dem Spiel, dem Traum und selbst einigen Formen von krankhaftem Wahn einerseits und den großen, literarischen, künstlerischen und sogar philosophischen Schöpfungen bloßzulegen.

Mai 1964

Die im ersten Aufsatz dieses Bandes formulierte Hypothese veranlaßt uns, noch einige Betrachtungen über die methodologischen Schriften anzuschließen, die wir bis jetzt zur Soziologie der Kultur veröffentlicht haben, vornehmlich über diesen letzten Aufsatz. Es ergibt sich in der Tat, daß die Beziehung zwischen dem Werk und der sozialen Struktur, auf die das Werk sich bezieht, in der kapitalistischen Gesellschaft (und vor allem bei jener literarischen Gattung, die mit dem wirtschaftlichen Sektor in dieser Gesellschaft am engsten verbunden ist, dem Roman) viel komplexer ist, als dies bei anderen literarischen und kulturellen Schöpfungen der Fall war, die wir in früheren Arbeiten untersucht haben.

Für diese hatten uns unsere Forschungen zu der Hypothese geführt, daß das Werk sich an dem Punkt situiert, an dem sich die höchstentwickelten Formen des kollektiven Strebens zur Kohärenz und die höchstentwickelten Formen des Strebens nach Einheit und Kohärenz des individuellen Bewußtseins des Schöpfers begegnen. Die wichtigen kulturellen Schöpfungen konnten ohne Zweifel einen in Hinsicht auf die Gesamtgesellschaft kritischen und selbst oppositionellen Charakter haben, wenn sie auf eine Gruppe bezogen waren, deren Verhalten, Denken und Fühlen zu einer solchen kritischen und oppositionellen Haltung gegenüber der Gesamtgesellschaft führten. Dabei war die kulturelle Schöpfung dennoch immer auf eine enge Übereinstimmung zwischen den Strukturen und Werten des kollektiven Bewußtseins und den Strukturen und Werten der kulturellen Werke gegründet.

Diese Situation wird jedoch viel komplexer in einer Gesellschaft, die Waren für den Markt produziert, also in der kapitalistischen Gesellschaft, wo das Bestehen und die Entwicklung eines wirtschaftlichen Sektors gerade eine Tendenz zum Verschwinden des kollektiven Bewußtseins zur Folge hat – oder wenigstens seine Reduktion auf den Status einer einfachen Widerspiegelung.

In diesem Fall kann das literarische Werk nicht mehr auf eine vollkommene oder nahezu vollkommene Übereinstimmung mit dem kollektiven Bewußtsein gegründet werden, es steht vielmehr in einer ganz andersartigen dialektischen Beziehung zur Klasse, an die es gebunden ist.

Im Falle des traditionellen Romans mit problematischem Helden haben wir schon darauf hingewiesen, daß sich die Homologie auf die Gesamtstruktur der im Roman beschriebenen Welt beschränkt und auf die Werte des Individuums, die Autonomie der Persönlichkeit und ihre Entwicklung, die der Struktur des Tauschaktes und den Werttafeln des Liberalismus entsprechen. Gerade im Namen dieser einzigen ausdrücklichen Werte, die das Bewußtsein des Bürgertums während seiner aufstrebenden und später seiner liberalen Periode strukturierten (zu einer Zeit, wo gerade dieses Bewußtsein alle überindividuellen Werte auf das Implizite reduziert), setzt sich der Romanschriftsteller in Opposition zu einer Gesellschaft und einer sozialen Gruppe, die durch ihr Verhalten die Verwirklichung der Werte, die sie ausdrücklich verteidigen und betonen, unmöglich machen.

Daher ist der Roman mit problematischen Helden schon seinem Wesen nach kritisch und realistisch zugleich; er beweist die Unmöglichkeit, die authentische Entwicklung der Persönlichkeit anders als auf überindividuellen Werten zu fundieren, deren authentischen und offenen Ausdruck diese bürgerliche Gesellschaft gerade ausgeschaltet hat. Bemerken wir nebenbei, daß dies – mit einigen Ausnahmen natürlich – im großen und ganzen zu einem Bruch mit der individualistischen Philosophie führt, die in ihren verschiedensten Formen (rationalistischen, empiristischen oder, wie in der Aufklärung, synthetischen Formen) eben jenes aus einer Summe von individuellen und selbständigen Bewußtseinseinheiten gebildete Universum annimmt und vertritt, dessen Authentizität der Roman gerade in Frage stellt. Fügen wir auch hinzu, daß diese komplexe Beziehung zwischen der Gesellschaft und der literarischen Schöpfung vielleicht gerade durch eine Gesellschaftsform ermöglicht wurde, die ausdrücklich die Bedeutung des kritischen individuellen Bewußtseins behauptet, welches jedem äußeren Druck widerstehen kann, und gerade dadurch die Autonomie dieses Bewußtsein verstärkt hat[10]. Die spätere Entwicklung, mit den beiden wichtigsten

10 Eine ganz besonders komplexe Situation kann z. B. dann entstehen, wenn die kritische Einstellung und die Opposition des Individuums gegen die gesamte kollektive Denkungsart selbst einen durch bestimmte Strömungen dieser Denkungsart verteidigten und betonten Wert darstellt.

Wendepunkten, die wir im ersten Aufsatz dieses Bandes erwähnt haben, d. h.:

a) der Übergang zur Konzern- und Monopolwirtschaft und, auf literarischem Gebiet, zum Roman ohne Helden;

b) die Entwicklung des Organisationskapitalismus und der Konsumgesellschaft und die Entstehung des *nouveau roman* und eines auf die Abwesenheit und die Unmöglichkeit der menschlichen Kommunikation gegründeten Theaters, verändert weiterhin bis zu einem bestimmten Punkt das Verhältnis, das uns hier interessiert, denn mit dem gleichzeitigen Verschwinden der individualistischen und liberalen Ideologie im Wirtschaftsleben einerseits, des Helden und der problematischen Suche im Roman andererseits wird das wichtigste gemeinsame Element zerstört, das noch zwischen dem kollektiven Bewußtsein und der literarischen Schöpfung bestand, wodurch der oppositionelle und kritische Charakter des Romans weitgehend verstärkt wurde.

In dieser zweiten Phase der Geschichte der bürgerlichen Gesellschaft, jener Phase, die die Marxisten als Krise des Kapitalismus bezeichnet haben, und die vor allem durch ein labiles und kurzlebiges Gleichgewicht charakterisiert ist, das periodisch nach sozial und politisch äußerst heftigen Krisen wiederhergestellt wurde (erster und zweiter Weltkrieg, russische Revolution, revolutionäre Krisen zwischen 1917 und 1923 in Europa, italienischer Faschismus, die besonders schwere wirtschaftliche Krise zwischen 1929 und 1933, der deutsche Nationalsozialismus), kommt das philosophische Denken, das ebenfalls den bis dahin unbestrittenen Wert des autonomen individuellen Bewußtseins aufgibt und sich vor allem auf die Begriffe der Endlichkeit, der Angst und des Todes gründet, durch den Existentialismus wieder in Übereinstimmung mit den höchsten Ausdrucksformen der literarischen Schöpfung. Die Beziehung zwischen dem existentialistischen Denken und den Romanen Kafkas wurde oft unterstrichen, und in Frankreich behaupteten sich Sartre und Camus gleichzeitig als philosophische Denker und als literarische Schöpfer.

Endlich bilden in der gegenwärtigen Epoche die Wiedergeburt eines ahistorischen und nichtindividualistischen Rationalismus, der sich auf die Idee von dauerhaften und unveränderlichen

Strukturen gründet, sowie das Aufkommen der neuesten Ausdrucksformen der literarischen Avantgarde eine komplexe Situation, über die man schwer etwas Wesentliches aussagen kann, bevor man nicht den einen oder anderen Sektor des gesellschaftlichen Lebens näher analysiert hat.

Unterstreichen wir dennoch die Tatsache, daß uns, vom Standpunkt der literarischen Schöpfung aus betrachtet, als wichtigste Erscheinung das Verschwinden jener Schicht von Individuen auffällt (einer Schicht, die im Prinzip allgemein, in Wirklichkeit aber sehr dünn war und die im Vergleich zum Zeitalter des liberalen Kapitalismus während der imperialistischen Periode noch weiter zusammenschrumpfte), die aktiv und verantwortungsvoll am wirtschaftlichen, sozialen und politischen, und von da aus auch am kulturellen Leben teilnahm.

Die Konsumgesellschaft hat die Verbreitung der kulturellen Schöpfungen durch das, was die Soziologen Massenmedien nennen (Radio, Film, Fernsehen), zu denen in letzter Zeit auch das *Taschenbuch* hinzugekommen ist[11], in einem beträchtlichen Maße gefördert. Aber Art und Weise des Bücherlesens und des Theaterbesuchs haben sich wesentlich geändert, denn es ist natürlich etwas ganz anderes, zustimmend oder ablehnend ein Buch zu lesen oder einem Theaterstück beizuwohnen, auf jeden Fall also mit einer geistigen Schöpfung ins Gespräch zu kommen und eine intellektuelle Verbindung mit dem Text oder der Aufführung herzustellen, als einfach auf dem Niveau des passiven Verbrauchs, der Zerstreuung und der Freizeitgestaltung Texte und Aufführungen hinzunehmen.

Auch in diesem Punkt ist die soziale Schicht, die am aktivsten an der Ausarbeitung des kollektiven Bewußtseins teilnahm, verschwunden. Der Schriftsteller findet sich einer Gesellschaft gegenübergestellt, die eine viel größere Menge von Gütern verbraucht als die vorangegangene und unter anderem auch seine Werke in viel höherem Maße kauft und liest, einer Gesellschaft, die einigen bevorzugten Schriftstellern dadurch einen besonders ho-

11 Das Taschenbuch bildet, wie wir schon an anderer Stelle hervorgehoben haben, eine Art Enzyklopädie, die aber keine bestimmten eigenen Werte verteidigt, so daß das Auftauchen des Taschenbuches uns wie die Wiedergeburt eines nichtindividualistischen Rationalismus anmutet.

hen Lebensstandard sichert, die ihm aber nur in sehr beschränktem Maße bei seiner schöpferischen Arbeit behilflich ist.

Um diese Probleme zu klären, wären selbstverständlich eine ganze Reihe empirischer Forschungen dringend notwendig, die vor allem die Art des Lesens und des Theater- und Kinobesuchs untersuchen sollten (es ist z. B. aufschlußreich, festzustellen, daß Proust immer davon spricht, die Schauspielerin Berma gehört zu haben, während man heute im allgemeinen diesen oder jenen großen Schauspieler »gesehen« hat). Diese Forschungen müßten natürlich auch die Beziehungen zwischen dem schöpferischen Individuum und der relativ kleinen Gruppe untersuchen, die in der heutigen Gesellschaft noch bei Beschlüssen auf wirtschaftlichen, sozialen und politischen Gebiet entscheidend mitwirkt.

Wir haben diese kurzen Bemerkungen hinzugefügt, eher um gewisse Probleme aufzuwerfen, als um sie zu lösen[12].

12 Wir haben zum erstenmal in einer etwas weniger schematischen Weise diese Probleme in einem Text formuliert, den die UNESCO im Verlauf des Jahres 1966 veröffentlichen wird. Dieser Text war als vorbereitende Arbeit zu einer Erforschung von Werten und neuen Ausdrucksformen der künstlerischen Schöpfung in der modernen Gesellschaft verfaßt worden.

Personenregister

Alphabetisches Verzeichnis der suhrkamp taschenbücher wissenschaft